Stefan M. Kreutzer

DSCHIHAD FÜR DEN DEUTSCHEN KAISER

ARES
VERLAG

Stefan M. Kreutzer

Dschihad
für den Deutschen
Kaiser

Max von Oppenheim und
die Neuordnung des Orients
(1914–1918)

ARES VERLAG

Für
Isabel und Lennox

Umschlaggestaltung: DSR – Digitalstudio Rypka GmbH, Dobl, Thomas Hofer, www.rypka.at
Bildnachweis: Umschlagabbildung Vorderseite: Bpk, Bildagentur für Kunst, Kultur und Geschichte der Staatsbibliothek Berlin und Stiftung Preußischer Kulturbesitz, Berlin / Umschlagabbildungen Rückseite: Hausarchiv des Bankhauses Sal. Oppenheim jr. & Cie., Köln und Photoarchiv Gerd M. Schulz, Gröbenzell
Bild Vorderseite: Kaiser Wilhelm II. in Istanbul (Oktober 1917): Begrüßung von Scheichül-islam, Großmufti des Osmanischen Reiches / Bilder Rückseite: siehe Bildlegenden Seite 48, 155 und 163 im Buch

Bibliografische Information der Deutschen Nationalbibliothek
Die Deutsche Nationalbibliothek verzeichnet diese Publikation in der Deutschen Nationalbibliografie; detaillierte bibliografische Daten sind im Internet unter http://dnb.d-nb.de abrufbar.

Hinweis: Dieses Buch wurde auf chlorfrei gebleichtem Papier gedruckt. Die zum Schutz vor Verschmutzung verwendete Einschweißfolie ist aus Polyethylen chlor- und schwefelfrei hergestellt. Diese umweltfreundliche Folie verhält sich grundwasserneutral, ist voll recyclingfähig und verbrennt in Müllverbrennungsanlagen völlig ungiftig.

Auf Wunsch senden wir Ihnen gerne kostenlos unser Verlagsverzeichnis zu:
Ares Verlag GmbH
Hofgasse 5 | Postfach 438
A-8011 Graz
Tel.: +43 (0)316/82 16 36
Fax: +43 (0)316/83 56 12
E-Mail: ares-verlag@stocker-verlag.com
www.ares-verlag.com

ISBN 978-3-902732-03-3

Layout: Ecotext-Verlag, Mag. G. Schneeweiß-Arnoldstein, 1010 Wien
Gesamtherstellung: Druckerei Theiss GmbH, A-9431 St. Stefan
Printed in Austria

Inhalt

Vorwort

Eines der berühmteren Bismarckzitate lautet: „Soll Revolution sein, so wollen wir sie lieber machen als erleiden." In der krisenhaft zugespitzten Situation des Jahres 1866 drohte der preußische Ministerpräsident der konservativsten Großmacht mit der Revolution von oben. In St. Petersburg ließ er seinen Sonderentsandten verkünden, dass ihn Pressionen des Auslandes zur Proklamierung der Reichsverfassung von 1849 und zu wirklich revolutionären Maßnahmen treiben würden. Lassen wir die Ernsthaftigkeit dieser Drohung einmal außer Acht. Aber behalten wir im Auge, dass nur wenige Wochen zuvor Bismarck ganz praktische Aktionen zur Schaffung von ungarischen Legionen gegen den österreichischen Kriegsgegner eingeleitet hatte.

Das Konzept, Revolution(en) als Mittel der Politik zu gebrauchen, hatte folglich bereits eine Tradition, als Wilhelm II. Ende Juli 1914 notierte, „unsere Konsuln ... müssen die ganze mohammedanische Welt ... zum wilden Aufstand entflammen". Übrigens hatte auch Otto von Bismarck die Idee der „Unternehmungen und Aufwiegelungen gegen unsere Feinde" keineswegs erfunden. So lautet die zeitgenössische Bezeichnung einer umfangreichen Aktenserie im Politischen Archiv des Auswärtigen Amtes aus der Zeit des Ersten Weltkrieges. Eines der bekanntesten Dokumente in diesem Zusammenhang ist die „Denkschrift betreffend die Revolutionierung der islamischen Gebiete unserer Feinde", die Max Freiherr von Oppenheim im Herbst 1914 vorgelegt hat. Es handelt sich um eine umfangreiche politische Handlungsanweisung zur politischen Veränderung des gesamten Raumes von Marokko bis Ägypten und vom Bosporus bis Indien.

Mit diesem Revolutionierungsprogramm für die Weltgegend, die man damals noch den Orient nannte, befasst sich die auf breiter Literaturgrundlage sowie auf der Durchsicht von Archivmaterial verfasste Studie von Stefan M. Kreutzer. Es ist dies nicht das erste Mal, dass die Denkschrift Oppenheims Gegenstand der Forschung (oder des Fernsehens) ist. In der Regel wird sie aus ihrem Zusammenhang gerissen und ihr Autor wird zum deutschen „Lawrence von Arabien" stilisiert – was immer das genau sein soll. Kreutzer greift hier erfreulich weit aus, um Oppenheims Memorandum in seinen historischen Zusammenhang zu stellen.

Oppenheim, 1860 geboren, entstammte einer Kölner Bankiersfamilie. Doch nicht die Bankkarriere, sondern das abenteuerliche Forscherleben zog ihn an. Früh beschäftigte er sich mit dem orientalischen Kulturkreis. Trotz antisemitischer Vorbehalte gelang ihm der Sprung in den diplomatischen Dienst. Dem deutschen Generalkonsulat in Kairo zugeteilt, beobachtete er 13 Jahre lang für das Auswärtige Amt die politischen Verhältnisse im Orient. Seine größte Leidenschaft aber war die Archäologie, für sie schied er aus dem Staatsdienst aus und leitete seit 1910 die Ausgrabungen am Tell Halaf, im heutigen Nordsyrien. Er war ein erfolgreicher Ausgräber, der sich auf seinen Lorbeeren hätte ausruhen können.

Im August 1914 trieb ihn das allgemeine „Kriegszielfieber" zurück ins politische Geschehen. Im Auswärtigen Amt erinnerte man sich seiner früheren guten Dienste und seiner intimen Kenntnisse des mutmaßlichen revolutionären Potenzials im Orient, das sich, wie man in Berlin ernstlich glaubte, für die Zwecke der deutschen Kriegsführung dienstbar machen lassen würde. Oppenheim bündelte in seiner „Denkschrift" nur, was in manchem Kopf der politischen Führung und darüber hinaus an ungeordneten und oft bizarren Ideen längst vorhanden war. Stefan Kreutzer erinnert daran, dass Revolutionsstrategien spätestens seit Napoleon III. ein normaler Teil der Kriegs(außen)politik waren.

Es ist mithin nichts Ungewöhnliches daran, die Kriegsgegner zu schwächen, indem man versucht, ihr imperiales Hinterland zu destabilisieren und ihnen zusätzliche Fronten zu eröffnen. Zwar wurden 1914 hier und da im Auswärtigen Amt und unter den Offizieren der Heeresleitung Zweifel an der Effizienz muslimischer Aufstände geäußert. Doch wegen des ausbleibenden schnellen militärischen Erfolgs im Westen wurden die Revolutionsideen als möglicherweise kriegsentscheidend, als „Wunderwaffe" sozusagen, wahrgenommen.

Richtig ist, dass sich Oppenheims Arbeit durch die Konkretheit ihrer Vorschläge auszeichnet. Die Denkschrift war eindeutig handlungsorientiert. Aber wird ihr Autor damit zum „Abu Jihad", zum „Vater des Heiligen Krieges", zu dem ihn heute manche machen wollen? Tatsächlich ist in der Denkschrift vom Heiligen Krieg wenig, dafür von Propaganda umso mehr die Rede. Und den *Dschihad* hatte der Sultan-Kalif schon ausgerufen, während Oppenheim noch an seinem Memorandum schrieb. Außerdem warnte er, dass sich der Aufruf nicht allgemein gegen die Ungläubigen, sondern konkret gegen die Fremdherrschaft richten müsse. In Indien dürfe er zudem die Spannungen zwischen Hindus und Moslems nicht verstärken.

Max von Oppenheim hat weder das Konzept des Heiligen Kriegs erfunden noch es neu popularisiert. Die Annahme ist wohl auch sehr vermessen, dass die islamische Welt einen Ungläubigen vom Rhein nötig gehabt hätte, um ihr den *Dschihad* beizubringen. Stefan Kreutzer weist wie bei den Revolutionsstrategien ebenso beim Heiligen Krieg darauf hin, dass auch dieses politische Konzept eine Geschichte hat und 1914 keineswegs neu in der Politik war.

Die Türkei war im Konzert der Mächte vor 1914 sicher ein schwacher Akteur, ausschließlich Objekt war sie jedoch nicht. In Konstantinopel herrschten Machtpragmatiker, die sich der eigenen Schwäche bewusst waren, aber dennoch das Ziel hatten, die Unabhängigkeit des Staates, die Handlungsfähigkeit seiner Institutionen und eine eigenständige Politik zu bewahren. Wenn sich an den Rändern des Osmanischen Reichs regionalistische und nationale Bewegungen regten, so handelte es sich dabei nicht um einen arabischen, schon gar nicht um einen gesamtarabischen Nationalismus. Die Loyalität zum Sultan als dem geistlichen Oberhaupt (dem Kalifen) war zwar verschiedenen Gegenströmungen ausgesetzt gewesen, islamische Widerstandsbewegungen blieben aber regionale Phänomene. Der Panislamismus war *auch* eine von türkischen Muslimen formulierte Ideologie, um dem zerfallenden Vielvölkerstaat eine religiöse Klammer zu geben. Es bedurfte sicherlich keines Anstoßes durch Oppenheim, um die Religion für politische Zwecke zu instrumentalisieren. Kreutzer weist darauf hin, dass die zeitgenössische Kritik, insbesondere die des niederländischen Islamwissenschaftlers Christiaan Snouck Hurgronje, nicht frei von nachvollziehbaren Interessen war. Auch die niederländischen Kolonialherren mussten in ihren indonesischen Besitzungen den panislamischen Aufstand fürchten.

Inwieweit die deutschen Handlungsträger Antiimperialisten ohne Absicht gewesen sind, mag der Leser entscheiden. Stefan Kreutzer erklärt nachvollziehbar, was er meint. Die Akteure von 1914–18 hätten die Bezeichnung als „Antiimperialisten" ohnedies – das weiß auch Kreutzer – für sich nicht zugelassen. Und der Autor dieser Zeilen hat auch keinen Zweifel daran, dass die Deutschen im Orient hegemoniale Ziele verfolgt haben würden, wenn sich ihnen die Möglichkeit dazu geboten hätte. Tatsächlich aber hatte Deutschland seine Einflussmöglichkeiten schon seit der Jahrhundertwende bereits weitgehend eingebüßt: zuerst in Ägypten, später in Marokko. Auch in Konstantinopel war es mit einer exklusiven politischen Führungsrolle nicht weit her. In Persien, Afghanistan und Indien war das Reich überhaupt nicht präsent. Alle revolutionären Planspiele waren in Wahrheit aus der Not der nicht eingetretenen Neutralität der Briten erwachsene Ideen. Sie überschätzten bei weitem die realen Möglichkeiten des Deutschen Reichs. Ein Erfolg konnte ihnen unter diesen Umständen nicht beschieden sein.

Anders die Kriegsgegner: Während die deutsche Orientpolitik zu keinem Zeitpunkt ihren mehr oder weniger zufälligen Charakter ablegte, schafften die Briten sehr rasch den Sprung von der Improvisation zu einem praktischen politischen Entwurf. Sie verfolgten ihre Ziele konsequenter, nutzten hierfür die gleichen Methoden von Sabotage und Aufwiegelung, vorgetäuschter Islamfreundlichkeit und unernsten Unabhängigkeitsversprechen, ohne dass man ihnen das – außerhalb Arabiens – zum Vorwurf machte. Letztlich waren es individuelles Organisationstalent, ausreichende finanzielle Mittel sowie Glück bei der Auswahl und Rekrutierung der Akteure, die den Briten den Erfolg brachten, während die deutschen Revolutionsversuche scheiterten. Organisationsschwächen, Geldmangel, individuelle Fehler und Kompetenzstreitigkeiten führten dazu, dass die deutsche Orientpolitik, wie sie Oppenheim vorschwebte, weitgehend im Konzeptionellen stecken blieb, nur ansatzweise in praktische Politik mündete und militärisch am Ende keine Ergebnisse erbrachte.

Auch deshalb wurde aus dem Kölner Baron kein deutscher Lawrence von Arabien. Ein Glück: erscheinen uns doch so Max von Oppenheims Verdienste als Archäologe und Museumsorganisator weit bedeutender als alles, was er als Kriegspropagandist in der Türkei oder islampolitischer Berater seiner Regierung zu leisten vermocht hatte.

Martin Kröger
Berlin, November 2011

Danksagung

Diese Arbeit entstand in den Jahren 2008 bis 2011 an der Ludwig-Maximilians-Universität in München und wurde begleitet von Forschungsaufenthalten in Berlin, Köln und Teheran. Die Idee zu dem Thema geht auf das Seminar „Krieg durch Revolution 1914–1918" von Herrn Professor Dr. Martin H. Geyer zurück. Ihm danke ich für die Inspiration zu dieser Arbeit und seine Ermutigung, eine neue und unkonventionelle Sicht auf die Geschehnisse im Orient während des Ersten Weltkrieges zu entwickeln. Frau Gabrielle Teichmann vom Hausarchiv des Bankhauses Sal. Oppenheim jr. & Cie., Köln, und Herrn Dr. Martin Kröger vom Politischen Archiv des Auswärtigen Amtes danke ich für ihre zuvorkommende Hilfe bei der Sichtung des Archivmaterials und zahlreiche nützliche Hinweise. Herrn Dr. Kröger gebührt daneben besonderer Dank für sein Vorwort, über das ich mich sehr gefreut habe. Weiterhin danke ich Herrn Gerd M. Schulz für die bereitwillige und freundliche Überlassung von Bildern aus dem von ihm verwalteten Nachlass von Dr. Fritz Niedermayer sowie den Mitarbeitern des Institutes für Zeitgeschichte für die entgegenkommenden Arbeitbedingungen in ihrem Haus. Ein herzliches Dankeschön möchte ich zudem an den ehemaligen Generalkonsul der Islamischen Republik Iran in München, seine Exzellenz Herrn Bahaeddin Bazargani Gilani, richten. Seine Unterstützung bei der Organisation eines beispiellosen Mammutprogramms durch Teheraner Archive und historische Institute sowie die Zurverfügungstellung persischer Literatur zur Thematik waren von unermesslichem Wert. Abschließend danke ich Frau Dr. Christl Catanzaro, Frau Dr. Franziska Torma und Herrn Hendrik Lesser für letzte Anmerkungen.

Stefan M. Kreutzer
München, November 2011

Einleitung

Der Erste Weltkrieg leitete das Ende der europäischen Vorherrschaft über die Welt ein. Im langen 19. Jahrhundert hatten sich die Mächte Europas, allen voran England und Frankreich, den Großteil der außereuropäischen Welt untertan gemacht. Vordem unabhängige Gesellschaften wurden von europäischen Imperien absorbiert und keinem einzigen afrikanischen oder asiatischen Land gelang es, sich der imperialen Gefangenschaft zu erwehren. Als im Sommer 1914 unter den europäischen Großmächten der Krieg ausbrach, verbanden viele kolonisierte Nationen damit verständlicherweise vor allem die Hoffnung, sich nun endlich deren Vormacht entledigen zu können. Dieser Wunsch war in Europa nicht unbekannt. Fieberhaft bemühten sich die Großmächte im Ersten Weltkrieg, die Herrschaft über ihre kolonialen Untertanen aufrechtzuerhalten oder nationalistisch-libertäre Sentiments unter der Kolonialbevölkerung ihrer Kriegsgegner zu deren Schaden einzusetzen. Vor allem für Deutschland schienen – wie Fritz Fischer schrieb – „England und Frankreich (...) in ihren (...) Kolonialvölkern am verwundbarsten zu sein, während Rußland mit seinen fremdstämmigen Nationalitäten Ansatzpunkte für (...) Insurgierung bot". Das „Kampfmittel der Revolutionierung" sollte deren Imperien in ihren Fundamenten erschüttern.[1]

Die weitgehend isolierte Lage des Kaiserreiches zu Beginn des Ersten Weltkrieges hatte in Deutschland zu der Überzeugung geführt, auch alternative Mittel der Kriegsführung in die Auseinandersetzung mit einzubeziehen. Unter der Regie Max Freiherr von Oppenheims entstand ein Revolutionierungsprogramm, kraft der Aufwiegelung des gesamten orientalischen Raumes die imperiale Macht Englands, Frankreichs und Russlands zu destabilisieren, wenn möglich zu beenden. Durch innere Unruhen in deren Kolonialreichen hofften er und die deutsche Führung, die Fronten in Europa entlasten zu können, britische, französische und russische Truppen in Übersee zu binden und gleichzeitig die Rekrutierung von frischen Kräften in den Kolonien zu verhindern. Mittels eines vom verbündeten osmanischen Kalifen verkündeten Heiligen Krieges sollte ein panislamischer Aufstand initiiert und sollten die Muslime des Ori-

---

1 FISCHER (1977) (ND), S. 109.

13

ents in Aufruhr gegen die Ententemächte versetzt werden. Afghanistan und Persien sollten aufseiten Deutschlands in den Krieg eintreten, Indien, das als Lebensader des britischen Empires galt, den Engländern entrissen werden. „Wenn wir verbluten, dann soll England wenigstens Indien verlieren", gab Wilhelm II. diesen Gedanken wieder.[2]

Fritz Fischer sah im Oppenheimschen Konzept der Revolutionierung einen Nachweis für den deutschen *Griff nach der Weltmacht* und in der Liaison mit dem *Dschihad* ein Zeugnis der Rücksichtslosigkeit der wilhelminischen Kriegspolitik.[3] Die zahlreichen Veröffentlichungen des sichtbar von ihm beeinflussten Arabisten Wolfgang G. Schwanitz beschreiben das deutsche Wirken im Orient während des Krieges primär als das eines infamen Unruhestifters unter den europäischen Mächten und Oppenheim als verschlagenen „Abu Jihad".[4] Nüchterne Urteile wie das Martin Krögers bezeichnen die deutschen Bemühungen im Nahen und Mittleren Osten als „realitätsfremden Aktionismus" oder wie Hans Ulrich Seidt als „Krieg der Amateure".[5] In der angelsächsischen Historiografie ist die Tendenz zu beobachten, der Orientpolitik des Kaiserreiches aufgrund ihrer Synthese mit dem islamischen Glaubenskrieg einen vordergründig niederträchtigen Charakter zu attestieren. Der britische Historiker Niall Ferguson bezeichnet die Pläne der Deutschen im Orient als übereinstimmend mit der fiktiven belletristischen Aufarbeitung der Thematik in John Buchans *Greenmantle*.[6] In dem noch während des Ersten Weltkrieges erschienenen, propagandistischen Bestseller sind Mord, Gewalt und Sabotage die Synonyme der deutschen Orientpolitik.[7] Buchans literarische Abrechnung mit der Orientpolitik des Kaiserreiches hat ihr Bild bis heute geprägt. Peter Hopkirk charakterisiert die deutsche Nahoststrategie als perfiden Versuch, das britische Empire zu vernichten und an seiner Stelle ein deutsches Weltreich zu errichten.[8] Wie der Historiker Donald M. McKale sieht er in der turko-germanischen Waffenbrüderschaft im Weltkrieg und der „gemeinsamen" Verkündung eines Heiligen Krieges gegen die Ententemächte gar den Beweis für eine Kontinuität radikaler außenpolitischer Überlegungen vom wilhelminischen zum nationalsozialistischen Deutschland.[9] Darstellungen in *Der Spiegel* und im *National Geographic Deutschland* zeigen, dass das negative Bild des deutschen

---

2 Wilhelm II. zitiert in SEIDT (2002), S. 44.
3 Vgl. FISCHER (1977) (ND).
4 SCHWANITZ (Princeton 2004), S. 7.
5 KRÖGER (1994), S. 385, und SEIDT (2002), S. 50.
6 Vgl. FERGUSON (2004), S. 300 f.
7 Vgl. BUCHAN (2008) (ND).
8 Vgl. HOPKIRK (1996).
9 Vgl. HOPKIRK (London 1994) sowie MCKALE (1997) und (1998).

Orientengagements während des Ersten Weltkrieges auch die populär-wissenschaftliche Sicht in Deutschland zu beherrschen scheint.[10]

Sind die deutschen Revolutionierungspläne also „wieder einmal" Beleg für eine Sonderstellung unter den europäischen Mächten? Trägt Deutschland – wie diese Schilderungen suggerieren und erst jüngst wieder von dem Hamburger Politologen Matthias Küntzel behauptet wurde – eine Verantwortung für die Politisierung des Islam und lieferte es so indirekt die Initialzündung für den heutigen extremistischen Islamismus?[11] Nahm das Deutsche Reich im angeblichen Weltmachtstreben die Fanatisierung der Muslime gegen christliche Nationen billigend in Kauf und ist die deutsche Geschichte daher zu Recht als eine „Geschichte von Extremen" zu bezeichnen, wie das der Historiker A. J. P. Taylor getan hat?[12] Die deutschen Bemühungen im Orient sind allerdings nicht nur hinsichtlich des *Dschihad*-Engagements außergewöhnlich. Das sie definierende Revolutionierungsprogramm Max von Oppenheims zeichnet sich durch überraschend freiheitliche Aussagen aus, die zu einer grundlegend differierenden Beurteilung und einer alternativen Interpretation der deutschen Strategie führen können. Unerwartet offen trat Max von Oppenheim in seiner Schrift für die Souveränität des Orients von europäischer Fremdbevormundung ein. Die Insurrektionsmaßnahmen sollten nicht nur die deutschen Kriegsgegner schwächen, sondern vor allem den gesamten orientalischen Raum in die Unabhängigkeit führen. Ein panislamischer Aufstand im martialischen Gewand des Heiligen Krieges sollte die imperialistische Herrschaft der Entente vom Maghreb bis an den Hindukusch ein für allemal beenden. Fortwährend propagierte Oppenheim das Recht der Orientalen auf Eigenständigkeit. Darf man in Anbetracht seines Autonomie und Selbstbestimmung geltend machenden Revolutionierungsprogramms deshalb so weit gehen, zu behaupten, die deutsche Nahostpolitik im Ersten Weltkrieg enthielt antiimperialistische Tendenzen? Bot Deutschland gar eine freiheitliche Alternative zu den imperialistischen Ententemächten und war der vermeintliche „Dschihad – ‚Made In Germany'" sinngemäß ein Aufruf zum legitimen Unabhängigkeitskampf?[13] Stand Oppenheims Konzeption damit sogar im eindeutigen Widerspruch zum Geschichtsbild Fischers und führten die Deutschen im Orient letztlich einen Krieg für Selbstbestimmung?[14]

---

10 Vgl. EVERS (2009) und MICHAL (2008).
11 Vgl. KÜNTZEL (2009).
12 Vgl. KOCH-HILLEBRECHT (2008), S. 137.
13 Vgl. HURGRONJE (1923); der vorwurfvolle Ausdruck „Djihad – ‚Made in Germany'" stammt von dem niederländischen Orientalisten Christiaan Snouck Hurgronje.
14 Vgl. MILLER UNTERBERGER (1996), S. 929: „war of self-determination".

Ziel dieser Arbeit ist es, genau diesen Aspekt zu untersuchen und die Motive und Hintergründe der deutschen Parteinahme für die Unabhängigkeit des Orients zu ergründen. Waren die Deutschen, wie der amerikanische Historiker Thomas L. Hughes vorschlägt, insgeheim Wegbereiter für die Idee der Selbstbestimmung der Völker des Orients und deren Dekolonisation?[15] Oder waren sie nur opportunistische Nutznießer einer verbreiteten antiimperialistischen Stimmung unter den kolonisierten Nationalitäten der Kriegsgegner? Die hier versuchte Darstellung des Revolutionsprogramms Max von Oppenheims soll weder eine Glorifizierung noch eine Verurteilung der ungewöhnlichen Kriegsstrategie sein, sondern ist von dem Bemühen nach objektiver Erkenntnis gelenkt. Mittels der Analyse der Hintergründe der Revolutionierungsidee und des zeitgenössischen Verständnisses der *Dschihad*-Ideologie, der Auseinandersetzung mit den Kennzeichen der deutschen Orientpolitik in und kurz vor dem Weltkrieg sowie letztlich der Wirkung und Rezeption des Oppenheimschen Programms in Afghanistan und Persien, bemüht sich diese Arbeit, die augenscheinlich dominierende Ansicht, das deutsche Engagement im Orient während des Krieges sei von Radikalität und Skrupellosigkeit geprägt gewesen, mit einer alternativen Betrachtung zu konfrontieren. Dabei findet auch der Vorwurf des amateurhaften Dilettantismus der anberaumten deutschen Maßnahmen Berücksichtigung. Es soll dem Leser überlassen sein, sich über die inhaltlichen Motive sowie das Wirken und den Erfolg der Beteiligten ein Urteil zu bilden.

Hierzu wird zunächst die Idee der Revolutionierung untersucht, der Plan der provozierten Aufwiegelung gegnerischer Gesellschaftsordnungen. Gab es neben militärisch-strategischen Argumenten einen zusätzlichen Ansporn, der zur Anwendung der unkonventionellen Taktik im Weltkrieg führte? Wie und warum ließ sich das Deutsche Reich, das selbst eine Kolonialmacht war und im eigenen Land nationale Minoritäten besaß, für die „gefährlichen Ideen" der Aufwiegelung und Insurrektion begeistern? Was unterschied den Orient dabei von anderen Kolonialgebieten? Um die Motivation für die Revolutionierungsschrift und die Intention ihres Autors verstehen zu können, ist an dieser Stelle eine biografische Auseinandersetzung mit der Person Max von Oppenheim notwendig. Sein Charakter verrät viel über die wahren Motive und Hintergründe der deutschen Revolutionierungsstrategie im Orient während des Weltkrieges.

Im daran anschließenden Kapitel wird die vermeintlich perfide Zweckehe mit dem Heiligen Krieg und der Vorwurf der Instrumentalisierung des Islam untersucht. Wie fand der *Dschihad* seinen Weg in die deutsche

---

15 Vgl. Hughes (2004).

Kriegstaktik? Wovon ließ Oppenheim sich bei seinen Plänen inspirieren und welche Rolle spielten dabei der Panislamismus und der osmanische Bundesgenosse im Krieg? Woher rührten die hysterische Reaktion der Ententemächte nach Bekanntwerden der Strategie und der Vorwurf des „Dschihad – ‚Made In Germany'", der bis heute das Bild der Oppenheimschen Pläne zu prägen scheint?[16] Was waren die inhaltlichen Kennzeichen des von den Deutschen geförderten Heiligen Krieges? Kann man in ihm einen Beleg für die These der antiimperialistischen Tendenzen der deutschen Nahoststrategie finden oder, im Gegenteil, einen Beweis für eine von Radikalität und Skrupellosigkeit geprägte deutsche Kriegspolitik?

Das dritte Kapitel diskutiert die Ursprünge und Entwicklungslinien der deutschen Orientpolitik auf dem Weg in den Krieg. Antiimperialistische Tendenzen waren sicherlich kein allgemeines Kennzeichen der Außenpolitik des wilhelminischen Deutschland. Wie kam es also zur Annäherung zwischen dem deutschen Kaiserreich und dem Orient, respektive dem Osmanischen Reich? Welche Motive trieben die wichtigsten Förderer und Apologeten eines deutsch-osmanischen bzw. deutsch-orientalischen Bündnisses? Warum zeigte sich besonders Wilhelm II. empfänglich für die Ideen Oppenheims und welche Haltung zum Orient dominierte unter den wilhelminischen Eliten sowie in der deutschen Öffentlichkeit? Welche Vorraussetzungen mussten gegeben sein, dass Oppenheims Revolutionierungskonzept die Zustimmung der Reichsleitung erfuhr? Darf man dabei von einer allgemeinen Akzeptanz der von Oppenheim proklamierten Idee der Unabhängigkeit des Orients von europäischer Fremdbeherrschung ausgehen oder war seine Geisteshaltung in Deutschland eine exotische Mindermeinung? Musste er gegen Widerstände, speziell im Auswärtigen Amt, kämpfen oder war die deutsch-orientalische Liaison aufgrund gemeinsamer Gegner von vornherein vorgezeichnet? Wichtig erschien an dieser Stelle ein Exkurs zur Idee der Selbstbestimmung der Völker. Alle Kriegsparteien propagierten aus unterschiedlichen Motiven „self-determination" und jede Seite verband damit divergierende Vorstellungen. Das deutsche Revolutionierungsprogramm trug, ebenso wie vergleichbare Maßnahmen der Ententemächte, dem im und kurz vor dem Weltkrieg verbreiteten Drang der Kolonialvölker nach Unabhängigkeit und Souveränität Rechnung. Wie ist in diesem Sinne das „deutsche Verständnis" der Selbstbestimmungsideologie im Vergleich zu den Wilsonschen und Leninschen Überlegungen zu bewerten? Welche Interpretation korrespondierte dabei am ehesten mit den Erwartungen der kolonisierten Muslime?

Im letzten Kapitel wird die praktische Umsetzung der Schrift Oppenheims beurteilt. Die Revolutionierung des Orients – so viel darf vorweg-

---

16 HURGRONJE (2009) (ND).

genommen werden – scheiterte. Der erhoffte orientweite Aufstand gegen Briten, Franzosen und Russen brach nicht aus. Der Krieg entschied sich auf den Schlachtfeldern Europas. An den Beispielen von Persien und Afghanistan soll jedoch die Realisierbarkeit des Oppenheimschen Revolutionierungsprogramms erörtert werden und wie weit Wunsch und Wirklichkeit auseinander lagen. Worauf ist der Misserfolg der Revolutionierung zurückzuführen? Waren die Deutschen in ihren Bemühungen tatsächlich Amateure, wie Hans Ulrich Seidt behauptet? War der Plan schlicht illusionär und von vornherein zum Scheitern verurteilt? Oder gibt es Anzeichen dafür, dass die Revolutionierungsmaßnahmen ebenso erfolgreich hätten verlaufen können wie beispielsweise die zeitgleiche Insurgierung der Araber durch die Briten? Konnten die Deutschen im Orient zumindest Teilerfolge verbuchen und, wenn ja, wer trug für sie die Verantwortung? Insbesondere drei aktive Protagonisten der deutschen Orientbemühungen, Oskar von Niedermayer, Werner Otto von Hentig und Wilhelm Waßmuß, verdienen an dieser Stelle eine Vorstellung. Ihr Wirken und ihre Rezeption in Afghanistan und Persien sollen am Ende Aufschluss geben über den Sinngehalt der deutschen Revolutionierungsbemühungen im Orient sowie eine objektive Beurteilung erlauben, wie das Programm Oppenheims insgesamt zu bewerten ist und ob es tatsächlich antiimperialistische Impulse entfachte.

Die mittlerweile zahlreichen wissenschaftlichen Auseinandersetzungen mit den deutschen Revolutionierungsbemühungen und ihren Teilaspekten haben den antiimperialistischen Tendenzen der Oppenheimschen Ideen bisher zumeist keine Aufmerksamkeit gewidmet. Sie beschränken sich vorwiegend auf die Beurteilung des unmittelbaren Erfolges der Insurrektionsversuche als Ganzes oder der diversen Einzelaktionen. Lediglich Hughes und sein Landsmann Ludwig W. Adamec, der das deutsche Vorgehen primär aus afghanischer Perspektive beurteilt, erwähnen den antiimperialistischen Aspekt der angestrebten Revolutionierung Afghanistans.[17] Trotzdem erlaubt es die vorhandene Materialfülle, die für diese Arbeit relevanten Gesichtspunkte herauszuarbeiten. Ulrich Gehrkes ausführliche Darstellung der deutschen Persienpolitik während des Ersten Weltkrieges darf wohl als Standardwerk zum Revolutionierungsprogramm bezeichnet werden. Es bietet neben den Ausführungen zum Wirken der Deutschen in der Golfnation einen detaillierten Einblick in die Vorgeschichte des Oppenheimschen Konzeptes und in die damit verbundenen Aktionen, insbesondere die Afghanistan-Mission.[18] Fritz Fischer hat der Revolutionierung in seiner Arbeit zur Kriegsschuldfrage lediglich

---

17 Vgl. HUGHES (2004) und ADAMEC (1967).
18 Vgl. GEHRKE (1960) (I.) und (II.).

ein Kapitel gewidmet. Er lieferte dabei nur einen kurzen und einseitigen Befund ab, der jedoch einen starken Nachhall in der Geschichtsschreibung gefunden hat.[19] Martin Kröger sucht in seinem Aufsatz zu den deutschen Revolutionierungsbemühungen im Orient vor allem den Grund ihres Scheiterns.[20] Die gegenwärtig ausführlichste und aktuellste Gesamtdarstellung des deutschen Orientengagements stammt von Tilman Lüdke, der sich sowohl mit den deutschen als auch den osmanischen Aktionen beschäftigt hat.[21] Der Titel seiner Arbeit, *Jihad made in Germany*, klingt allerdings ähnlich vorverurteilend wie die Ausführungen seiner britischen Kollegen Hopkirk oder McKale.[22] Herbert L. Müller, Gottfried Hagen und Stefan Kestler thematisieren die deutsche Propagandatätigkeit im Rahmen des Revolutionierungsprogramms, während Renate Vogel und Hans Ulrich Seidt sich dem Thema mit Blick auf den Orientakteur Oskar von Niedermayer genähert haben.[23] Gottfried Hagen war für diese Arbeit von unschätzbarem Wert. Seine Übersetzungen osmanischer, arabischer und persischer Flugblätter der deutschen und türkischen Propagandastellen erlauben einen Einblick in die inhaltliche Argumentation im Aufruf zum Heiligen Krieg. Im Iran haben sich Masoumeh Arbab und Abdal-Reza Hoschang Mahdawi den deutsch-persischen Beziehungen während des Ersten Weltkrieges gewidmet.[24] Sie bieten, vor allem aufgrund der ausführlichen Vorarbeit Gehrkes, für die vorliegende Untersuchung zwar keine neuen Informationen, zeigen jedoch, dass in der nahöstlichen Historiografie das Vorgehen der Deutschen im Orient deutlich unkritischer beurteilt wird als in der westlichen. Für sie gelten Briten und Russen als die eigentlichen Unruhestifter. Insgesamt unterscheidet sich die Zielsetzung der vorhandenen Literatur zum Thema grundlegend von der dieser Arbeit. Die Frage nach antiimperialistischen Tendenzen wurde bisher, wenn überhaupt, nur angeschnitten. Entsprechend ausführlich wird in diesem Buch das „antiimperialistische Versprechen" der Unabhängigkeit des Orients von europäischer Fremdbeherrschung und Oppenheims Rolle in diesem Zusammenhang behandelt, um diese historiografische Lücke zu schließen.

Den Kern der vorliegenden Untersuchung bildet das Revolutionierungsprogramm Max von Oppenheims, das gemeinsam mit seiner umfangreichen schriftlichen Hinterlassenschaft im Hausarchiv des Bankhauses Sal.

---

19 Vgl. Fischer (1977) (ND).
20 Vgl. Kröger (1994).
21 Vgl. Lüdke (2005).
22 Vgl. McKale (1997) und (1998), Hopkirk (New York 1994), (London 1994) und (1996).
23 Vgl. Müller (1991), Hagen (1990), Kestler (1994), Vogel (1976) und Seidt (2002).
24 Vgl. Arbab (2004/05) und Mahdawi (2009/10).

Oppenheim jr. & Cie. in Köln ein eindringliches Bild seiner Motive und Zielsetzung im Orient wiedergibt. Zusammen mit dem üppigen Quellenmaterial zum deutschen Orientengagement im Politischen Archiv des Auswärtigen Amtes in Berlin (PA-AA) und der dort zugänglichen Korrespondenz der Nachrichtenstelle für den Orient (NfO) ermöglichen sie, die Leitlinien der Oppenheimschen Bemühungen im Nahen und Mittleren Osten und damit zwangsläufig die des Deutschen Reiches im Weltkrieg nachzuzeichnen. Einen Eindruck vom Freiherrn selbst vermitteln sowie eine Beurteilung seines Charakters erlauben die biografischen Schilderungen von Gabriele Teichmann, Michael Stürmer und die etwas ältere, aber unerlässliche von Wilhelm Treue.[25] Ergänzende Einblicke bieten zudem die, großteils erst kürzlich freigegebenen, persönlichen Unterlagen des Diplomaten Werner von Hentig im Münchner Institut für Zeitgeschichte (IfZ). Die persönlichen Berichte der deutschen Missionsteilnehmer der Oppenheimschen Strategie zeichnen in ihrer Gesamtheit ein recht klares Bild der Situation im Orient und ergänzen die genannten archivarischen Quellen. Bereits kurz nach dem Krieg veröffentlichten von Hentig und Oskar von Niedermayer ihre Erinnerungen an die Afghanistan-Mission, die inzwischen in verschiedenen Versionen neuverlegt wurden.[26] Rudolf Nadolny und Wipert von Blücher, die beide während des Weltkrieges in Persien tätig waren, erweitern mit ihren Berichten deren Aussagen.[27] Zu Wilhelm Waßmuß liegen zwei, im Grunde fast identische, deutsche und englische Biografien von Dagobert von Mikusch und Christopher Sykes vor.[28] Zum Thema der Revolutionierung hat Egmont Zechlin wichtige Arbeiten vorgelegt.[29] Zeitgenössische Schriften wie die Leopold Rankes oder Wilhelm Müllers, Gesamtdarstellungen der Epoche wie die von Eric Hobsbawm, Jürgen Osterhammel, Joachim Radkau und Volker Ullrich sowie ein Aufsatz von Ute Planert sollen die deutsche Empfänglichkeit für die Idee der Insurrektion ergründen helfen.[30] Die Informationen zur deutschen Kolonialgeschichte in dieser Arbeit stammen von Bernd Längin, Horst Gründer und W. O. Henderson; den Vergleich zur britischen erlauben Niall Ferguson, Elizabeth Monroe und Timothy Parson.[31] Die Darstellung der Entwicklungslinien der deutschen Orientpolitik basiert auf den Einschätzungen Wilhelm van Kampens und Ulrich Trumpeners,

---

25 Vgl. TEICHMANN (2004), STÜRMER (1989) und TREUE (1969).
26 Vgl. HENTIG (1962) und (2009[2]), FRIESE (2002), NIEDERMAYER (1923).
27 Vgl. NADOLNY (1985) und BLÜCHER (1949).
28 Vgl. MIKUSCH (1937) und SYKES C. (1937).
29 Vgl. ZECHLIN (1961) und (1967).
30 Vgl. RANKE (1829), MÜLLER (1822), HOBSBAWM (2004) (ND), OSTERHAMMEL (2009), RADKAU (2002), ULLRICH (2007[2]) und PLANERT (2007).
31 Vgl. LÄNGIN (2005), GRÜNDER (2004[5]), HENDERSON (1993), FERGUSON (2004), MONROE (1981[2]) und PARSONS (1999).

deren Arbeiten, trotz ihres Alters, mit einiger Berechtigung als die wichtigsten zur Thematik gelten dürfen.[32] Ergänzung fanden sie durch die aktuellen Untersuchungen Necmettin Alkans, Mustafa Gencers und Mustafa Aksakals, um einen Blick aus orientalischer, respektive türkischer, Perspektive zu integrieren.[33] Die voluminösen Arbeiten John C. G. Röhls zu Wilhelm II. erlauben Schlussfolgerungen über die kaiserlichen Motive für die deutsch-orientalische Annäherung.[34] Jan Stefan Richters Beschreibung der Orientfahrt Wilhelms II. gibt einen Eindruck der Rezeption des Monarchen in der islamischen Welt.[35] Zur Einschätzung der im zweiten Kapitel thematisierten Liaison mit dem *Dschihad*, und um Panislamismus und muslimische Freiheitsbestrebungen richtig einschätzen zu können, war an dieser Stelle die Einbeziehung von Arbeiten aus dem Bereich der Orientalistik und Islamforschung wichtig: Die Aufsätze Ellie Kedouries und A. Albert Kudsi-Zadehs tragen diesem Anspruch Rechnung, ebenso wie die Arbeiten von Jacob M. Landau, Herbert L. Müller, Efraim und Inari Karsh, Ann K. S. Lampton, Bernhard Lewis und Mohammad Noor.[36] Das notwendige Hintergrundwissen zur Landesgeschichte der Türkei, Persiens und Afghanistans stammt von dem Turkologen Josef Matuz, den Iranisten Monika Gronke, Michael Axworthy und Nikkie R. Keddie sowie dem Afghanistanexperten Ludwig W. Adamec.[37] Hilfreich waren zudem die Darstellungen des afghanischen Landeskundlers Habibo Brechna und der britischen Zeitzeugen Sir Percy M. Sykes und Edward G. Browne sowie die Ausführungen zur persischen konstitutionellen Revolution von Janet Afary, Ali Rasoulzadeh und Mostafa Danesch.[38] Für das Verständnis der Gesellschaftsstruktur beider Länder war eine Auseinandersetzung mit ihrer Stammesbevölkerung notwendig, zu der die Orientalisten Lois Beck, Franz Erhard und Dale Eickelman beitrugen.[39] Zur Analyse der Haltung der deutschen Öffentlichkeit und ihrer Eliten zur deutsch-orientalischen Annäherung fanden, neben den bereits erwähnten Werken und verwendeten Quellen, die Aufsätze Gregor Schöllgens sowie zeitgenössische Schriften und Aussagen, wie jene von Friedrich Nau-

---

32 Vgl. KAMPEN (1968) und TRUMPENER (1968).
33 Vgl. ALKAN (2003), GENCER (2006) und AKSAKAL (2008).
34 Vgl. RÖHL (2009³), (2001) und (2008).
35 Vgl. RICHTER (1997).
36 Vgl. KEDOURIE (1965) und (1997²), KUDSI-ZADEH (1972), MÜLLER (1991), LANDAU (1992), KARSH (1997), (1999) und (2007), LAMPTON (1970), LEWIS (1998) und NOOR (1985).
37 Vgl. MATUZ (2008⁵), GRONKE (2006²), AXWORTHY (2007), KEDDIE (1999) und ADAMEC (1967), (1975) und (1991).
38 Vgl. BRECHNA (2005), SYKES P. (1940) und (1967), BROWNE (2008) (ND), AFARY (1996), RASOULZADEH (1976) und DANESCH (1979).
39 Vgl. BECK (1990), ERHARD (1981) und EICKELMAN (1981).

mann, Ernst Jäckh oder Paul Rohrbach, Berücksichtigung.[40] Den Exkurs zur Idee der Selbstbestimmung bestimmen Werner Brecht, die wichtige Arbeit Erez Manelas sowie die Aufsätze von Stephen A. Schuker, Richard Falk, Betty Miller Unterberger, Boris Meissner und Michla Pomerance.[41] Wilhelm Ribhegge erklärt dabei die mehrheitliche Einstellung deutscher Politiker zur Ideologie, Nikki R. Keddie und Muhammad Murtaza geben einen Eindruck vom muslimischen Verständnis von Selbstbestimmung.[42] Cemil Aydins Auseinandersetzung mit der Rezeption des Versprechens der Selbstbestimmung im Orient rundet diesen Nebenaspekt ab.[43]

Originalsprachige Begriffe werden in dieser Arbeit kursiv angegeben und wie Ortsangaben entsprechend der im Deutschen mehrheitlich etablierten Orthografie. Stammesbezeichnungen sind ihrer Aussprache gemäß für deutsche Leser transkribiert.

---

40 Vgl. SCHÖLLGEN (1981) und (1989), JÄCKH (1909) und (1916), NAUMANN (1899²), MOGK (1972), OEHME (1919) und GRUMBACH (1917).
41 Vgl. MANELA (2007), POMERANCE (1976), SCHUKER (2008), MILLER UNTERBERGER (1996), MEISSNER (1984) und FALK (2002).
42 Vgl. RIBHEGGE (1988), KEDDIE (1968) und (1994) sowie MURTAZA (2005).
43 Vgl. AYDIN (2007).

Kapitel I

Revolutionierung, Max von Oppenheim und der Ruf nach Unabhängigkeit

Revolutionierung als militärische Option

Die Geschichte ist reich an Beispielen revoltierender Aufstandsbewegungen, die soziale Veränderung oder nationale Selbstbestimmung suchen und sich dabei regulär organisierten Armeen entgegenstellen. Asymmetrische Kriegsführung zwischen ungleich starken Parteien, die sich in Partisanentaktiken, Sabotageaktionen oder Überfällen darstellt, birgt zum Zeitpunkt des Ersten Weltkrieges keine Neuigkeit mehr. Spätestens Clausewitz hatte unter dem Eindruck des erfolgreichen Kampfes der spanischen Guerilla gegen die napoleonischen Truppen den Wert des Volkskrieges als Partisanenkrieg betont und als „Kleiner Krieg" zur Strategie formuliert.[44] Egmont Zechlin zufolge war es jedoch Napoleon III., der als erster europäischer Potentat nationalrevolutionäre Bewegungen als politische Alliierte akzeptierte.[45] 1859 versuchte er im Krieg gegen Österreich, mit italienischen, kroatischen und ungarischen Freiheitskämpfern nationale Minderheiten im Habsburgerreich zum Aufruhr zu bewegen. Die preußische Führung griff dieses Konzept im Krieg gegen Österreich 1866 auf, auch wenn es nicht zur tatsächlichen Umsetzung kam. Bismarck pflegte vor und während des Konflikts engen Kontakt zu den ungarischen Generälen Stephan Türr und Georg Klapka sowie tschechischen, italienischen und polnischen Revolutionären, um Österreich unter Druck zu setzen.[46] Der Serbische Aufstand gegen das Osmanische Reich zwischen 1804 und 1815 war in Europa nicht unbeachtet geblieben und hatte dank der wohlwollenden Darstellung des Historikers Leopold Ranke besonders in Deutschland einen bleibenden Eindruck hinterlassen.[47] Die liberal geprägte deutsche Nationalbewegung verfolgte den Kampf der Serben mit viel Sympathie und

---

44 Clausewitz (2006) (ND), S. 173 f., vgl. dazu Münkler (2002), S. 86 f.
45 Zechlin (1961).
46 Vgl. Hagen (1990), S. 30, und wiederum Zechlin (1961).
47 Vgl. Ranke (1829).

erklärte ihn zum „Typus des Kampfes um Eigenstaatlichkeit".[48] Die serbische „Insurrection" gegen die Herrschaft der osmanischen Janitscharen erfuhr dabei eine ähnliche Mythologisierung wie die deutschen Befreiungskriege gegen die napoleonisch-französische Fremdherrschaft.[49] Mit der besonders in der ersten Hälfte des 19. Jahrhunderts auffallend positiven Rezeption nach Autonomie strebender Völkerschaften wollte die deutsche Einheits- und Freiheitsbewegung in eigenen Landen Impulse für einen deutschen Nationalstaat setzen.[50] Dementsprechend sollte auch die Griechische Revolution gegen die osmanische Herrschaft am Anfang der zweiten Dekade des 19. Jahrhunderts der deutschen Einheit als Vorbild dienen. Mit den in fünf Bänden erschienenen *Lieder der Griechen* glorifizierte der Dichter Wilhelm Müller, der selber an den Befreiungskämpfen gegen Napoleon teilgenommen hatte, die griechischen Revolutionäre und trug mit seinen politischen Gedichten zu einer ungemeinen Popularität des Freiheitskampfes der Griechen in Deutschland bei.[51] Der darin enthaltene Appell an den freiheitlichen Kampfgeist der Deutschen verklang jedoch. Die bürgerliche Nationalbewegung konnte ihre Vorstellung eines deutschen Einheitsstaates 1848/49 nicht durchsetzen. Bei der späteren Reichsgründung 1871 wirkten die Nationalliberalen am Ende selbst wie Statisten.[52] Doch mit ihrer euphorischen Parteinahme für nationalistische Aufstandsbewegungen legten sie gewissermaßen den Grundstein für eine gegenüber Unabhängigkeitsbewegungen tendenziell aufgeschlossene Haltung bürgerlicher Kreise in Deutschland. Bis zum Ausbruch des Ersten Weltkrieges manifestierte sich diese Neigung in einer weitverbreiteten „Sympathie für die antiimperialistischen und nationalistischen Tendenzen der Kolonialvölker".[53]

Bismarck andererseits erkannte vor allem das politische und militärische Potenzial derartiger revolutionärer Bewegungen und die Besorgnis multinationaler Großmächte vor ihnen. Er nutzte das Thema Nationalrevolution besonders gegenüber Österreich, aber auch zur Abwehr einer französischen oder russischen Intervention während der habsburgisch-hohenzollerischen Konfrontation 1866 als diplomatisches Druckmittel.[54] Zur Revolutionierung der nationalen Minderheiten des Habsbur-

---

48 Boeckh (2007), S. 223.
49 Leopold Ranke zitiert in ebd. S. 223. Vgl. Planert (2007) zur Mythologisierung der Befreiungskriege.
50 Vgl. Görtemaker (1994⁴), S. 89–142, speziell S. 96–100.
51 Müller (1822). Vgl. Hatfield (1906), S. 212–221, und Friedrich (2005): Auch der Schriftsteller und Komponist Leopold Schefer (1784–1862) machte sich für den Freiheitskampf der Griechen stark. Seine Griechennovelle *Palmerio* machte ihn 1822 deutschlandweit bekannt.
52 Vgl. Ullrich(2007²), S. 19–38.
53 Torma (2010), S. 175.
54 Vgl. Zechlin (1961).

gerreiches kam es vermutlich nur deshalb nicht, weil für das militärisch überlegene Preußen nach der Schlacht bei Königgrätz schlicht keine Notwendigkeit mehr für alternative Kriegsstrategien bestand. Zur Anwendung kam die Idee der Revolutionierung kurz darauf im deutsch-französischen Krieg von 1870: Algerische Emigranten in Konstantinopel hatten Aufstandspläne geschmiedet und kurz vor dem Krieg an Vertreter des norddeutschen Bundes herangetragen. Bismarck begrüßte die Gelegenheit, französische Truppen im Maghreb zu binden und entsandte die Afrikaforscher Gerhard Rohlfs und Johann Gottfried Wetzstein, um algerische Berberstämme zum Aufstand zu bewegen.[55] Zwar scheiterte das von der französischen Abwehr frühzeitig entdeckte Unternehmen, aber die preußisch-deutsche Armee war auch ohne Revolution in Algerien siegreich. Doch durch diese Aktion war das Konzept der Revolutionierung in deutschen Militärkreisen gewissermaßen salonfähig geworden und blieb auch nach dem Sieg über Frankreich als militärische Option auf dem Tisch. Im Falle einer kriegerischen Konfrontation mit Russland zogen Bismarck und Helmuth von Moltke, Chef des Großen Generalstabes, nun die Möglichkeit in Betracht, Unabhängigkeitsbewegungen im russischen Polen sowie in Finnland und im Kaukasus zur Destabilisierung der russischen Peripherie einzusetzen.[56] Moltkes Nachfolger Alfred von Waldersee betrachtete 1886 in einer Unterredung mit Bismarck Revolutionierungsbemühungen in Polen allerdings betont nüchtern. „Die Insurgierung der Polen [bezeichnete er als] kein leichtes Unterfangen. (...) [D]ie Hauptmasse [habe] keine Lust (...)."[57] Unabhängig von seiner Kritik des polnischen Revolutionierungspotenzials wurden revolutionäre Gedankenspiele intensiviert.[58] Besonders nationalistische Gruppierungen in den französischen und englischen Kolonien rückten ins Blickfeld deutscher Beobachter. Ihnen gegenüber zeigte sich Waldersee weit weniger kritisch. Auf dem Höhepunkt der Sudankrise 1885, als es nach dem Einmarsch russischer Truppen in russisch-afghanisches Grenzgebiet zu schweren Spannungen zwischen England und dem Zarenreich kam, setzte er große Hoffnungen in die indische Unabhängigkeitsbewegung und sagte den

---

55 Vgl. MÜLLER (1991), S. 149f.
56 Vgl. HAGEN (1990), S. 30.
57 Waldersee zitiert in RÖHL (2009³), S. 609. Waldersee war der Idee der Revolutionierung gegenüber generell aufgeschlossen. Im Herbst 1885 schrieb er in einer Lagebeurteilung „[I]nnere Wirren, womöglich Umwälzungen in Frankreich und Russland" (S. 603) könnten dem Deutschen Kaiserreich die Gelegenheit zu einer gewaltsamen Umgestaltung der europäischen Mächtekonstellation bieten.
58 Ernsthafte Gedanken darüber mussten sich zu diesem Zeitpunkt die Nachfolger von Bismarck und Moltke machen. Bismarck war 1894 bereits aus dem Amt geschieden (1890) und Moltke verstorben († 1891). 1888 wurde Moltke von Waldersee als Chef des Großen Generalstabes abgelöst.

„Zusammenbruch (...) [der] indischen Herrschaft [Englands]"[59] voraus. Vor allem Wilhelm II. fand an dieser Idee Gefallen. Sie wurde Basis seiner Begeisterung für koloniale, insbesondere islamische Aufstandsbewegungen und deren militärisches Potenzial.[60] Seinem Vetter, dem russischen Zaren Alexander III., teilte er enthusiastisch und unumwunden die sich Russland dadurch bietende Gelegenheit in einem kriegerischen Konflikt mit dem Empire mit.[61]

Diese frühen Überlegungen zur Aufwiegelung fremder Gesellschaften und Bismarcks Gespür, Revolutionsbewegungen wie staatliche Mächte als Bündnispartner zu sehen, weisen für die späteren Revolutionierungsversuche im Ersten Weltkrieg sicherlich keine durchgehende Tradition nach. Doch zum einen stehen sie exemplarisch für eine unerwartete Aufgeschlossenheit der deutschen Führung gegenüber unkonventionellen, im wahrsten Sinne des Wortes revolutionären Kriegsstrategien, zum anderen für die Überzeugung, in kriegsbedingter Notlage jede militärische Option zu nutzen, die sich biete, und deshalb auch national-separatistische Bewegungen in den Herrschaftsgebieten der Kriegsgegner einzusetzen.[62] Dies war durchaus ein Drahtseilakt. Deutschland bzw. Preußen mit seinen polnischen und dänischen Bevölkerungsminderheiten gefährdete durch derartige Überlegungen selbst seine innere Sicherheit. Insbesondere der Polnische Aufstand von 1848, der die preußische Provinz Posen in kriegsähnliche Zustände gestürzt und zu schweren Kämpfen zwischen polnischen Nationalisten und preußischem Militär geführt hatte, musste eine Warnung vor einer allzu offenen und zur Nachahmung motivierenden Parteinahme für Unabhängigkeitsbewegungen gewesen sein.[63] Noch virulenter gestaltete sich das Problem bei den Bundesgenossen des Deutschen Reiches im Ersten Weltkrieg, den Vielvölkerstaaten Österreich-Ungarn und dem Osmanischen Reich. Wie Preußen hatte auch die Habsburgermonarchie im „Frühling der Nationen" 1848 mit einer Reihe revolutionärer, nach nationaler Unabhängigkeit strebender Erhebungen

---

59 Waldersee zitiert in Röhl (2009[3]), S. 454.
60 Vgl. Röhl (2009[3]), S. 452–460, und vgl. Landau (1992), S. 96 f. bezüglich der deutschen Beurteilung nationalistischer Aufstandsbewegungen in den französischen und englischen Kolonien. Ab 1898 berichtete Max von Oppenheim von panislamischen Bewegungen und deren militärischem Potenzial.
61 Vgl. Röhl (2009[3]), S. 459 f. Es war hauptsächlich Wilhelms II. „Englandhass" (ebd., S. 459), der den Kaiser empfänglich für derartige Überlegungen machte. Er beobachtete die Situation im Sudan während des Mahdi-Aufstandes mit großem Interesse und konstatierte: „(...) wir stehen am Rande eines gefährlichen islamischen Aufstandes!" (ebd., S. 449 f.) Dem fanatischen Kampf der Mahdisten gegen die Briten brachte er Bewunderung entgegen und hoffte insgeheim: „Möge der Mahdi sie alle [die Briten] in den Nil werfen!" (Wilhelm II. zitiert in einem Brief an Zar Alexander III. in ebd., S. 452). Vgl. Keddie (1968), S. 27: Der Panislamist Afghani machte dem Zaren zeitgleich einen ähnlichen Vorschlag.
62 Vgl. Zechlin (1961), S. 327.
63 Vgl. Makowski (1996), S. 149–172.

zu kämpfen, von denen der Ungarische Aufstand wohl der folgenschwerste war. Nahezu 100.000 österreichische und ungarische Soldaten verloren im Verlaufe des Konflikts ihr Leben. Die unterlegenen ungarischen Revolutionäre wurden von Österreich brutal abgestraft.[64] Immer wieder brodelte es in der multiethnischen k. u. k. Monarchie im Verlauf des Jahrhunderts. 1908, zum feierlichen 60-jährigen Thronjubiläum des Kaisers Franz Joseph I., kam es in Prag und Laibach (Ljubljana) zu Ausschreitungen und heftigen Protesten gegen die Vorherrschaft der deutschen Nationalität. Nicht weniger brisant war die Situation für die osmanische Dynastie: Der Serbische Aufstand (1804–1815), die Griechische Revolution (1821–1826), die Revolte auf Kreta (1866–1869), die Erhebung der Bosnier (1876), die Autonomiebestrebungen der Armenier oder der aufkommende arabische Nationalismus zeugten von dem unruhigen und angespannten Zustand des osmanischen Riesenreiches. Für die Osmanen bedeuteten

Der Afrikaforscher und Revolutionierungspionier Gerhard Rohlfs im Gewand der Einheimischen in Algier, 1863. Bismarck schickte ihn 1870 nach Algerien, um die Berberstämme zum Aufstand gegen Frankreich zu bewegen. Rohlfs war ein Freund der Familie von Oppenheim und unterstützte später die „Orientpassionen" des jungen Max.

die nationalistischen Unabhängigkeitsbewegungen nichts anderes als eine existenzielle Bedrohung.[65] Für externe Beobachter bewiesen die Erhebungen der Serben, Griechen oder Bosnier andererseits die Schlagkraft nationalistischer Bewegungen und den Schaden, den sie konzertiert mit einer militärischen Schutzmacht einem Kriegsgegner zufügen konnten. Schließlich hatten diese Aufstände, dank der Unterstützung durch diver-

---

64 Vgl. OSTERHAMMEL (2009), S. 777–798.
65 Vgl. TRUMPENER (1968), S. 67 und S. 200–270 zur „Armenischen Frage". Vgl. KARSH (2007), S. 195–218 und HANF (1982), S. 157–176: zum arabischen Nationalismus; verglichen mit anderen Unabhängigkeitsbewegungen im Osmanischen Reich war dessen Bedeutung gering und hatte bis zur Mitte des Ersten Weltkrieges im Grunde keine Relevanz. Vgl. dazu auch MATUZ (2008[5]), S. 209–224 und S. 232–237, und OSTERHAMMEL (2009), S. 746 f.

se europäische Mächte, zur Souveränität Serbiens (1878) und Griechenlands (1830) sowie zum Ende der osmanischen Herrschaft in Bosnien (1876) geführt. Gerade deswegen waren die deutsche Reichsleitung und der Generalstab im Hinblick auf das militärische Potenzial, das Unabhängigkeitsbewegungen versprachen – insbesondere unter dem Eindruck der kriegsbedingten Zwangslage und der weitgehenden Isolation Deutschlands im Ersten Weltkrieg – allzu gerne bereit, in der Revolutionierung eine wirksame Kriegstaktik gefunden zu haben.

Der Ruf nach Unabhängigkeit: Eine Chance für Deutschland

Die deutschen Revolutionierungsanstrengungen im Ersten Weltkrieg boten dem Kaiserreich allerdings nicht nur eine militärische Option und waren rein kriegstaktischen Überlegungen geschuldet. Sie waren vielmehr gleichzeitig von dem Bemühen geleitet, eine neue Ordnung zu schaffen, geografische Räume neu zu besetzen und alternative politische, wirtschaftliche und kulturelle Realitäten für die Zeit nach dem Krieg vorzuzeichnen.[66] Im „langen" 19. Jahrhundert – insbesondere in den Jahrzehnten von 1880 bis 1914 – hatten sich die europäischen Mächte den größten Teil der Welt untertan gemacht und in Territorien aufgeteilt, die unter ihrer formellen Herrschaft oder informellen Oberhoheit standen.[67] Das britische Empire erreichte dabei eine in der Geschichte bis heute unerreichte geografische Ausdehnung. Selbst seine nächsten Konkurrenten, Frankreich und Russland, wirkten neben dem englischen Riesen kleinwüchsig.[68] Doch der eigentliche Zwerg unter den europäischen Kolonialreichen war das Deutsche Reich. *Die verspätete Nation* war im Wettlauf um Kolonien fehlgestartet.[69] „Ich will gar keine Kolonien", hatte sich Bismarck lange kolonialen Aspirationen widersetzt.[70] Doch in der Hochphase des Imperialismus wollte das junge Deutsche Reich den übrigen europäischen Mächten nicht nachstehen. Geradezu hysterisch forderten Händler wie Adolph Woermann, Bankiers wie Adolph von Hansemann und Gelehrte wie Heinrich von Treitschke oder dessen umstrittener Schüler, der Afrikaforscher und Publizist Carl Peters, koloniale Expansion: Die rasant wachsende deutsche Wirtschaft verlange nach Rohstoffen für ihre Industrien und der Erschließung neuer Märkte für ihren Handel.

---

66 Vgl. TORMA (2010), S. 170.
67 Vgl. HOBSBAWM (2004) (ND), S. 79–112.
68 Vgl. FERGUSON (2004), S. 222 und dazu HOBSBAWM (2004) (ND), Karte 5 – *Die aufgeteilte Welt: Kolonialreiche 1914*, S. 440–441.
69 PLESSNER (1974).
70 Bismarck zitiert in LÄNGIN (2005), S. 26.

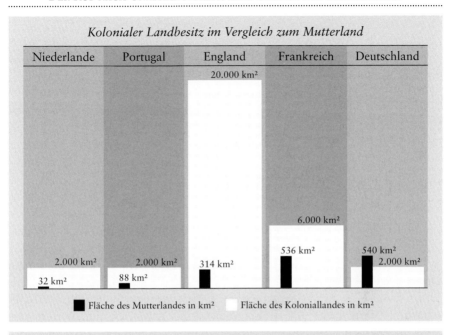

Kolonialer Landbesitz im Vergleich zum Mutterland

Niederlande	Portugal	England	Frankreich	Deutschland

20.000 km²

6.000 km²

536 km² 540 km²

2.000 km² 2.000 km² 314 km² 2.000 km²

32 km² 88 km²

■ Fläche des Mutterlandes in km² ☐ Fläche des Koloniallandes in km²

Die Bevölkerung der Kolonien im Verhältnis zum Mutterland

Niederlande	Portugal	England	Frankreich	Deutschland
5	5	41	38	60
38	7	347	46	12

■ Mio. Einwohner des Mutterlandes ☐ Mio. Einwohner des Koloniallandes

Deutschland, der Zwerg unter den Kolonialmächten: Bismarck widersetzte sich lange Zeit deutschen Kolonialaspirationen. So blieb der Kolonialbesitz des Reiches bis zum Weltkrieg im europäischen Vergleich bescheiden – insbesondere im Verhältnis zur Größe und Bevölkerungsstärke des Mutterlandes, wie zwei Grafiken aus Hans Zaches Deutschem Kolonialbuch zeigen. Zum Glück für Oppenheim: Im Orient trat Deutschland überhaupt nicht als Kolonialmacht in Erscheinung (nach Zache, Hans [Hrsg.]: Das Deutsche Kolonialbuch, Berlin und Leipzig 1925).

Der 1882 gegründete *Deutsche Kolonialverein* und die ihm 1884 folgende *Gesellschaft für Deutsche Kolonisation* (GfDK) bemühten sich nach Kräften, Politik und Öffentlichkeit für Kolonien zu begeistern.[71] Mit geradezu erstaunlicher Geschwindigkeit sicherte sich das Deutsche Reich Territorien in Afrika und zahlreiche Inseln im Pazifik mit einer Gesamtfläche von über einer Millionen Quadratkilometern und einer geschätzten Einwohnerzahl von knapp 13 Million Menschen.[72] Im „Great Game" der Kolonialmächte blieb Deutschland allerdings weiterhin ein kleiner „Player". Der Wert seiner Kolonien war überschaubar. Abseits der wichtigsten Handelsrouten, fern bedeutender Märkte und mit bescheidener Rohstoffausbeute beherrschte Deutschland in Afrika und im Pazifik mehr oder minder „Naturvölker", während England in Indien und Ägypten, Frankreich in Nordafrika oder Russland im Kaukasus über Gesellschaften regierten, die im Vergleich zu diesen als zivilisiert galten.[73]

Aber diese Situation konnte für das Kaiserreich auch eine einmalige Chance bieten. Das gesamte 19. Jahrhundert war eine Zeit der Revolutionen, und in besonderem Maße waren davon die Kolonialmächte England, Frankreich und Russland betroffen.[74] Der heftige Widerstand der Kasachen gegen die russische Kolonisation in den 1820er Jahren, der Sepoyaufstand von 1857 gegen die Herrschaft der Briten im nördlichen Indien oder ständige Erhebungen in Algerien gegen die Franzosen ließen darauf schließen, dass ihre Herrschaft über die Kolonien auf tönernen Füßen stand.[75] Die Welt befand sich im Umbruch. Die Vormacht Europas konnte nicht für immer andauern. Das erkannte man auch in Deutschland. Für den deutschen Generalfeldmarschall Colmar von der Goltz war der spätere Weltkrieg „nur der Anfang einer langen historischen Entwicklung, an deren Ende der Untergang der englischen Weltstellung stehen wird. Die Signatur des 20. Jahrhunderts dürfte der Aufstand der farbigen Rassen gegen den Kolonialimperialismus der Europäer sein. Davon aber

---

71 Vgl. HENDERSON (1993), S. 31 ff., und LÄNGIN (2005), S. 26 f. 1887 fusionierten die beiden zur *Deutschen Kolonialgesellschaft*. Vgl. FITZPATRICK (2008), S. 50–74, speziell S. 63: Der britische Historiker Fitzpatrick weist darauf hin, dass „liberale Imperialisten" bereits vor der Reichsgründung intensiv für Kolonien warben. Der 1849 von Bernhard von Bülow aus der Taufe gehobene Berliner Kolonialverein und der kurz darauf gegründete Hamburger Verein für Kolonisation in Zentralamerika waren die Vorläufer der beiden späteren Kolonialvereine.

72 HENDERSON (1993), S. 37.

73 Im Sinne der historischen Perspektive. Vgl. LÄNGIN (2005), S. 30–151 und S. 220–265, sowie GRÜNDER (2004⁵), S. 111–212 zur Natur der deutschen Kolonien.

74 Vgl. OSTERHAMMEL (2009), S. 736.

75 Vgl. KHAN (1998), S. 53–75, und FERGUSON (2004), S. 145–153 zur „Indian Mutiny". Vgl. KAPPELER (1982), S. 159–183 zum Nationalitätenproblem in Russland, OSTERHAMMEL (2009), S. 746 zum Widerstand der Kasachen und SIVERS (1975), S. 259–275 zu wiederholten Revolten im französisch besetzten Algerien.

wird England sicher am meisten betroffen."[76] Kaum weniger dramatische Folgen waren für Frankreich und Russland zu erwarten. Nicht nur besaß jede der drei Mächte einen geografisch deutlich weiter ausgedehnten Kolonialbesitz als Deutschland, ihre Herrschaft erstreckte sich zudem über eine Kolonialbevölkerung, die von der Goltz mit seiner Prophezeiung eines „Aufstand[es] der farbigen Rassen" vorrangig meinte. Nicht in Togoland oder Kamerun würde der Kampf gegen den Kolonialismus losbrechen. Die bedrohlichsten und folgenschwersten Erhebungen musste man in Ägypten, Algerien, Persien oder Indien fürchten.[77] Hier waren Völker unter Kuratel gestellt worden, die selbst eine bedeutende, jahrhundertelange Geschichte vorzuweisen hatten und nur durch einen historischen Zufall, den industriellen Entwicklungsvorsprung Europas, ihre Autonomie an die imperialistischen Mächte verloren hatten. In diesen Ländern zirkulierten im 19. Jahrhundert die politischen Ideen der Unabhängigkeit von kolonialer Bevormundung. Und besonders innerhalb dieser Nationen empfand die Bevölkerung die Fremdherrschaft als besonders ungerecht und unerträglich. Goltz prognostizierte einen Aufstand der „Zweiten" gegen die „Erste Welt", keine Revolte der „Dritten".

Darin bestand die einmalige Chance für Deutschland. Zwar war man selbst als Kolonialmacht imperialistisch tätig, aber eben nicht in den Ländern des Orients. Hier war Deutschland frei vom Makel der Besatzungsmacht.[78] Deutschland bot sich die Gelegenheit, sich mit den unterdrückten Ägyptern, Persern, Indern oder den bedrängten Türken zu solidarisieren und als eine Alternative zur französischen, russischen oder englischen Entmündigung aufzutreten. Indem sich Deutschland auf die Seite der Unterdrückten schlug, konnte es sich nicht nur berechtigte Hoffnungen auf gute politische und wirtschaftliche Beziehungen mit den Nationen machen, die es bei der Erlangung der Selbstständigkeit unterstützte. Es durfte sich den übrigen europäischen Mächten zudem moralisch überlegen fühlen – besonders, da Frankreich und England sich zwar liberal gaben, aber imperialistisch deutlich aggressiver als Deutschland agierten. Die Herrschaft der Engländer über Indien und Ägypten oder jene der Franzosen über den Maghreb empfand man nicht nur in Bombay, Kairo

---

76 Colmar von der Goltz in einem Brief an Geheimrat Hueck, 6. 10. 1915, zitiert in GOLTZ (1929), S. 421.

77 Vgl. HULL (2005): Die bedeutendsten Erhebungen, mit denen die Deutschen in ihren Kolonien konfrontiert waren, der Herero-Aufstand in Deutsch-Südwest (Namibia) und die Maji-Maji-Revolte in Deutsch-Ostafrika (Tansania, Burundi, Ruanda), gingen auf rücksichtsloses Verhalten deutscher Siedler und die ungerechte Siedlungspolitik der Kolonialverwaltung zurück, die die einheimische Bevölkerung ihrer Lebensgrundlage beraubte. Für die Einheimischen war es ein Kampf ums Überleben. Zu keiner Zeit wurde dieser mit politischen Forderungen nach Selbstbestimmung oder Unabhängigkeit in Verbindung gebracht.

78 Vgl. MONROE (1981²), S. 16.

oder Algier als ungerecht, sondern auch vielerorts in Europa und in besonderem Maße in Deutschland. Werner Otto von Hentig, der spätere Co-Leiter der deutschen Afghanistan-Mission, brachte diese Sichtweise in der Nachbetrachtung seiner Kriegsexpedition in den Hindukusch auf den Punkt: „Wir dachten nicht einmal an die Schädigung unserer Feinde dadurch, daß wir die revolutionäre Bewegung in ihren Kolonien förderten. An sich hätten wir nicht nur eine moralische Berechtigung, sondern vielleicht sogar Verpflichtung gehabt, Ländern wie beispielsweise Indien zur Freiheit zu verhelfen, das, von England bis aufs letzte ausgepowert, wenn nicht schon längst volle Unabhängigkeit, so doch eine ihm häufig zugesagte, aber immer wieder vorenthaltene Autonomie beanspruchen durfte."[79] Besonders der deutsche Kaiser exerzierte diese Haltung demonstrativ vor. Er gefiel sich in der Rolle des ritterlichen Freundes der unterdrückten Mohammedaner und prangerte die Selbstbedienungsmentalität der Ententemächte als „unerhörte Unverschämtheit" an. Einzig Deutschland böte eine Alternative zum „kaudinischen Joch" des englischen, französischen und russischen Imperialismus.[80] Immer wieder echauffierte er sich über deren bevormundendes Verhalten gegenüber orientalischen Nationen, vor allem über die Behandlung seines Freundes, des osmanischen Sultans „in brutalster Weise". Er sei „der einzige, der zum Sultan hält", konstatierte Wilhelm und propagierte selbstgefällig Unabhängigkeit und Selbstbestimmung für die orientalischen Länder.[81] 1909, als die Briten auf Tigris und Euphrat gegen den Widerstand der Osmanen ein Schifffahrtsmonopol einrichten wollten, ließ er der britischen Regierung offiziell mitteilen, er betrachte ihr Vorgehen in Konstantinopel als einen „Eingriff seitens einer fremden Macht in das Selbstbestimmungsrecht einer zweiten (...)".[82] Während seines Besuches in Tanger 1905 eröffnete er dem dritten Sekretär der französischen Gesandtschaft, Graf Chérisey, er fordere nicht nur für Deutschland „Gleichberechtigung mit anderen Nationen, [sondern betrachte ebenfalls den] Sultan als einen gleichberechtigten, freien Herrscher eines unabhängigen Landes (...)".[83]

Der offen demonstrierte Gegensatz zu den übrigen europäischen Mächten, die moralische Parteinahme für den Orient und seine unterdrückten und gegängelten Länder basierte sicherlich nicht auf deutschem

---

79 Hentig in seinem Vortrag *Deutsche Beziehungen zum Herzen Asiens*, 1. 2. 1919, IfZ ED 113/23, S. 1.

80 Wilhelm II. zitiert in Röhl (2008), S. 800 und 802, vgl. dazu S. 1050–1060.

81 Wilhelm II. zitiert in Röhl (2009³), S. 453, und in Röhl (2001), S. 1057.

82 Wilhelm II. zitiert in Röhl (2008), S. 801.

83 Wilhelm II. zitiert in Röhl (2008), S. 382. Wilhelm II. spricht vom marokkanischen Sultan Abd al-Aziz.

Der Besuch Wilhelms II. 1905 in Tanger sollte die deutsche Solidarität mit dem marokkanischen Sultan demonstrieren. Im Orient führte die Geste zu einem wahren Begeisterungssturm für das Deutsche Reich. Von England und Frankreich isolierte sich Deutschland jedoch damit zunehmend.

Altruismus und reiner Selbstlosigkeit.[84] Das Eintreten für „imperialistisch bedrängte" Nationen gab Wilhelms II. Drang nach weltpolitischer Anerkennung ein gerechtes Motiv. Die Gegenposition versprach politische und wirtschaftliche Vorteile für Deutschland. Die gemeinsame Gegnerschaft konnte im Falle einer militärischen Konfrontation mit England, Frankreich oder Russland einmal kriegsentscheidend sein. Unabhängig von der Berechenbarkeit dieser Haltung und des offenkundigen Nutzens für Deutschland war der Appell für eine Begegnung mit dem Orient auf Augenhöhe jedoch einzigartig unter den europäischen Herrschern und beinhaltete eine gewisse – wenn nicht antiimperialistische, dann zumindest – un-imperialistische Komponente. Wenigstens die orientalische Bevölkerung muss das so empfunden haben.[85] Anders ist die frenetische Begrüßung Wilhelms II. in Konstantinopel, Jerusalem, Beirut und besonders Damaskus während seiner zweiten Orientreise, 1898, der berühmten Palästinafahrt des Kaisers, oder in Tanger während seines Besuches in Marokko, nicht zu erklären.[86] Wilhelm II. erhielt einen mehr als schmeichelhaften Empfang. Kein anderer ausländischer Staatsmann wurde jemals so euphorisch von den orientalischen Massen begrüßt.[87] Die „Wärme des ihn [sic] gewordenen Empfangs" war der „Freude über eine Gegendemonstration von deutscher Seite" geschuldet.[88] Die immer wieder bekundete Beliebtheit der Deutschen im gesamten Orient komplettierte dieses Bild.[89] Der vermeintliche Anti- oder Un-Imperialismus, auf dem die Popularität der Deutschen basierte, war jedoch auch von machtpolitischen Erwägungen geleitet und erschien besonders den anderen europäischen Mächten geradezu heuchlerisch. Unabhängigkeit, Selbstbestimmung und Gleichbehandlung wurde nur für Länder gefordert, die unter englischer, französischer oder russischer Herrschaft standen und deren Bevölkerungen nach zeitgenössischem Empfinden ein gewisses kulturelles Niveau besaßen. Die Wertschätzung der Kolonisierten unterlag einer qualitativen Differenzierung. Sie galt nicht für alle unterjochten Völker glei-

---

84 Vgl. SCHÖLLGEN (1989), S. 79–100, speziell S. 89: Wilhelm II. ging es mit derartigem Auftreten wohl nicht nur um die Eigenständigkeit orientalischer Nationen, sondern in besonderem Maße auch um die dadurch erzielte Wirkung, also „um die deutsche Weltstellung". (Fürst v. Lichnowsky zitiert in ebd., S. 88).
85 Vgl. TRUMPENER (1968), S. 12.
86 Vgl. RÖHL (2001), S. 1050–1060, RÖHL (2008), S. 379–383, GENCER (2006), S. 53–59, und RICHTER (1997), S. 77–86. „Wir Deutsche stehen gegenwärtig (...) in großer Gunst bei (...) allem türkischen Volk. Unser Kaiserpaar darf sich eines außerordentlich warmen Empfanges gewiß sein." Vossische Zeitung, 20. 10. 1898, Nr. 491, „Nach Palästina", S. 4, zitiert in RICHTER (1997), S. 78.
87 Vgl. HOPKIRK (London 1994), S. 21.
88 Richard von Kühlmann zitiert in RÖHL (2008), S. 383, und S. 381.
89 Belege der Beliebtheit der Deutschen sind zahlreich: Vgl. GEHRKE (1960) (I.), S. 39, BLÜCHER (1949), S. 16, GENCER (2006), S. 57, MONROE (1981²), S. 23 f.

chermaßen und selbstverständlich nicht für Deutschlands südwest- oder ostafrikanische Untertanen. Bezeichnend ist in diesem Sinne eine Aussage Wilhelms II., die diese „rassische Unterscheidung" verdeutlicht. Verärgert über Frankreichs Verhalten gegenüber dem Osmanischen Reich in finanz-politischen Fragen beschwerte sich der Kaiser: „Die Gallier behandeln die Türken wie einen Negerstaat 5ter Güte! Eine Manier, die geradezu beleidigend ist."[90]

Die deutsche Parteinahme für die von England, Frankreich und Russ-land kolonisierten Völker und die Einforderung ihrer Unabhängigkeit und Gleichbehandlung war in vielerlei Hinsicht auf einen Sinn für Ge-rechtigkeit und eine tendenzielle Sympathie in Deutschland für bestimmte unterdrückte Völkerschaften zurückzuführen. Aber gleichsam basierte sie zu einem wesentlichen Teil auf der Gegnerschaft zu den Ententemächten und auf einem macht-, wirtschafts- und kulturpolitischen Opportunis-mus. Einem Opportunismus allerdings, der der Forderung der Koloni-sierten nach Unabhängigkeit einen ungeahnten Nachdruck verlieh. Das Zünglein an der Waage für den deutschen Un-Imperialismus war eine ehrliche Begeisterung in Deutschland für den Orient und eine Faszination für dessen Exotik.[91] Anders ausgedrückt: der Orient war nicht der Kongo, er war *Tausendundeine Nacht.*

Max von Oppenheim – Freund des Orients

Die Idee der Revolutionierung hatte in Deutschland innerhalb der poli-tischen und militärischen Führung im Verlauf des 19. Jahrhunderts als kriegstaktische Option weitreichende Akzeptanz gefunden. Durch die of-fensichtliche Chance, die das Konzept dem Kaiserreich bot, auf un-impe-rialistischem Wege mit der Parteinahme für nationalistische Unabhängig-keitsbewegungen im Orient zukünftig eine in politischer, wirtschaftlicher und kultureller Hinsicht privilegierte Stellung einzunehmen, war ihm zu-sätzlich Gewicht verliehen worden. Neben diesen streng pragmatischen Argumenten scheinen allerdings von Anfang an eine Sympathie für den Orient und seine Bevölkerung sowie ein Gefühl, mit der Unterstützung nach Freiheit strebender, unterdrückter Völker der Gerechtigkeit zu die-nen, nicht unerhebliche Handlungsmotive gebildet zu haben. Niemand verdeutlicht diesen Aspekt besser als Max Freiherr von Oppenheim, der Verfasser des deutschen Insurrektionsprogramms *Die Revolutionierung der islamischen Gebiete unserer Feinde.*[92] In seiner Denkschrift formulier-te Oppenheim Pläne zur national und – ein Novum – religiös motivierten

---

90 Wilhelm II. zitiert in RÖHL (2008), S. 802.
91 Bezgl. der deutschen Faszination für den exotischen Orient siehe Kapitel III.
92 Max von Oppenheim: *Die Revolutionierung ...,* PA – AA, R 20937 – 1/2/3.

Aufwiegelung der muslimischen Bevölkerung in den englischen, russischen und französischen Kolonialgebieten und Anrainerstaaten. Er lieferte damit die Blaupause für die deutschen Revolutionierungsbemühungen im Ersten Weltkrieg. Aus diesem Grund wurde in der Geschichtsschreibung ein Bild von ihm entworfen, das ihn als notorischen „Spion des Kaisers" oder als einen diabolischen Berater Wilhelms II. beschreibt, das bis heute die historische Meinung von ihm dominiert.[93] Dabei war Oppenheim das genaue Gegenteil eines konspirativ tätigen Geheimagenten oder radikalen Unruhestifters, der mit seinem Revolutionierungskonzept die deutsche Eroberung der Welt einleiten wollte. Unbestreitbar war er ein glühender Patriot und bemüht, sich „auf irgend eine Weise deutsch-patriotischen Interessen förderlich" zu machen.[94] Aber sein Patriotismus beschränkte sich darauf, auf politische Gelegenheiten und volkswirtschaftliche Möglichkeiten für Deutschland hinzuweisen. Sein Insurrektionsprogramm verdeutlicht vielmehr seine liberale Seite, seine Aufgeschlossenheit anderen Kulturen gegenüber und seinen Wunsch, diesen auf dem Weg in die Unabhängigkeit beizustehen.[95]

Max von Oppenheim entstammte der einflussreichen Bankiersdynastie Sal. Oppenheim jr. & Cie. und auch er wäre wohl dem väterlich vorgezeichneten Weg in die Hochfinanz gefolgt, hätte er nicht in der Secunda eine illustrierte Ausgabe von *Tausendundeine Nacht* geschenkt bekommen. Ein Ereignis, das Oppenheim selbst als „geradezu ausschlaggebend" für sein Leben bezeichnete: „Hierdurch wurde der Gedanke, Forschungsreisender, und zwar im islamischen Orient zu werden, immer mehr gestärkt, ein Gedanke, der mich nie verließ (...)."[96] Auf einer Urlaubsreise nach Konstantinopel im Winter 1883 lernte er den Orient erstmals persönlich kennen. Von nun an hatte das Morgenland ihn gänzlich in seinen Bann gezogen. Nach anfänglichem Widerstand und erzwungenem Jura-Studium gab der Vater schließlich den „tragischen Passionen" des mittlerweile 28-jährigen Sohnes nach und finanzierte 1888 dessen erstes Forschungsprojekt.[97] Auf eigene Initiative reiste Max von Oppenheim in den folgenden Jahren nach Ägypten, Syrien, Mesopotamien, erneut in die Türkei, an den Persischen Golf und nach Sansibar. Während seiner Aufenthalte im Orient forschte, schrieb und bildete er sich in den nächsten Jahrzehnten autodidaktisch zu einem allgemein anerkannten Spezialisten

---

93 MICHAL (2008). Michal orientiert sich an McKales Essay „The Kaiser's Spy", McKALE (1997) sowie McKALE (1998) und vgl. insbesondere HOPKIRK (London 1994), S. 2 f. Vgl. weiterhin SCHWANITZ (*Soz. Gesch.* 2004) und FISCHER (1977) (ND), S. 109–116 zum negativen Bild Oppenheims.
94 Max von Oppenheim zitiert in TREUE (1969), S. 45.
95 Vgl. TREUE (1969), S. 38, und TEICHMANN (2001), S. 33 f. und S. 50.
96 Max von Oppenheim zitiert in STÜRMER (1989), S. 264.
97 Albert von Oppenheim zitiert in STÜRMER (1989), S. 264.

Max von Oppenheim im Gespräch mit Beduinen in der Nähe des Tell Halaf im Nordosten Syriens, 1899. Die Wüstenbewohner hatten ihn auf den Siedlungshügel aufmerksam gemacht.

orientalischer Verhältnisse weiter. Zum Zeitpunkt des Ersten Weltkrieges war Oppenheim, obgleich er über keine entsprechende universitäre Ausbildung verfügte, einer der führenden deutschen Archäologen im Nahen Osten, Epigrafiker und gleichzeitig intimer Kenner der Politik und Bevölkerung der Region.[98] Die Entdeckung des Siedlungshügels Tell Halaf im Nordosten Syriens 1899 und die Leitung der dortigen Ausgrabungen zwischen 1910 und 1913 hatten ihn als Archäologen weltberühmt gemacht.[99]

Von Anfang an zeigte Oppenheim während seiner Aufenthalte im Orient eine große Zuneigung und ein ehrliches Interesse für die dort lebenden Menschen und deren Kultur. Er wollte „durchaus wirklich gut Arabisch sprechen und, mehr als das, die Sitten und Gebräuche der Mohammedaner (...) studieren, ferner in den Geist des Islam eindringen (...)".[100] Dazu richtete er sich bereits während seines ersten länger andauernden Aufenthaltes in Ägypten im Winter 1892/93 ein Haus im Kairoer „Eingeborenenviertel" ein, wo er fortan mit einheimischem Sprachlehrer, einer schwarzen Köchin, arabischem Diener und seiner ägyptischen „Zeitfrau"

---

98   Vgl. STÜRMER (1989), S.265.
99   Vgl. OPPENHEIM (2001), S.176–203, und ORTHMANN (2001), S.204–247.
100 Max von Oppenheim zitiert in STÜRMER (1989), S.265.

„das Leben der Einheimischen teilte".[101] Enthusiastisch bemühte sich Oppenheim um engen Kontakt mit den Einheimischen, Arabern und Türken, Männern wie Frauen und wollte die Lebenswirklichkeit Arabiens erfahren.[102] Im Gegensatz zu anderen Europäern begegnete er den Orientalen dabei vorurteilsfrei und unvoreingenommen. Als Sohn eines jüdischen Konvertiten zum katholischen Glauben hatte er im damals stark antisemitisch geprägten Auswärtigen Amt selbst mit Vorurteilen und Anfeindungen zu kämpfen.

Trotz mächtiger Fürsprecher wurde er nie offiziell in den diplomatischen Dienst übernommen.[103] Im Orient wurde ihm einzig aufgrund seiner direkten Einblicke in das einheimische Leben und seiner daraus erwachsenen Erfahrungen eine Sonderfunktion in der deutschen Botschaft in Kairo zugebilligt. Diese Position erlaubte es ihm, frei und selbstständig zu arbeiten sowie einen intensiven und offenen Gedankenaustausch mit der einheimischen Bevölkerung zu führen. Seine Dienstzeit in Kairo von 1896 bis 1909 bezeichnete er selbst als „Doppelleben: (...) [Einerseits] als Mitglied der grossen Cairenser [sic] Diplomatenwelt, gleichzeitig aber führte ich [Oppenheim] ein Sonderleben innerhalb der Eingeborenenwelt (...)."[104] Orientalen unterschiedlichster Couleur gingen in seinem Haus ein und aus. Oppenheim gelang es durch „häufiges Zusammensein mit Eingeborenen der verschiedensten Klassen, insbesondere politisch interessierter Kreise", in das Wesen und „die Eigenart der Einheimischen ein[zu] dringen" und gegenseitiges Vertrauen aufzubauen.[105] „So kam es, dass ich immer mehr in weiten Kreisen der ägyptischen Hauptstadt bekannt wurde und zwar als Freund der Araber, der eingeborenen Ägypter."[106] Oppenheims Popularität in Ägypten reichte am Ende so weit, dass der Trauerzug bei der Beerdigung des ägyptischen Freiheitskämpfers Mustafa Pascha Kamil im Februar 1908 einen Zwischenstopp vor Oppenheims Haus einlegte und „Hochrufe [auf ihn] aus(...)bracht[e]".[107]

Seine Vorgesetzten und Kollegen in der deutschen Botschaft registrierten und lobten die „Spezial-Kenntnisse Oppenheims". Gleichzeitig kritisierten sie aber, dass „er mitunter geneigt ist, zu sehr in den Ideen der Eingeborenen aufzugehen".[108] Die Kritik war nicht weiter verwunderlich.

---

101 Max von Oppenheim in *Mein Leben in der eingeborenen Welt in Cairo*, HBO, NL MvO, Nr. 1/6, S. 2. und zitiert in STÜRMER (1989), S. 265.

102 Vgl. NIPPA (2001), S. 142.

103 Vgl. TEICHMANN (2001), S. 11 f., S. 27 ff., und LÜDKE (2005), S. 70 f.

104 Max von Oppenheim in *Mein Leben in ...* in HBO, NL MvO, Nr. 1/6, S. 1.

105 Max von Oppenheim in *Meine Tätigkeit im Dienste des AA in Cairo* in HBO, NL MvO, Nr. 1/5, S. 1, und in *Mein Leben in ...*, HBO, NL MvO, Nr. 1/6, S. 1.

106 Max von Oppenheim in *Beziehung zu Eingeborenen*, HBO, NL MvO, Nr. 1/7, S. 82.

107 Max von Oppenheim in *Mein großes Ansehen ...*, HBO, NL MvO, Nr. 1/7, S. 183.

108 Metternich an AA, 17. 01. 1900, PA-AA Personalakte Nr. 10886, zitiert in TEICHMANN (2001), S. 36.

Das Doppelleben des Freiherren: Oppenheim als „Mitglied der grossen Cairenser Diplomatenwelt" vor der Deutschen Gesandtschaft in Kairo.

Die meisten „fremden Diplomaten, ebenso wie die englischen Beamten und Offiziere (...) [lebten] nur nach Europäer-Art" und „verkehrten unter sich", wie Oppenheim bemerkte. Sein „intimes Verhältnis" zu den Einheimischen musste zwangsläufig zu Aufsehen, Irritation und Verdächtigungen führen.[109] Selbst heimliche Bewunderer wie die Orientreisende Hermynia zur Mühlen spekulierten, er sei „ein Propagandist des Kaisers [und s]eine geheimnisvollen Reisen (...) verfolgten den Zweck, die Sympathie der Bevölkerung für Deutschland zu gewinnen".[110] Die französischen und britischen Kolonialherren registrierten die guten Beziehungen Oppenheims zu den Einheimischen mit zunehmender Besorgnis, und insbesondere die Briten unterstellten ihm laut eigener Aussage, „die Eingeborenen in ihrem Hass gegen die Engländer [zu] bestärke[n] und hier-

109 Max von Oppenheim in *Mein Leben in* ..., HBO, NL MvO, Nr. 1/6, S. 1, und in *Meine Tätigkeit im Dienste* ..., HBO, NL MvO, Nr. 1/5, S. 64.

110 MÜHLEN (1929), S. 129. Vgl. Max von Oppenheim in *Meine Beziehung zu seiner Majestät* ..., HBO NL MvO Nr. 1/7, S. 174: Hinter dem Pseudonym Hermynia zur Mühlen verbarg sich „eine junge Österreicherin (Contesse Khevenmüller)". Oppenheim berichtet amüsiert und geschmeichelt von der Charakterisierung seiner Person.

Der Baron in offizieller
Garderobe ... (links)
... und im Gewand
der Einheimischen (rechts)

durch nicht nur für die Engländer, sondern für alle in Ägypten lebenden Europäer Gefahren herauf [zu] beschwören".[111] In zahlreichen, teilweise von französischen und britischen Regierungskreisen bewusst platzierten Zeitungsartikeln wurde ihm antifranzösische und -britische Agitation vorgeworfen, und dass Deutschland mittels seines Wirken den Orient erobern wolle.[112] Oppenheim beschwerte sich in auffallend hoher Frequenz in seinen Berichten an den Reichskanzler über die beispiellose „antideutsche Hetze" und den seines Erachtens völlig unbegründeten Vorwurf der „Volksverhetzung" der Einheimischen.[113] Für ihn basierten die Artikel auf „kindliche[r] Erfindung" und verfolgten den Zweck, die Deutschen als „die muhammedanischen Völkerschaften gegen die einzelnen christlichen

---

111 Max von Oppenheim in *Meine Tätigkeit im Dienste ...*, HBO, NL MvO, Nr. 1/5, S. 1 f.

112 Vgl. Max von Oppenheim in *Bericht an den Reichskanzler, 8. 01. 1910*, HBO, NL MvO, Nr. 1/7, S. 48, und in *Bericht an den Reichskanzler, No. 297*, HBO, NL MvO/22. Presseartikel, in denen vor Oppenheim und seinem aufwieglerischen Wirken gewarnt wurde, erschienen u. a. in *Opinion* (18. Juli 1908), *Cafaro* (19. Juli 1908), *Nouvelliste de Lyon* (19. Juli 1908), *Republicain de l'Isere* („Scandal Diplomatique", 10. Juli 1908), *Soleil du Midi* („Lex Exploits d' un Espion Allemand", 19. Juli 1908) und eine besonders drastische Schilderung der „bösen Person" Oppenheims in *Le Courrier d'Égypte* („Max von Oppenheim", 9. Juli 1908). Dass Franzosen und Engländer arabische Redakteure bestachen oder unter Druck setzten, gegen Oppenheim und Deutschland zu schreiben, meldete er in seinen Berichten an den Reichskanzler wiederholt. Vgl. HBO, NL MvO/22 und zur Pressehetze *Mein großes Ansehen ...* in HBO, NL MvO, Nr. 1/7, S. 189–199.

113 Max von Oppenheim in *Mein großes Ansehen ...*, HBO, NL MvO, Nr. 1/7, S. 189 und S. 205.

Oppenheims „Eingeborenenhaus" in Kairo am Bab el Louk, um 1900.

Staaten (...) [aufreizende Unruhestifter] (...) im europäischen Concerte [sic] (...) [zu isolieren und gleichzeitig] den Muhammedanern [gegenüber] als falsche Freunde [zu diskreditieren]".[114] Sein „Zusammensein mit (...) Arabern erfolgte [jedoch] (...) in keiner Weise zu agitatorischen Zwecken, sondern lediglich aus Dankbarkeit für so viele im Orient genossene Gastfreundschaft, aus meiner Freude mit Arabern zusammenzusein [sic] und aus wissenschaftlichen Gründen, weil ich immer durch Aussprachen mit (...) Orientalen lernen konnte".[115] Natürlich fielen bei seinen offenen Dialogen gegen England, Frankreich oder auch Russland gerichtete Kommentare. Der Großteil seiner eingeborenen Gesprächspartner „stand auf nationalistischem Boden und hasste (...) die englische [oder generell fremdländische] Besetzung des Landes".[116] Oppenheim betonte jedoch, sich in den Gesprächen rein „rezeptiv zu verhalten: (...) Ich hatte es mir zum Grundsatz gemacht, die Anschauungen meiner Freunde (...) mir vor-

---

114 Max von Oppenheim in *Bericht an den Reichskanzler, No. 253,* 6. April 1906, HBO, NL MvO/22 und in *Bericht an den Reichskanzler, 8. 01. 1910,* HBO, NL MvO, Nr. 1/7, S. 48.
115 Max von Oppenheim in *Mein großes Ansehen ...,* HBO, NL MvO, Nr. 1/7, S. 213.
116 Max von Oppenheim in *Die Liebe des Ali Yussuf ...,* HBO, NL MvO, Nr. 1/5, s. p.

tragen zu lassen, (...), aber niemals meinerseits in irgendeiner Weise hetzerisch (...) vorzugehen; im Gegenteil, wenn geradezu Wut- oder Hassausbrüche gegen die englische Okkupation vorkamen, mahnte ich zur Ruhe, darauf hinweisend, dass den Eingeborenen doch nicht die Machtmittel zur Verfügung ständen um einen Befreiungskampf aufzunehmen (...)."[117] Doch die Angriffe gegen ihn zeigten Wirkung. Um nicht noch mehr politischen Anstoß bei Engländern und Franzosen zu erregen, verbot das Auswärtige Amt ihm den Besuch des einflussreichen Beduinenscheichs Ibn Raschid Hamid und verhinderte die Übersetzung seiner Publikationen über den Orient ins Englische.[118] Weit folgenschwerer scheint die Wirkung der gegen Oppenheim gerichteten Presseagitation für seine spätere historische Beurteilung geworden zu sein. In auffallender Weise erinnert die Charakterisierung Oppenheims als machiavellistischer Ränkeschmied in zu Anfang des 20. Jahrhunderts erschienenen Zeitungsartikeln an das Bild, das McKale, Hopkirk oder Schwanitz von ihm nachgezeichnet haben.[119] Die negative historische Stigmatisierung Oppenheims scheint die Zeit überdauert zu haben. Der britische Historiker Christopher Clark hat bemerkt, dass „[i]n der Literatur über diese Periode – und im allgemeinen, heutigen Bewusstsein – (...) die verblüffende Tendenz zu beobachten ist, die Angelegenheit aus englischer Sicht zu betrachten, implizit die Vorstellung zu akzeptieren, dass die britische, koloniale Ausdehnung und die britischen Auffassungen vom Recht der Briten eine „natürliche Ordnung" bildeten, in deren Licht die deutschen Proteste offensichtlich mutwillige Provokationen waren".[120] Clarks Feststellung bezog sich zwar auf die heutige Rezeption der Krüger-Depesche, kann aber im Falle der Angriffe gegen Oppenheim und der Unterstellung der deutschen Aufwiegelung des Orients analog gelesen werden.

Oppenheim war kein demagogischer Agitator. Wer sich mit ihm auseinandersetzt und seine unveröffentlichten Lebenserinnerungen oder Berichte an den Reichskanzler und das Auswärtige Amt liest, wird schnell feststellen, dass er schlicht nicht dem Typus eines konspirativ tätigen Aufwieglers entsprach.[121] Sein Wesen entsprach vielmehr dem der Mitglieder der britischen „Society of Dilettanti".[122] Nur galten sein Interesse und seine Leidenschaft nicht Griechenland, sondern dem Orient. Sein

---

117 Max von Oppenheim in *Mein großes Ansehen* ..., HBO, NL MvO, Nr. 1/7, S. 179 f.
118 Vgl. Max von Oppenheim in *Meine Tätigkeit im Dienste* ..., HBO, NL MvO, Nr. 1/5, 27).
119 Oppenheim sei „full of (...) Macciavellian machinations" hieß es bspw. in „Baron von Oppenheim's Retirement", in *The Egyptian Gazette*, No. 8.834, Alexandria, 18. 11. 1910, HBO, NL MvO/21.
120 CLARK (2008), S. 180.
121 Vgl. HBO, NL MvO Nr. 1/5, 1/6, 1/7, 1/18, 1/12, 1/13,/19,/21,/22.
122 Vgl. STÜRMER (1989), S. 267, und CUST (1898) zur „Society of Dilettanti".

Entgegen der Verdächtigungen der Ententemächte war Max von Oppenheim kein agitatorischer Spion des Kaisers, sondern vielmehr ein politisch interessierter, leidenschaftlicher Orientfan. Hier spielt er für Ingenieure der Bagdadbahn und deren Ehefrauen am Tell Halaf den Reiseführer, um 1900.

wohlhabender familiärer Hintergrund erlaubte ihm, aus eigener Initiative den Nahen und Mittleren Osten zu bereisen, zu erforschen und seine orientalische Passion sowie seinen Wissensdurst über die Religion, Kultur und Menschen der Region zu befriedigen. Oppenheim faszinierten die „markante[n] Persönlichkeit[en]", die Würde, die seine Gesprächspartner ausstrahlten, und der elitäre Habitus innerhalb der Führungsschichten des Orients.[123] Die reichhaltige Kultur und die bedeutende Geschichte dieser Weltgegend begeisterten ihn. Er war weniger ein „homo politicus" als ein gut situierter, wissbegieriger und freigeistiger Lebemann, der es genoss, sich in persönlichen Gesprächen mit Menschen eines fremden Kulturkreises auszutauschen, und der dabei echtes Interesse an deren Lebensumständen zeigte. Sicherlich kokettierte Oppenheim vor seinen Kollegen im Auswärtigen Amt und anderen Europäern ein wenig narzisstisch mit seinem Sonderwissen über „(...) Sitten und Gebräuche (...), die wirkliche Stimmung und die Gefühle (...) [der Orientalen]".[124] Der Selbstdarstel-

---

123 Max von Oppenheim in *Die Liebe des Ali Yussuf* ..., HBO, NL MvO, Nr. 1/5, s. p.
124 Max von Oppenheim in *Mein Leben in* ..., HBO, NL MvO, Nr. 1/6, S. 1.

lung in seinen Lebenserinnerungen und der Beschreibung von Zeitzeugen zufolge war Oppenheims Haltung gegenüber dem Orient zu einem nicht unerheblichen Teil seinem eigenen Geltungsdrang geschuldet. Er fühlte sich sichtbar wohl in seiner Expertenrolle und ließ dies seine Umwelt auch wissen. David Hogarth, der Leiter des britischen Geheimdienstes in Kairo während des Ersten Weltkrieges, beschrieb ihn als „that chattering, egotistical Jew".[125] Allerdings wirft dieser Aspekt keinen Schatten auf das Bild Oppenheims. Ungeachtet des antisemitischen Gehalts der Beurteilung Hogarths – im Übrigen derselbe Antisemitismus, dem Oppenheim im Auswärtigen Amt begegnete und gegen den er sich nur durch Unersetzlichkeit zu wehren vermochte – hatte Oppenheim in der historischen Nachbetrachtung allen Grund, auf sich stolz zu sein und selbstbewusst aufzutreten. Der Erfolg gab ihm Recht. Seine einzigartigen Einblicke in orientalische Verhältnisse verdankte er seiner liberalen, offenen Art, seiner Unvoreingenommenheit gegenüber seinen außereuropäischen Gesprächspartnern und seinem Respekt hinsichtlich deren Kultur.[126] Dass Oppenheim sich von anderen Europäern unterschied, bemerkten seine orientalischen Bekanntschaften sofort. „Sie sahen in mir einen Mann (…), der nicht auf sie herabschaute, wie die Engländer oder die meisten anderen Europäer dies taten, (…)."[127] Wiederholt echauffierte er sich über das snobistische und arrogante Verhalten der Europäer gegenüber den Einheimischen, insbesondere jenes der Engländer.[128] Selbst „[d]ie ägyptischen Prinzen (…) liebten es nicht, mit den Engländern zusammenzukommen, die sie nicht immer ihrem Rang entsprechend zu behandeln pflegten".[129] Oppenheim dagegen erwies sich als respektvoller Zuhörer und aufmerksamer Beobachter und zeigte sich gleichzeitig fair in der Beurteilung seiner Informationen. Ihm entging natürlich nicht, dass „die (…) Okkupation [durch eine europäische Macht von den Orientalen] als eine auf ihnen lastende Unterdrückung" empfunden wurde.[130] Dies entsprach schließlich der Realität. Aber gleichzeitig bewahrte er sich bei aller Sympathie für die Unterdrückten so viel Objektivität, positive Aspekte der britischen Kolonialherrschaft zu bemerken und auf ihren modernisierenden Effekt sowie liberale Charakteristika hinzuweisen wie „eine gewisse Freiheit der Presse, der öffentlichen Meinung oder der Möglichkeit zur Versammlung [, die] im Gegensatz zu dem diktatorisch regierten Osmanischen Reich

---

125 David Hogarth zitiert in Lüdke (2005), S. 71.
126 Vgl. Kröger (2001), S. 116.
127 Notiz Oppenheims vom 23. 11. 1944, zitiert in Teichmann (2001), S. 35.
128 Vgl. Teichmann (2001), S. 33, und Max von Oppenheim in *Mein Leben in …*, HBO, NL MvO, Nr. 1/6, S. 2.
129 Max von Oppenheim in HBO, NL MvO, Nr. 1/5, S. 73.
130 Max von Oppenheim in *Die politischen Verhältnisse in Ägypten*, HBO, NL MvO, Nr. 1/7, S. 88.

[stand.]" Anders als Wilhelm II. trieb Oppenheim in seiner Kritik an der orientalischen Fremdbevormundung kein Hass gegen England oder eine andere Ententenation. Im Gegenteil: Fortwährend betonte er die „wirklich freundschaftlichen Beziehungen zu einer großen Anzahl von englischen Beamten und Offizieren" und seinen „glänzenden Verkehr mit den europäischen Diplomaten [in Kairo]".[131] Es ist daher schlicht falsch, ihm einseitige Parteinahme für die orientalischen Untertanen der europäischen Kolonialmächte vorzuwerfen oder eine undifferenzierte, lediglich deutsche Interessen berücksichtigende Haltung gegenüber England, Frankreich oder Russland.[132] Seine Darstellung als „The Kaiser's Spy", als männliche Mata Hari des Orients, muss als geschichtliche Sensationsmache und Exaltation der historischen Tatsachen gewertet werden.[133] Sein vermeintlich aufhetzerisches Agieren beschränkte sich auf Zuhören, das Sammeln von Informationen und das Registrieren der antikolonialen Stimmung im Orient. Doch darin bestand für die englischen, französischen und russischen Kolonialherren bereits eine große Gefahr. Den nationalistischen Orientalen suggerierte der offene Dialog mit Oppenheim die heimliche Zustimmung zu ihren antiimperialistischen Zielen und eine moralische Rückendeckung durch das Deutsche Kaiserreich. Oppenheim hingegen erlaubten die wertvollen Informationen, die „die hauptsächlichsten Klagen der Eingeborenen" wiedergaben und die er von seinen indigenen Gesprächspartnern erhielt oder Briefen einheimischer Freunde, kursierenden Gerüchten und orientalischen Publikationen entnahm, in dieser Situation Chancen für Deutschland zu erkennen – insbesondere im Falle einer militärischen Konfrontation mit den Ententemächten.[134] Auf der Grundlage dieser Ideen und Gesprächsaussagen seiner orientalischen Bekannten formulierte er seine Revolutionsschrift.

Mit dem ägyptischen Scheich es-Seddat, der Oppenheim gegenüber ständig die englische Besetzung des Landes beklagte und aus seiner Feindschaft zu den Engländern kein Geheimnis machte, verband ihn eine langjährige aufrichtige Freundschaft.[135]

---

131 Max von Oppenheim in *Die politischen Verhältnisse in Ägypten*, HBO, NL MvO, Nr. 1/7, s. p, 4 u. 10
132 Vgl. Max von Oppenheim in *Meine Tätigkeit im Dienste ...*, HBO, NL MvO, Nr. 1/5, s. p.: Die Lebenserinnerungen Oppenheims zeigen, dass sein Eintreten für die Orientalen in keiner Weise auf eine besondere Abneigung gegen eine oder alle Ententemächte zurückzuführen ist, sondern schlicht auf die von ihm als ungerecht empfundene Situation der Fremdbevormundung.
133 MCKALE (1997).
134 Max von Oppenheim in *Themata meiner Berichte ...*, HBO, NL MvO, Nr. 1/7, S. 105, vgl. KRÖGER (2001), S. 116 f.
135 Vgl. Max von Oppenheim in *Die Liebe des Ali ...*, HBO, NL MvO, Nr. 1/5, „zu es-Seddat".

Oppenheims Beziehungen zum Khediven Abbas II. Hilmi, dem zumindest nominellen Oberhaupt Ägyptens, waren vom ersten Tag an ausgezeichnet. Mit „jugendlicher Begeisterung" schilderte der Khedive ihm, wie gerne er sich an die Spitze der Freiheitsbewegung gegen die englische Okkupation stellen würde und wie sehr er den englischen Residenten Lord Cromer hasste.[136] Oppenheims orientalische Bekanntschaften wie Scheich

es-Seddat, Abbas II. Hilmi oder der türkische Oberkommissar Mukhtar Pascha, der Oppenheim gegenüber „immer wieder sein Herz über (...) Misshelligkeiten oder (...) ernste Konflikte [mit den englischen Kolonialherren] auszuschütten" pflegte, lieferten den wesentlichen Beitrag zu seinen später formulierten Gedanken.[137] Oppenheim rezipierte die Sichtweise seiner Gesprächspartner. Dank der überzeugenden Darstellung der oben Genannten und anderer orientalischer Freunde wie Ahmed Schafik Pascha, dem Vorsitzenden des ägyptischen Kabinetts des Khediven, oder Sa'ad Zaghlul, dem Führer der nationalistischen Wafd-Partei und späteren ersten Premierminister des unabhängigen Ägyp-

Oppenheim verstand sich als ehrlicher Makler zwischen Orient und Okzident. Mit zahlreichen orientalischen Notabeln wie dem ägyptischen Scheich es-Seddat verbanden ihn langjährige Freundschaften.

ten, war er überzeugt, der gesamte Orient sei besessen von dem Wunsch, das Land von den ungläubigen Besatzern zu befreien.[138] Besonders der islamische Reformer Muhammad Abduh, dessen Ideen sich Mukhtar Pascha und der Khedive zu eigen gemacht hatten, und der syrische Drusenfürst Schekib Arslan, der in der arabischen Welt als Wegbereiter einer Generation gilt, die sich von der Knechtschaft des Imperialismus befreien

---

136 Max von Oppenheim in *Mein Leben in* ..., HBO, NL MvO, Nr. 1/6, S. 22 u. S. 14.
137 Max von Oppenheim in *Mein Leben in* ..., HBO, NL MvO, Nr. 1/6, S. 41. Vgl. MCKALE (1998), S. 12 f., und TEICHMANN (2001), S. 34.
138 Vgl. LÜDKE (2005), S. 71, und Max von Oppenheim in *Meine Tätigkeit im Dienste* ..., HBO, NL MvO Nr. 1/5, 66) zur Freundschaft mit Ahmad Schafik Pascha und in *Mein Leben in* ..., HBO, NL MvO, Nr. 1/6, S. 43.

wollte, hinterließen einen bleibenden Eindruck bei Oppenheim.[139] Schekib Arslan hielt er für den „gescheitesten Orientalen, den ich in meinem Leben getroffen habe".[140] „Der bekannte Araber Aslan [sic]" wandte sich im Weltkrieg persönlich an den Emir von Afghanistan, um ihn zu überzeugen, „daß jetzt die Entscheidungsstunde für die Befreiung des Islam gekommen sei".[141] Oppenheim formulierte seine Revolutionierungstheorien also nicht vorrangig entsprechend außenpolitischer Interessen des Deutschen Reiches, sondern maßgeblich nach dem Willen und den Überzeugungen seiner orientalischen Freunde und Bekannten. Sie hatten ihn auf die im Orient grassierende Antipathie gegen die dort imperialistisch agierenden Großmächte England, Frankreich und Russland aufmerksam gemacht und damit impliziert, in Deutschland eine willkommene Alternative zu sehen.[142] Oppenheim erkannte die Gelegenheit für Deutschland, als Befreier der unterdrückten islamischen Nationen aufzutreten. Für ihn war dies aber keine rein propagandistische Position. Er wollte, dass Deutschland tatsächlich als befreundete Schutzmacht im Nahen Osten handelte. Er schrieb von „aufrichtiger Freundschaft" und „freudigster Waffenbrüderschaft".[143] Warum sonst hätte er in seiner nur für den internen Gebrauch gedachten Denkschrift den befreienden Charakter der revolutionären Maßnahmen für die nahöstlichen Länder hervorgehoben: „Persien wird frei (…) Afghanistan wird eine neue glänzende Zukunft eröffnet."[144] Perser oder Afghanen musste er mit seiner Schrift nicht überzeugen, sie war ausschließlich für deutsche Augen bestimmt. Die Aussage

---

139 Vgl. Max von Oppenheim in *Mein Leben in …*, HBO, NL MvO, Nr. 1/6, S. 16, und MÜLLER (1991), S. 252–266 zu Schekib Arslan; zu Muhammad Abduh vgl. HEINE (2004), S. 87–92: Muhammad Abduh gilt als einer der bedeutendsten panislamischen Theoretiker und „Modernisten" des Islam.

140 Max von Oppenheim, Lebenserinnerungen, Typoskript, zitiert in TEICHMANN (2001), S. 34. Vgl. HBO, NL MvO, Nr. 1/8, S. 4–9: Schekib Arslan setzte sich bei Kriegsausbruch mit den Deutschen in Verbindung und warb energisch für die Revolutionierung des Orients. Während des Ersten Weltkrieges war er in Berlin tatkräftig in Oppenheims NfO eingebunden. Er galt als einer der bedeutendsten politischen Theoretiker des Orients. Arslan propagierte „einen starken, unabhängigen Orient" (S. 7) und „verstand den Wunsch Deutschlands, im Orient keine Eroberungen zu machen (...)". Auch Wilhelm II. schätzte den Emir und empfing ihn nach dem Krieg im Haus Doorn. Vgl. dazu GEHRKE (1960) (II.), S. 10, s. Anm. 8.

141 Wangenheim an AA, PA-AA R 21029-1, 000031.

142 Vgl. LÜDKE (2005), S. 72. Vor allem Schekib Arslan bestätigt dieses positive Bild Deutschlands. Er bemühte sich, auch andere Orientalen zu überzeugen: „Deutschland will den Nahen Osten nicht erobern. Im Gegenteil. Es will einen starken Orient, in dem es im freien ökonomischen und kulturellen Wettstreit mit den anderen europäischen Staaten und den USA stehen möchte." (Schekib Arslan zitiert in ebd. – Übersetzung durch den Autor: „Germany does not wish to make conquest in the Near East; quite the contrary, she wishes to see a strong Orient, in which she is willing to enter into a free economic and cultural competition with all other European countries and the United States.").

143 Max von Oppenheim in *Die Revolutionierung ….*, PA-AA R 20937-2, 000186.

144 Max von Oppenheim in *Die Revolutionierung ….*, PA-AA R 20937-2, 000194.

Max von Oppenheim verstand sich als Sprachrohr seiner einheimischen Freunde. In seinen Berichten nach Berlin schilderte er seine Lageeinschätzungen nach ihren Erzählungen. Auf dieser Aufnahme aus dem Jahre 1899 ist er im Ruala-Lager in Nordsyrien zu sehen.

verdeutlicht vielmehr Oppenheims tatsächliche Intention: die Unabhängigkeit des Orients von europäischer Fremdherrschaft.

Die Freundschaft mit dem Kolonialisten Gerhard Rohlfs – derselbe Rohlfs, den Bismarck 1870 nach Algerien entsandte hatte – brachte Oppenheim mit der Idee der Revolutionierung islamischer Gemeinschaften in Berührung. Sein Kontakt mit dem *Senussi*-Orden 1905 in Algerien und die hysterische Reaktion der französischen Regierung darauf schärften sein Gespür für die Bedeutung nationaler Aufstandsbewegungen in einem potenziellen Krieg mit den Ententemächten.[145] Es überrascht nicht, dass Oppenheims Denkschrift in der Reichsleitung weitgehend Zustimmung erntete und seine Pläne zur Leitlinie der deutschen Insurrektionsmaßnahmen wurden. Auch er argumentierte mit der militärischen Zwangslage:

---

145 Vgl. Treue (1969), S. 42–49 zu Oppenheims Kontakt mit den *Senussi* und seiner lebenslangen Freundschaft mit Rohlfs. Vgl. dazu auch Teichmann (2001), S. 25.

„Die ganze Art der Kriegsführung unserer Feinde gibt uns ein Recht, die Notwendigkeit unserer Selbsterhaltung die Pflicht, diese so wichtige Waffe für das Endziel des uns aufgedrängten Kampfes nicht unbenutzt zu lassen."[146] Allerdings verblüfft es, dass Oppenheims Revolutionierungskonzept für den Orient, das bezeichnenderweise und im Gegensatz zu den deutschen Kriegszielplänen in Europa keine Gebiets- oder Herrschaftsgewinne für das Kaiserreich ankündigte, das Vorgehen der Deutschen in der Region während des Weltkrieges bestimmte. Entsprechend Oppenheims Rat bemühte man sich um symbiotische Partnerschaften mit den orientalischen Nationen, von denen beide Seiten profitieren würden, und versprach, sie von europäischer Fremdherrschaft zu befreien. Damit steht Oppenheims Vision für den Orient und die daraus resultierende Nahostpolitik im Widerspruch zu dem von Fritz Fischer gezeichneten Bild des deutschen Weltmachtstrebens.[147] Der vermeintliche „Drang nach Osten" wurde von einem Drang nach Freiheit genährt.

Oppenheims orientalische Bekanntschaften hatten ihn – vorsichtig ausgedrückt – antiimperialistisch geprägt und zum Un-Imperialisten gemacht. Durch das Ansehen seines Wissens über die Verhältnisse im Orient hielt sein Un-Imperialismus Einzug in die offizielle Orientpolitik des Deutschen Kaiserreiches während des Ersten Weltkrieges. Sicherheitshalber betonte er zur Rechtfertigung der revolutionären Strategie die militärische Notlage Deutschlands: „Ich bitte es entschuldigen zu wollen, wenn ich in diesem Bericht über den Rahmen des Konventionellen hinausgehe (…). Ich wage dies nur (…), weil in diesem Augenblicke der Ernst der Situation manches gestattet, und weil ich es als meine Pflicht betrachte, aus meinen langjährigen Erfahrungen im Orient auf alle Fälle Anregungen zum Ausdruck zu bringen."[148] Unabhängig davon waren Oppenheims Überlegungen zur Entfachung von Revolten im Orient von einem zu seiner Zeit ungewöhnlich visionären, egalitären Freiheitsgedanken geprägt. Niemand anderes propagierte die Autonomie der Orientalen auf diese Art und Weise. Doch die Freiheit, Unabhängigkeit und Selbstbestimmung des Orients, die Oppenheims Revolutionierungskonzept versprach, waren Begrifflichkeiten, in denen sich primär die intellektuellen Eliten des

---

146 Max von Oppenheim in *Die Revolutionierung* …, PA-AA R 20937-1, 000062. Vgl. dazu KESTLER (1994), S. 293–304: Oppenheim spielte mit seiner Rechtfertigung aufgrund der „Art der Kriegsführung unserer Feinde" vermutlich auch auf den Einsatz von Kolonialtruppen durch die Ententemächte an. Gegen die Verwendung von „braune[n], gelbe[n] und schwarze[n] Horden" (Bethmann Hollweg zitiert in ebd., S. 296), die in der Reichsleitung als Verstoß gegen das Kriegsrecht und Affront gegen die westliche Zivilisation gewertet wurde, versprach die Aufwiegelung der indigenen Untertanen der Entente die geeignete Antwort zu sein.

147 Vgl. FISCHER (1977) (ND), S. 109 ff.

148 Max von Oppenheim in *Die Revolutionierung* …, PA-AA R 20937-1, 000063.

Nahen und Mittleren Osten wiederfanden. Für das einfache Volk waren sie zweitrangig gegenüber Argumenten physischen und materiellen Überlebens. Propaganda ist immer dann erfolgreich, wenn in einer potenziell instabilen Atmosphäre und unter Umständen, die viele als unerträglich empfinden, eine klar definierte Botschaft bzw. eine möglichst einfache Lösung Verbreitung findet, die dann mit Begeisterung angenommen wird. Propaganda muss Gefühle ansprechen.[149] Die wichtigste Frage, die sich Oppenheim also stellen musste, war, welches Motiv den größten Erfolg versprach, die Emotionen der orientalischen Volksmassen derart zu erregen, dass sie gegen ihre kolonialen Okkupanten revoltierten.

---

149 Vgl. Lüdke (2005), S. 14.

Kapitel II

Dschihad und der Vorwurf der Instrumentalisierung des Islam

Inspiration Panislamismus

„In dem uns aufgedrängten Kampf gegen England (…) wird der Islam eine unserer wichtigsten Waffen werden"[150], schrieb Oppenheim in seiner Revolutionierungsschrift von 1914. Die allgemeine Erhebung der Muslime gegen ihre englischen, französischen und russischen Kolonialherren bildete den Kern seines Revolutionierungsprogramms. Oppenheim war während seines Aufenthaltes im Orient wiederholt mit dem panislamischen Gedanken konfrontiert worden und hatte von ihm Überlegungen zur religiös motivierten Revolutionierung abgeleitet.[151] Viele seiner orientalischen Bekannten wie der Khedive oder Mukhtar Pascha waren begeisterte Anhänger oder wie Muhammad Abduh lautstarke Propandisten der Ideologie. Der Panislamismus, dem der französische Orientalist Gabriel Charmes seinen Namen gab, war eine Reaktion auf das Vordringen christlich-europäischer Mächte in den Nahen Osten. Ab der Mitte des 19. Jahrhunderts hatte sich im Orient zunehmend die Idee verbreitet, den imperialistischen Mächten einzig durch den organisierten Zusammenhalt aller Muslime, eine Art islamische Union, gegen die christlichen Mächte begegnen zu können.[152] Panislamismus verkündete die Einheit der Muslime jedoch weniger von einem religiösen Standpunkt, sondern akzentuierte politische und ökonomische Aspekte. Die Religion bot das identitätsstiftende Element, während inhaltlich der Gedanke an die Emanzipation des Orients von europäischem Einfluss dominierte. Dschamal ad-Din al-Afghani, für viele der geistige Vater der panislamischen Bewegung, galt

---

150   Max von Oppenheim in *Die Revolutionierung* ..., PA-AA R 20937-2, 000184.
151   Vgl. *Mein Leben in ...* in HBO, NL MvO, Nr. 1/6, S. 16.
152   Vgl. Landau (1992), S. 2 ff. – Landau schreibt von einer „Muslim union against Christian powers".

westlichen Beobachtern gar als Agnostiker, so sehr standen politische Motive in seiner Argumentation vor religiösen.[153]

Al-Afghanis Lehre basierte vorrangig auf der Bekämpfung von Absolutismus, Imperialismus, Kolonialismus und Aberglauben.[154] Er war ein politischer Aktivist, der sich bemühte die Muslime weltweit aus ihrer geistigen und entwicklungstechnischen Schockstarre zu erwecken und den

Islam als politische Kraft zu reformieren und zu stärken. Seine Aktivitäten in Ägypten – ebenso wie in anderen Ländern – bezeugen, dass seine Hauptsorge dem politischen Schicksal der *umma* angesichts eines aggressiv expansionistischen Europa galt.[155] Gerade in den Führungszirkeln der muslimischen Länder, in denen Oppenheim viele Bekanntschaften pflegte, etwa bei den Jungtürken, im Umfeld des persischen Schahs oder innerhalb arabischer und indischer Eliten hatten die Ideen al-Afghanis enormen Zuspruch gefunden. Er stand als Berater in den Diensten des afghanischen Emirs Dost Mohammad Khan und des persi-

Der politische Aktivist und islamische Reformer Dschamal ad-Din al-Afghani gilt als geistiger Vater des Panislamismus und Begründer der Salafiyya-Bewegung.

schen *Kadscharen*-Schahs Naser ad-Din Schah.[156] Der osmanische Sultan Abdul Hamid II. lud ihn 1892 nach Konstantinopel ein und erlaubte ihm, in den bedeutendsten Moscheen der Stadt, der Hagia Sophia und der Sultan-Ahmed-Moschee, öffentlich politische Vorträge zu halten. Al-Afghani erntete allerdings nicht immer Zustimmung. Die öffentliche Ablehnung absolutistischer Herrschaftsformen und sein Vorwurf an orientalische Herrscher, durch die Zusammenarbeit mit europäischen Mächten den Islam zu verraten, führten 1879 zu seiner Verbannung aus Ägypten.

---

153 Vgl. HEINE (2004), S. 82–87, KEDOURIE (1997²) und KEDDIE (1968), S. 3–35: Laut Keddie war Afghani ein Mann mit rein politischen, primär antienglischen Zielen und keine religiöse Person.
154 Vgl. BRECHNA (2005), S. 139.
155 Vgl. KUDSI-ZADEH (1972), S. 26.
156 Vgl. KEDDIE (1968), S. 15 und S. 26.

Al-Afghani machte öffentlich die Briten dafür verantwortlich.[157] Sein Exil in Europa sorgte für seine Bekanntheit im Westen.[158] In Paris brachte er 1884 gemeinsam mit Muhammad Abduh die einflussreiche Zeitung *Al-urwa-al-wutqa* heraus und hielt viel beachtete Vorträge an der Sorbonne über das Verhältnis von Islam und Wissenschaft.[159] Oppenheim hat den international bekannten al-Afghani vermutlich nie persönlich kennengelernt, muss sich aber allein durch die gemeinsame Freundschaft mit Muhammad Abduh intensiv mit ihm beschäftigt haben. Al-Afghani hatte Abduh und vielen anderen seiner Anhänger sprichwörtlich die Notlage des Orients, verursacht durch den europäischen, insbesondere britischen, Imperialismus, vor Augen geführt und es ihnen zur Pflicht erklärt, den Islam als politische Kraft zu verstehen. Nur durch eine starke Einheit der Muslime könne man fremdländischen Eingriffen bzw. dem europäischen Imperialismus wirksam entgegentreten.[160] Al-Afghani lieferte Oppenheim damit das intellektuelle Gedankengerüst für den Plan der religiös motivierten Revolutionierung.[161] Die positive Rezeption der Aussagen al-Afghanis innerhalb orientalischer Führungsschichten musste dem Freiherrn als Beweis für eine verbreitete Bereitschaft zur Erhebung gegen die Kolonialherren gedient haben. Selbst der pro-britisch eingestellte indische Muslimführer Aga Khan III. versicherte Oppenheim, dass im Falle eines Kriegsausbruches die Muslime in Indien sofort die Gelegenheit nutzen würden, gegen die britische Fremdherrschaft zu revoltieren.[162] Al-Afghani und der panislamische Gedanke verdeutlichten Oppenheim die Erfolgsaussichten einer religiösen Erhebung. Zwar war der Urabi-Aufstand von 1882, an dem al-Afghani selbst indirekt beteiligt war, am Ende nicht erfolgreich und führte sogar zur englischen Besetzung Ägyptens, aber im panislamischen Fahrwasser ereigneten sich eine Reihe religiös motivierter

---

157 Vgl. KEDOURI (1965): Er nutze die Empörung der Muslime, um Stimmung gegen die Engländer zu machen. Es war jedoch seine Kritik am Führungsstil des Khediven Tawfiq, die zur Verbannung führte. Vgl. KEDDIE (1968), S. 29 f.: Al-Afghanis Ablehnung absolutistischer Herrschaftsformen sorgte auch für Konflikte mit dem persischen Schah und für ständiges Misstrauen des osmanischen Sultans.

158 Seine Flucht führte al-Afghani unter anderem nach England, Frankreich und Russland.

159 Vgl. BRECHNA (2005), S. 138 f., und MURTAZA (2005), S. 17. Vgl. KEDOURIE (1965) und MONTADA (2005): In Paris hatte al-Afghani einen viel beachteten Disput mit dem Philosophen Ernest Renan über den Zustand des Islam, bei dem er sich zu Vorwürfen islamischer Rückständigkeit äußerte. Der Zeitungstitel *Al-urwa-al-wutqa* bedeutet frei übersetzt „Die festeste Bindung".

160 Vgl. KUDSI-ZADEH, S. 26.

161 Vgl. KEDDIE (1968), S. 21–23: Al-Afghani war zu Beginn ein rein politischer Reformer, erkannte jedoch, dass er, um die muslimischen Massen mit seiner antikolonialen Propaganda erreichen zu können, religiös argumentieren müsste. Oppenheim muss an seinem Beispiel erkannt haben, dass letztlich nur die Religion die Chance bot, politische Botschaften unter den Muslimen zu verbreiten.

162 Vgl. LANDAU (1992), S. 97.

Aufstände, die das militärische Potenzial des Islam und seine Gefahr für die koloniale Macht offenbarten.[163]

Im Sudan währte der Mahdi-Aufstand gegen die ägyptisch-britische Herrschaft fast 20 Jahre und konnte nur unter enormen personellen und materiellen Kraftanstrengungen niedergeschlagen werden. Oppenheim lebte in Kairo, als 1899 im Nachbarland die letzten Mahdisten die Waffen streckten. Hautnah konnte er die Erleichterung der besorgten Engländer erleben. Die Erhebung Sayyid Muhammad Abdullah Hasans, des „Mad Mullah", und seiner Derwische in Somalia im Jahre 1899 gegen Briten und Italiener dauerte mit Unterbrechungen fast ebenso lange bis kurz nach dem Ersten Weltkrieg an.[164] Mit Überfällen auf britische und italienische Niederlassungen sorgte der „verrückte Mullah" für ständige Unruhe im Land.[165] Für die Engländer war Abdullah Hasan schlicht ein Bandit und Fanatiker. In Somalia dagegen wird er bis heute als Figur der nationalen Einheit sowie treuer Kämpfer für den Islam und die somalische Unabhängigkeit verehrt.[166] Beide Konflikte bewiesen die Effizienz des Islam, gewaltsamen Widerstand gegen europäische Mächte zu mobilisieren. Eindrucksvoll demonstrierten dies auch die zahlreichen muslimischen Sufi-Bruderschaften, die sich in der zweiten Hälfte des 19. Jahrhunderts explosionsartig im gesamten orientalischen Raum verbreitet und dem antikolonialen Kampf verpflichtet hatten.[167] Ihr Aufstandspotenzial sorgte nicht nur in Europa aufgrund der Niederlagen, die die Franzosen im Kampf gegen die von dem Sufi Abd el-Kader geführte Widerstandsbewegung in Algerien erlitten hatten, für Aufsehen.[168] Der osmanische Sultan Abdul Hamid II. lud regelmäßig hohe Sufi-Würdenträger nach Konstantinopel ein, um den europäischen Kolonialmächten seine religiöse Autorität innerhalb des Islam sowie unter den Sufis zu demonstrieren und sie mit der latenten Androhung muslimischer Erhebungen unter Druck zu setzen.[169] Es funktionierte: der Raj, die Regierung von Britisch-Indien, war permanent in Sorge über das Potenzial des Osmanischen Reiches,

---

163 Vgl. Kedourie (1965), S. 188: Al-Afghani übte nach seiner Verbannung aus Ägypten aus dem Exil einen bedeutenden inhaltlichen Einfluss auf die Aufstandsbewegung der Jungägypter aus. Ein Anhänger al-Afghanis, Ibrahim al-Laqqani, bezeichnet ihn aufgrund seiner populären Reden sogar als Gründungsvater der Geheimgesellschaft der Jungägypter. Der französische Journalist Ernest Vauquelin sprach al-Afghani eine zentrale Rolle in der „Ägyptischen Revolution" zu.
164 Hess (1964), S. 415.
165 Vgl. Lüdke (2005), S. 34–38.
166 Vgl. Hess (1964), S. 415.
167 Vgl. Küng (2007³), S. 398–421: Unter Sufismus versteht man Strömungen im Islam, die sich durch asketische Lebensweise und mystische, spirituelle Orientierung abheben. Oftmals bildeten sich um einzelne Sufis ordensmäßige Gruppierungen mit Schülern und Laiengefolgschaft. Der Sufi-Scheich konnte dabei geistlicher Mentor wie weltlicher Führer sein.
168 Vgl. Lüdke (2005), S. 34 f., und Sivers (1975).
169 Vgl. Alkan (2003), S. 217, und HBO NL MvO Nr. 1/7, S. 135.

mittels panislamischer Propaganda Unruhe unter den indischen Muslimen zu schüren. Wiederholt drängte es die britische Regierung, gegenüber der Pforte eine versöhnlichere Politik zu verfolgen.[170] Oppenheim hatte auf seinen Reisen im Orient wiederholt engen Kontakt zu Sufi-Bruderschaften wie dem *Senussi*-Orden in Libyen und die Gelegenheit, den Islam als Ideologie kennen zu lernen, die einheimischen Widerstand gegen europäische Eindringlinge zu organisieren vermochte. Und er konnte beobachten, dass allen religiös motivierten Revolten die Verkündung eines *Dschihad* gegen die europäischen Fremdbesatzer gemeinsam war. Heilige Kriege fanden im 19. Jahrhundert geradezu inflationär statt.[171] Ein wahrhaftes Schlüsselerlebnis musste 1911 die italienische Invasion in Tripolitanien gewesen sein. Sie konkretisierte die Sorge der europäischen Mächte vor dem militärischen Potenzial des Islam. Der Einmarsch der Italiener in Libyen sorgte in der gesamten muslimischen Welt für Empörung und Solidaritätsbekundungen an das Osmanische Reich. Auf die osmanische Kriegserklärung folgte die Verkündung eines *Dschihad,* dem sich die lokale arabische Bevölkerung bereitwillig anschloss. Türkische und arabische Glaubensbrüder kämpften Seite an Seite und religiös motiviert gelang es ihnen gemeinschaftlich, der wehrtechnischen Überlegenheit der Italiener zu trotzen. Während das reguläre Heer der Osmanen allein gegen die Italiener wenig erreichen konnte, beschränkte der heftige indigene Widerstand die italienische Landnahme auf die Küstengebiete und verhinderte die vollständige Eroberung des Landes. In Tripolitanien wurde von den Türken und der einheimischen Bevölkerung im Kleinen vorexerziert, was Oppenheim mit seiner Revolutionierungsschrift im Großen plante.[172]

Der Freiherr hatte früh die Möglichkeiten, die Panislamismus und Islam boten, erkannt. Bereits im Juli 1898 berichtete er erstmals in einer Studie darüber nach Berlin. Er betonte den defensiven Charakter des Panislamismus und diskutierte die Chancen, die dieser der deutschen Orientpolitik offerierte.[173] Während seiner Dienstzeit im Orient forderte Oppenheim in seinen über 500 Berichten nach Berlin immer wieder die „Beobachtung der eventuellen Betätigung des panislamischen Gedankens", sollte es einmal zum Krieg kommen.[174] Fortwährend traf er sich zum Gedankenaustausch mit Orientalen, die mit dem Panislamismus sympathisierten

---

170 Vgl. LÜDKE (2005), S. 63.
171 Vgl. KEDDIE (1994), S. 463–487, und LÜDKE (2005), S. 38.
172 Vgl. OBERHAUS (2006), S. 175–179: Scheich Salih as Scharif at-Tunisi, verantwortlich für die Organisation panislamischer Propaganda während des Tripoliskrieges, wurde 1914 von den Osmanen nach Berlin entsandt, um den Deutschen mit seinen Erfahrungen aus Libyen dienlich zu sein.
173 Vgl. LANDAU (1992), S. 96 f.
174 Max von Oppenheim, *Bericht an den Reichskanzler*, No. 307, 8. 08. 1906, HBO, NL MvO/22.

*Italienische Soldaten posieren 1911 in Tripolis für ein Foto mit erbeuteten
heiligen grünen Bannern der osmanischen Truppen. Die Siegesgewissheit trügt:
Der Erfolg der Italiener blieb aufgrund des heftigen – religiös motivierten – einheimischen Widerstandes trotz waffentechnischer Überlegenheit gegenüber den
osmanischen Truppen bescheiden. Weltweit nahmen Muslime Anteil und verur-
teilten den Einfall Italiens in das islamische Land.*

und beunruhigte dadurch die britische und französische Kolonialverwaltung. Die bereits erwähnte, massive Pressehetze gegen Oppenheim war
vor allem Ergebnis der Sorge vor dieser Ideologie und einer dauerhaften
Allianz zwischen dem Islam und dem Deutschen Reich.[175] Das französische *Journal des Débats* und die Kairoer Zeitung *Les Pyramides* warfen
ihm und der politischen Führung in Deutschland 1906 panislamische
Propaganda und die Aufwiegelung der vermeintlich fremdenfeindlichen
Sufi-Bruderschaft der *Senussi* vor. In einer Reuters-Meldung im April des-
selben Jahres wurde eine geplante Expedition Oppenheims nach Syrien
unter dem gleichen Aspekt als antibritische Unternehmung bezeichnet.[176]
Nach Oppenheims Angaben wurde ihm in einem Pressebericht vorge-

---

175 Vgl. LÜDKE (2005), S. 67: Lüdke berichtet, Scheich Raschid Rida wollte eine starke und andauernde Allianz zwischen den Muslimen und dem Deutschen Reich. Die Briten
bemühten sich derweil, den einflussreichen Panislamisten Rida zum Aufstand gegen die Osmanen zu motivieren. Als der „uncompromising fanatical Moslem" (Sir Mark Sykes zitiert
in ebd., S. 68) aus Sorge vor einer britischen Besetzung Arabiens nicht kooperieren wollte,
schlug Sykes unumwunden eine alternative Vorgehensweise vor: „(...) force is the only argument that they [Rida and his followers] can understand."
176 Vgl. KRÖGER (2001), S. 121, und LANDAU (1992), S. 97.

worfen, dass er „in einer Pariser Druckerei eine arabische Broschüre [habe] drucken (...) lassen, die (...) eine Aufreizung zum heiligen Krieg darstelle". Oppenheim zufolge hatte er Franzosen oder Engländern jedoch „niemals" einen echten Grund für derart schwerwiegende Verleumdungen geliefert.[177] Die Beunruhigung der Ententemächte, insbesondere Englands, war andererseits verständlich: „Die Angst vor einem Feind im Inneren, der von außen gelenkt und finanziert wurde, war nichts Neues in einem Land, wo eine Handvoll Briten über das Leben und Schicksal eines Fünftels der gesamten Menschheit gebot. (...). Die Furcht davor, von den eigenen Dienstboten im Schlaf ermordet zu werden, hatte für sie einen sehr konkreten Grund."[178] Allein die angekündigte Veröffentlichung eines Buches wie *The Indian War of Independence* von Vinayak Savarkar, in dem der Sepoyaufstand von 1857 aus indischer Sicht beschrieben wird, betrachteten britische Behörden als staatsgefährdend und brachte dem Autor lebenslange Festungshaft ein. Panislamischen Aktivisten wie Muhib ad-Din al-Khatib und Abd al-Aziz al Atiqi erging es da nicht besser. Allein aufgrund einiger pro-islamischer und antichristlicher Propagandatexte, die sie bei sich trugen, nahmen britische Behörden sie in Gewahrsam. Die Texte wurden als antibritisch interpretiert und die beiden sicherheitshalber weggesperrt.[179] Entsprechend skrupellos empfanden die Engländer Oppenheims Sympathisieren mit dem Panislamismus und islamischen Freiheitsbewegungen. Diese Haltung teilten sie mit der Mehrheit der europäischen Bevölkerung, die „die Eingeborenen" der unter direkter oder indirekter imperialistischer Herrschaft stehenden Länder prinzipiell eher als „Rückständige" betrachteten.[180] Die offene Unterstützung nach Unabhängigkeit strebender Bewegungen in den europäischen Kolonien und Protektoraten gefährdete nicht nur das britische Weltreich, sondern generell die europäische Vorherrschaft über die Welt. Gerade aus diesem Grund sind die Überlegungen Oppenheims und seine Geisteshaltung für die Zeit als besonders fortschrittlich und als Alternative zum vorherrschenden imperialistischen Politikverständnis zu verstehen. Oppenheim stand im deutlichen Widerspruch zu der weit verbreiteten und dominierenden Idee der Überlegenheit der Europäer gegenüber dem dunkelhäutigen Rest der Welt, derzufolge die europäische Herrschaft über sie legitim

---

177 Max von Oppenheim in *Bericht an den Reichskanzler*, No. 253, 6. 04. 1906, HBO, NL MvO/22.
178 HOPKIRK (1996), S. 63 und vgl. S. 66–69.
179 Vgl. die *Begründung der britisch-indischen Behörden zur Festnahme* zitiert in LÜDKE (2005), S. 67, und vgl. S. 62–70: Al-Khatib und al-Aziz al-Atiqi waren Emissäre des Panislamisten Raschid Rida. Sie wurden festgenommen, als die Briten noch mit Rida über ein Abkommen verhandelten. Unabhängig von der potenziellen Allianz wurden die Panislamisten als Bedrohung wahrgenommen.
180 Vgl. OSTERHAMMEL (2009), S. 1173–1176, und HOBSBAWM (2004) (ND), S. 82.

war.[181] Ihm war die öffentliche Haltung zu kolonialisierten Ländern bewusst, weshalb er in seiner Denkschrift später die Zensur deutscher Presseberichte über Aufruhrbestrebungen verlangte, um nicht „unnötigerweise die Aufmerksamkeit unserer Feinde und [– handschriftlich ergänzt –] das Misstrauen der neutralen Staaten [zu] erregen".[182]

Entgegen der Vorurteile und Rassismen, die die europäische Gesellschaft des späten 19. und frühen 20. Jahrhunderts prägten und betont skeptisch und negativ gegenüber Ideen wie dem Panislamismus und der darin geäußerten Forderung nach islamweiter Erhebung auftreten ließen, sah Oppenheim darin die positiven Inhalte wie den Wunsch nach Unabhängigkeit und Freiheit.[183] Gegenüber Berlin betonte er den propagandistischen und strategischen Nutzen der Partnerschaft mit dem Islam und setzte damit den Schulterschluss argumentativ durch. Panislamismus und der islamische Glauben waren die Schlüssel, die den größten Erfolg bei der Revolutionierung der orientalischen Volksmassen versprachen und Deutschland im Krieg mit den Feinden des Islam eine Armee von Freiwilligen bescheren konnten. Schließlich waren dem Osmanischen Reich im Krieg gegen Italien in Tripolitanien Tausende Beduinen, Tuaregs aus der Sahara, Tunesier oder Marokkaner aus freiem Antrieb zur Hilfe geeilt, um ihren muslimischen Brüdern gegen die christlichen Eindringlinge beizustehen.[184] Das britische Empire war weltweit das mit Abstand größte „islamische Reich" – gemessen am Bevölkerungsanteil seiner muslimischen Untertanen –, gefolgt von den Niederlanden, Frankreich und Russland. Sollte es den Deutschen gelingen, hohe muslimische Geistliche davon zu überzeugen, einen Heiligen Krieg gegen die Ententemächte auszurufen, wären diese mit Aufständen konfrontiert, die ihre koloniale Macht ernsthaft bedrohen und potenziell beenden konnten. Die Partnerschaft Deutschlands mit dem Islam benötigte nur eine „offizielle" Legitimierung und die Verkündung eines Heiligen Krieges durch eine oder mehrere anerkannte islamische Autoritäten, um die Muslime zu den Waffen zu rufen.

Oppenheim, der deutsche „Abu Jihad", und der Vorwurf des *Dschihad* „made in Germany"

Oppenheim wusste, dass die Grundlage für die Rechtfertigung einer deutsch-islamischen Partnerschaft im Kriege nur die Waffenbrüderschaft mit dem Osmanischen Reich sein konnte, dem letzten „echten" großen islamischen Reich. Der Sultan beanspruchte nicht nur die weltliche Herr-

---

181 Vgl. HOBSBAWM (2004) (ND), S. 95.
182 Max von Oppenheim in *Die Revolutionierung* ..., PA-AA R 20937-1, 000075.
183 Neben den politischen, ökonomischen und strategischen Chancen für Deutschland.
184 Vgl. LÜDKE (2005), S. 38–40.

Abdul Hamid II., der Sultan des Osmanischen Reiches, auf einer Aufnahme aus dem Jahre 1890. Abdul Hamid II. war ein großer Förderer des Panislamismus. Die Ideologie revitalisierte die Bedeutung des Kalifats und des Sultans Position als oberster Glaubensherr des Islam.

schaft über das Osmanische Reich, sondern war als Kalif auch geistiges Oberhaupt aller Muslime weltweit – zumindest nominell. Daran knüpfte Oppenheim an, in der Hoffnung, „die Welt des Islam und die europäischen Zentralmächte kämpfen gemeinsam, Schulter an Schulter, um ihre Existenz", sobald der Sultan den Heiligen Krieg erklären würde.[185] Natürlich war das Revolutionierungsprogramm Oppenheims bei Weitem nicht das einzige Motiv Deutschlands, sich nach Ausbruch des Ersten Weltkrieges intensiv um den Kriegseintritt des Osmanischen Reiches auf Seiten der Mittelmächte zu bemühen. Deutsche Militärs räumten den dadurch gebotenen Möglichkeiten, die Dardanellen zu blockieren und eine zweite Front gegen Russland zu eröffnen, ein deutlich größeres Gewicht ein. Doch die Hoffnungen, die das Militär mit der türkischen Waffenbrüderschaft verband, oder die Gründe, die zur osmanischen Kriegserklärung an die Ententemächte führten, müssen hier nicht diskutiert werden. Wichtiger ist es festzustellen, dass Oppenheim zwischen der osmanischen Kriegsbeteiligung und der Erklärung eines panislamisch begründeten *Dschihad* einen gewissen Automatismus gesehen haben muss. Zum einen hatte der Panislamismus auch im osmanischen Sultan Abdul Hamid II. und bei vielen Jungtürken begeisterte Anhänger gefunden, zum anderen war die Erklärung eines Heiligen Krieges ein weder unübliches noch besonders Aufsehen erregendes Ereignis in der osmanischen oder generell in der

---

185 Max von Oppenheim in *Die Revolutionierung ...*, PA-AA R 20937-2, 000186.

islamischen Kriegsgeschichte. Im Falle der Teilnahme der Osmanen am Weltkrieg war letztlich automatisch von der Verkündung eines *Dschihad* gegen ihre Feinde auszugehen.

Für Abdul Hamid II. versprach der Panislamismus, seinem Titel als Kalif, als oberste Autorität des Islam, in der ganzen muslimischen Welt neue Geltung zu verschaffen, und bot ihm die Chance, seinen schwindenden politischen Einfluss im Orient wieder zu beleben. Mit den Einladungen al-Afghanis oder der Sufi-Würdenträger nach Konstantinopel förderte der Sultan die panislamische Ideologie und Propaganda, um sich der Welt als politischer Fürsprecher aller Muslime zu präsentieren.[186] Bis zu seiner Absetzung durch die Jungtürken 1908 hoffte er, damit seine Macht zu stabilisieren. Auch wenn unter seinen jungtürkischen „Nachfolgern" der Panislamismus neben dem Panturkismus nur eine von zwei konkurrierenden ideologischen Strömungen war, dominierte auch unter ihnen und innerhalb des Komitees für Einheit und Fortschritt der Islam als verbindendes Element.[187] Viele ihrer politischen Ziele, wie die Reformierung des Islam und eine politische Stärkung der Muslime, korrespondierten mit panislamischen Bestrebungen. Mehr noch verschaffte der Panislamismus – das zeigte vor allem der Krieg in Tripolitanien – den Jungtürken die ungeteilte Anteilnahme der islamischen Welt. Während des griechisch-türkischen Krieges (1897) hatten sich weltweit Muslime für Abdul Hamid II. stark gemacht. Der Krieg in Libyen, 1911/12, sorgte für Solidarität mit den Jungtürken. Enver Pascha hatte aus diesem Grund schon vor dem Weltkrieg die Verbreitung der panislamischen Idee in Südostasien forciert und konnte noch vor dem offiziellen Kriegseintritt der Osmanen im August 1914 nach Berlin melden, „die von Seiner Majestät gewünschte Revolutionierung der islamischen Welt sei bereits seit geraumer Zeit vorbereitet und eingeleitet."[188] Envers Engagement wurde belohnt. Der einzige echte Volksaufstand, die Revolte der Adscharen (1914), der sich in Übereinstimmung mit Oppenheims Revolutionierungsideen im Krieg

---

186 Vgl. ALKAN (2003), S. 215–222: Abdul Hamid II. gilt wegen seines Engagements für diese Ideologie als wichtigster Förderer des Panislamismus und in der türkischen Historiografie symbolisiert sein Name den Panislamismus.

187 Vgl. HAGEN (1990), S. 27. Vgl. S. 26–29: Der schwer einzuordnende Panturkismus ist die Ideologie von der Zusammengehörigkeit aller Turkvölker, der Beschreibung einer gemeinsamen kulturellen und ethnischen Identität und der Hoffnung auf Errichtung einer gemeinsamen Turknation. Etwas weiter gefasst ist der Panturanismus, der eine gemeinsame Herkunft der Türken, Ungarn, Finnen, Esten, Mongolen, Mandschuren und Jakuten annimmt. Ein Großteil der aufgeklärten Jungtürken verstand sich vorrangig als Türke und dann erst als Muslim. Der türkische Nationalismus, den der Panturkismus propagierte, lief jedoch Gefahr, die nicht-türkischen Osmanen zu entfremden. Enver Pascha und Cemal Pascha traten deshalb speziell unter Arabern „betont islamisch" (ebd., S. 28) auf.

188 Enver Pascha zitiert in ZECHLIN (1961), S. 329. Vgl. TRUMPENER (1968), S. 115: Am 27. 10. 1914 meldete Enver nach Berlin, die *Senussi* in Libyen zum Aufstand aufgefordert zu haben.

ereignete, beruhte auf der panislamischen Propaganda Enver Paschas.[189] Tatsächlich stammte auch der ausschlaggebende Anstoß zu einer Mission nach Afghanistan und der Revolutionierung Indiens vom osmanischen Kriegsminister.[190] Envers Impuls brachte 1914 letztlich die Entscheidung für die deutsche Afghanistan-Mission und rückte auch Persien wieder in den Fokus der deutschen politischen Führung. Oppenheim muss bewusst gewesen sein, dass er mit seinem Plan der Revolutionierung mittels des Panislamismus im Osmanischen Reich offene Türen einrannte.

Als Islamkenner kannte Oppenheim zudem die genaue Bedeutung der *Dschihad*-Terminologie und deren häufiges Vorkommen in der islamischen Kriegsgeschichte. Nicht nur waren Heilige Kriege keine Seltenheit. Er konnte daneben vielfach Beispiele militärischer Allianzen zwischen muslimischen und christlichen Nationen oder Herrschern finden, ohne dass ein *Dschihad* mit derartigen interkonfessionellen Zweckbünden interferiert hatte: Schon der sagenumwobene muslimische Herrscher Saladin war wiederholt Bündnisse mit den Franken gegen rivalisierende Muslime oder Christen eingegangen.[191] Während er gerne das Friedensabkommen mit dem christlichen König von Jerusalem beibehalten hätte, erklärte er dem ungezügelt in Arabien plündernden Renaud de Chatillon den *Dschihad*.[192] Das Osmanische Reich hatte in den meisten, um nicht zu sagen, in allen militärischen Konflikten seiner Geschichte zum Heiligen Krieg gegen die jeweiligen Gegner aufgerufen. Bereits der Gründungsmythos der osmanischen Dynastie basierte auf der Vorstellung, dass der Erfolg des Stammvaters Osman vorrangig auf seine religiös fanatisierten *Ghazis* zurückging.[193] Osman trug stolz den Titel *Ghazi* und verstand sich, trotz gleichrangiger Bekämpfung christlicher wie muslimischer Feinde, als islamischer Glaubenskrieger. Das expansionistisch orientierte Osmanische Reich verband in der Folgezeit alle seine zahlreichen Kriegszüge

---

189 Vgl. ZECHLIN (1961), S. 356, und JÄSCHKE, S. 1–54, speziell S. 13 ff. Neben der Revolutionierung des Orients beinhalteten sowohl Oppenheims Überlegungen als auch jene Enver Paschas die Aufwiegelung der muslimischen Elemente Russlands. Der türkische Einmarsch in die georgische Provinz Adscharien wurde von den vorwiegend muslimischen Einwohnern begeistert begrüßt. Zahlreiche Kriegsfreiwillige meldeten sich zur Aufstellung einer georgischen Legion. Die Begeisterung der Adscharen für die Osmanen fand jedoch nicht in ganz Georgien Anklang und Deutsche wie Türken mussten die Hoffnungen auf einen allgemeinen Aufstand begraben.

190 Vgl. GEHRKE (1960) (I.), S. 22 f. Vgl. dazu ebd., S. 21–26.

191 Vgl. KARSH (2007), S. 121 f.

192 Vgl. LEWIS (1998), S. 17 f.

193 Vgl. WITTEK (1938). Wittek hat in seinem Buch den *Ghazi* Gründungsmythos zur historischen Tatsache erklärt. Angeregt durch Rudi Paul Lindners Infragestellung dieser Behauptung gilt Wittek in der Osmanistik heute als widerlegt. Trotzdem spielten die *Ghazis* eine einflussreiche, wenn auch nicht ausschlaggebende Rolle bei der Reichsgründung. Vgl. dazu KREUTZER (2006).

mit einer „religionsgesetzlichen Motivation".[194] Auch die jüngere osmanische Geschichte hatte Heilige Kriege vorzuweisen. Der *Dschihad* gegen Italien im Tripoliskrieg wurde bereits erwähnt. Knapp 60 Jahre zuvor hatte der osmanische Sultan Abdülmecid I. 1853 einen Heiligen Krieg gegen Russland ausgerufen bei gleichzeitigem Bündnis mit den christlichen Nationen Großbritannien und Frankreich, die an der Seite des Osmanischen Reiches tatkräftig am Krimkrieg teilnahmen und die Niederlage der Russen besiegelten.[195] England und Frankreich waren erst kurze Zeit vorher selbst Adressaten einer *Dschihad*-Erklärung geworden. Als die beiden Mächte 1827 gemeinsam mit Russland ein Marineunternehmen zur Rettung des griechischen Aufstandes gegen die Pforte entsandt hatten, kam es zur Verkündung eines Heiligen Krieges durch den osmanischen Sultan.[196] In anderen muslimischen Nationen wie Persien oder Afghanistan war es ebenfalls alles andere als ungewöhnlich, einen Heiligen Krieg zur Legitimierung gewaltsamer Aktionen gegen feindliche Nationen und zur Mobilisierung der eigenen Untertanen zu erklären. Allein gegen die Engländer wurde in den Anglo-Afghanischen Kriegen (1842, 1878 und 1919) drei Mal ein *Dschihad* durch die afghanischen Emire Schah Schuja, Scher Ali und Amanullah verkündet.[197] In Persien riefen der *Kadscharen*-Schah Fath Ali und hohe geistliche Würdenträger wie Scheich Ja'far zu Anfang des 19. Jahrhunderts im Verlauf der persisch-russischen Konfrontation im heutigen Aserbaidschan wiederholt zum Heiligen Krieg gegen die Truppen Zar Alexanders I. auf. Der Russisch-Persische Krieg sorgte in der Region geradezu für eine Wiederbelebung des *Dschihad*-Gedankens.[198] Auch nicht-staatliche Parteien riefen in der islamischen Geschichte immer wieder zum Glaubenskrieg auf. Den erwähnten Aufständen im Sudan oder in Somalia waren *Dschihad*-Erklärungen vorangegangen.

All diese Heiligen Kriege scheinen der Aufmerksamkeit Peter Hopkirks entgangen zu sein. Seine Feststellung bezüglich der 1914 erfolgten *Dschihad*-Verkündung, „noch nie zuvor in der neueren Geschichte (...) [wäre] zum Heiligen Krieg gegen eine europäische Macht aufgerufen worden", entspricht nicht der Wahrheit.[199] Die Behauptung indiziert vielmehr eine gewisse Teleologie, Deutschlands Engagement im Orient von vornherein als besonders perfide schildern zu wollen. Dabei hatte nicht nur die Erklärung eines Heiligen Krieges Tradition im Islam. Generell bewiesen

---

194 MATUZ (2008⁵) S. 98 und S. 30 f.
195 Vgl. GEFFCKEN (1881), S. 36: Die Geistlichkeit, die *ulema*, drängte den Sultan zur Erklärung des *Dschihad*. Vgl. außerdem KARSH (1999), S. 35 und S. 366, *Declaration of the Sublime Porte*.
196 Vgl. MATUZ (2008⁵), S. 220.
197 Vgl. BRECHNA (2005), S. 116, 149 und 190.
198 Vgl. AXWORTHY (2007), S. 180–187, und LAMBTON (1970), S. 181–192.
199 HOPKIRK (1996), S. 20.

islamische Herrscher, besonders osmanische, in Bezug auf die Religion politischen Pragmatismus. Sie stellten strenge religiöse Dogmen hinter praktischen Erwägungen der eigenen Machtvermehrung oder -sicherung zurück.[200] Bereits Mohammed hatte weltliche Ziele religiös gerechtfertigt. Die „Verschmelzung von Heiligem und Gewinnbringendem" wurde auch von späteren islamischen Führern gepflegt.[201] Oppenheim war somit nicht der Erste, der anregte, den Islam politisch zu instrumentalisieren. Seine Darstellung als Vater des *Dschihad*, als „deutsche[r] Abu Jihad", sowie die Behauptung, der Ausgangspunkt des Heiligen Krieges sei in Deutschland zu suchen, er sei „made in Germany", sind historisch unkorrekt und eine bewusste Überzeichnung der geschichtlichen Tatsachen.[202] Auch wenn die Forcierung des *Dschihad*-Gedankens im Fall der deutsch-türkischen Waffenbrüderschaft vehement von christlich-deutscher Seite vorangetrieben wurde, ging der inhaltliche Ursprung des Revolutionierungskonzeptes mit dem Panislamismus weithin auf muslimische Initiative zurück.[203] Ebenso wenig machte Oppenheims Konzept der religiösen Aufwiegelung der Muslime die Deutschen diesbezüglich zu Pionieren unter den europäischen Mächten. 1902 hatten die Briten als Reaktion auf den von Russland, Deutschland und Belgien verursachten wirtschaftlichen Einflussverlust in Persien hohe Repräsentanten der *ulema*, darunter Ayatollah Abdollah Behbehani, bestochen, eine *fatwa* gegen die konkurrierenden Europäer zu formulieren. Englisches Gold entfachte einen „Heiligen Wirtschaftskrieg", um die missliebige europäische Konkurrenz am Golf auszuschalten. Die britische Agitation endete in einer Katastrophe. Zwar kam es dem Wunsch der Briten entsprechend tatsächlich zu Aufständen. Sie richteten sich aber gegen Europäer und Nicht-Muslime im Allgemeinen und forderten zahlreiche Todesopfer.[204] Manipulatives Eingreifen in eine nicht-europäische Religionskultur entsprach also keinem deutschen Patent. Natürlich setzten bezüglich der *Dschihad*-Propaganda nicht wenige in der deutschen Führung ebenso auf den vermeintlichen „Fanatismus des Islam" wie vorher ihre britischen Amtskollegen.[205] Wilhelm II. prognostizierte enthusiastisch, „die ganze mohammedanische Welt [würde gegen die Ententemächte] zum wilden Aufstande entflammen".[206] In

---

200 Vgl. KARSH (2007), S. 98 f. Vgl. MATUZ (2008⁵), S. 30 zum „Pragmatismus" Osmans.
201 KARSH (2007), S. 41.
202 Vgl. SCHWANITZ (Leipzig 2004), S. 29, LÜDKE (2005) und SCHWANITZ (2003).
203 Vgl. TRUMPENER (1968), S. 117. Trumpener stellt klar, dass die Proklamation eines *Dschihad* den Deutschen von türkischer Seite wiederholt angeboten und versprochen wurde, und daher die deutsche Begeisterung für den Heiligen Krieg herrührte.
204 Vgl. AXWORTHY (2007), S. 204: Vor allem die christlichen und jüdischen Minderheiten in Persien wurden landesweit zu Opfern der Ausschreitungen.
205 Helmuth von Moltke zitiert in HAGEN (1990), S. 34.
206 Wilhelm II. zitiert in HAGEN (1990), S. 32.

Deutschland verband man gleichermaßen wie in England oder anderen europäischen Ländern – je nach Betroffenheit und Standpunkt – geradezu hysterische Erwartungen bzw. Befürchtungen mit dem Potenzial des Islam.[207] Allein das Islambild, das deutsche Lexika dieser Zeit verbreiteten, beweist, welche hervorgehobene Bedeutung „Fanatismus, Eroberungs- und Beutesucht" in der Beschreibung der oft als Anachronismus wahrgenommenen Religion genossen, die angeblich „die Bekämpfung der Ungläubigen (*Dschihad*) und die gewaltsame Verbreitung" zu religiösen Pflichten erklärte.[208] Die Hoffnung auf einen „furor islamicus" wurde zudem genährt von einer verklärt romantischen Vorstellung des Orients als Heimat todesmutiger Wüstenkrieger und saladinischer Herrschergestalten.[209] Der deutsche Orientexperte Friedrich Rosen kritisierte diese Einschätzungen vehement und bezeichnete entsprechend Karl May als den „Vater der deutschen Orientpolitik".[210] Er warnte vor allzu hohen Erwartungen in eine weltweite Erhebung der Muslime ebenso wie vor unkalkulierbaren Folgen ungezügelter Fanatisierung. Baron von Wangenheim, vor und während des Weltkrieges Botschafter in Konstantinopel, konstatierte nüchtern, ein *Dschihad* würde wohl nur „wenige hinter dem warmen Ofen hervorlocken".[211]

Vermutlich erwartete Oppenheim auch gar keinen globalen, rein religiös begründeten muslimischen Aufstand. In einem Bericht an den Reichskanzler bemerkte er 1898, „[d]ie muhammedanische Welt hat seit langer Zeit aufgehört, ein Einheitsstaat zu sein (...)".[212] Zwar gab es zahlreiche Beispiele erfolgreicher religiöser Regionalaufstände, aber nie hatte es in der Geschichte eine simultane, glaubensweite Erhebung gegeben. Gegen einen weltweiten *Dschihad* sprach allein die Tatsache der nicht-monolithischen Natur des Islam. Mit Schia und Sunna sowie den vier sunnitischen Rechtsschulen finden sich im Islam mindestens ebenso viele unterschiedliche Glaubensauffassungen wie mit Katholizismus, Orthodoxie

---

207 Vgl. ALKAN (2003), S. 222: Alkan vergleicht die unterschiedlichen historischen Beurteilungen des Panislamismus und kommt zu dem Schluss, dass diesem, insbesondere von den Engländern, eine übertrieben starke Rolle als hoch organisierte Bewegung zugemessen wurde. Die Bedeutung des Panislamismus wuchs vor allem mit der zunehmenden Sorge in Europa vor ihm.

208 *Meyers Konversations-Lexikon* (1872²), S. 652, und *Brockhaus' Konversations-Lexikon* (1894¹⁴), S. 711. Vgl. LÜDKE (2005), S. 62–70 oder MCKALE (1998), S. 2–3 und 17–45 zur britischen Beurteilung der Muslime. Nach McKale betrachtete die Mehrheit der Briten Muslime allgemein als fanatische Wilde, die aufgrund religiöser Anreize zur Gewalt neigten. Ihm zufolge schätzte auch keine andere Nation das Aufstandspotenzial des Panislamismus so hoch ein wie Großbritannien.

209 Marschall von Bieberstein zitiert in OBERHAUS (2006), S. 104.

210 Friedrich Rosen zitiert in HAGEN (1990), S. 33.

211 Baron von Wangenheim zitiert in HAGEN (1990), S. 33.

212 Max von Oppenheim in PA-AA R 14556, *Bericht an den Reichskanzler*, 5. 07. 1898.

Hsenah-Beduinen am Tell Nabi Mendu im Westen Syriens, in Szene gesetzt und fotografiert von Max von Oppenheim, 1899. Wie den Freiherren beherrschten so manchen in der deutschen Orientpolitik geradezu romantische Vorstellungen vom Aufstandspotenzial der edlen Wüstenkrieger, dem „furor islamicus".

und Protestantismus im Christentum. Gerade aufgrund des Gegensatzes von Schia und Sunna und der betonten Zurückweisung der Autorität des sunnitischen Kalifats durch die Schiiten oder der generell nicht im gesamten orientalischen Raum gleichermaßen akzeptierten Kalifats-Idee musste die Vorstellung einer islamweiten Erhebung echten Kennern orientalischer Verhältnisse geradezu illusorisch vorgekommen sein.[213] Oppenheim war zweifellos ein versierter Islamexperte. Man muss davon ausgehen, dass er diese Probleme kannte und dass es ihm bei der Erklärung des Heiligen Krieges nicht um eine von allen Muslimen akzeptierte religiöse Fanatisierung ging, sondern um etwas anderes.[214] Oppenheim erkannte im Islam und der *Dschihad*-Erklärung wohl vor allem eine identitätsstiftende Funktion und die wirksamste Möglichkeit der kriegsbedingten

---

213 Vgl. HAGEN (1990), S. 3–8, und GEHRKE (1960) (I.), S. 31–33: Weitere Gründe, die gegen eine islamweite Revolte sprachen, waren nationale Differenzen zwischen Persern und Osmanen, das Ausbleiben eines bedeutenden militärischen Sieges der Deutschen in Europa, der auch Aufständen im Orient Erfolg versprochen hätte oder die „moralisch-theoretische Inkonsequenz" (GEHRKE (1960) (I.), S. 31) eines *Dschihad* im Bund mit ungläubigen Deutschen – wobei letztgenannter Grund die geringste Rolle spielte.
214 Vgl. Max von Oppenheim in HBO NL MvO 34, s. p.: Oppenheim schildert die Lehre der Wahhabiten und geht auf deren Auslegung des *Dschihad* ein: „Der heilige Krieg musste nach dem Reformator gegen alle Ungläubigen geführt werden." Demzufolge war ihm sowohl die Gefahr der Radikalisierung durch einen *Dschihad* bewusst als auch die individuelle Auslegungsfrage innerhalb des Islam.

Formulierung von Gemeinsamkeiten: die muslimische Gemeinsamkeit der kolonialen Unterjochung durch die Ententemächte und die deutsch-muslimische Gemeinsamkeit der existenziellen Bedrohung durch ebendiese „Feinde der Muslime".[215] Seine Erfahrungen im Nahen Osten müssen Oppenheim davon überzeugt haben, dass die Religion die einzige Möglichkeit bot, eine „Interessengemeinschaft" zwischen Deutschland und den islamischen Ländern, ebenso wie unter den islamischen Ländern zu legitimieren.[216] In dem multiethnischen Osmanischen Reich, für das die Dschihad-Verkündung primär galt, in dem es kaum ein Schulwesen, geschweige denn politische Bildung gab, in dem Analphabetismus grassierte und die Macht und das Wort des Sultans nicht immer bis an die Peripherie des Reiches reichten, war der Islam letztlich das einzige konstituierende Element.[217] Gerade in Ländern wie Afghanistan und Persien hatte die Religion für die einfache Bevölkerung die wichtigste Bedeutung bei der Bestimmung der eigenen Identität neben einem nur mäßig ausgeprägten Sinn für Nation.[218] Starke Ressentiments gegen die Kolonialherren bei gleichzeitiger Sympathie für Deutschland hatte Oppenheim in allen Ländern des Orients beobachten können. Der Dschihad war ihm allem Anschein nach weniger ein Werkzeug der Fanatisierung als der Identitätsstiftung und ein Hinweis auf das gemeinsame Schicksal der Bedrohung durch die Ententemächte. Die Verkündung eines Heiligen Krieges war der panislamische Gedanke auf den Punkt gebracht, der Aufruf zum Widerstand in einer als ungerecht empfundenen Situation.[219]

Für Oppenheim war der Dschihad ein unbelastetes Mittel und eine übliche „Begleiterscheinung" der osmanischen bzw. islamischen Kriegsführung.[220] Provokant ausgedrückt, bestand für ihn wohl nur ein marginaler Unterscheid zwischen dem Heiligen Krieg der Muslime und dem Wahlspruch „Gott mit uns" auf den Koppelschlössern deutscher Soldaten. Nicht wenige Stimmen in Deutschland bezeichneten denn

---

215 Formulierung in einem osmanischen Propagandatext, Verfasser unbekannt, entstanden vermutlich im November 1915, zitiert in HAGEN (1990), S. 74.

216 Max von Oppenheim in Die Revolutionierung ..., PA-AA R 20937-2, 000185.

217 Vgl. TRUMPENER (1968), S. 67: Ein schwerwiegendes Problem der Osmanen während des gesamten Weltkrieges war die ausgeprägte Heterogenität ihrer Bevölkerung, die selbst innerhalb des Militärs zu Verständigungsproblemen führte, denn viele Soldaten sprachen kein Türkisch.

218 Vgl. GRONKE (2003), S. 85 ff., SCHETTER (2006), S. 15 ff., und RZEHAK (2006), S. 101.

219 Vgl. TREUE (1969), S. 61: „Auf welche andere Ideen hätte man auch sonst ‚zurückgreifen' sollen? Der ‚Heilige Krieg' war die einzige Möglichkeit, die ‚islamische Welt' (...) zu aktivieren." (ebd.).

220 Vgl. SCHWANITZ (2003), S. 26: So sah das auch der Islamgelehrte Carl Heinrich Becker. Oppenheim, der dem Anschein seiner Biografie nach kein sonderlich religiöser Mensch war, empfand den Dschihad wohl eher als zusätzlichen emotional-religiösen Anreiz für „gläubige Krieger".

auch die Auseinandersetzung zwischen England und Deutschland als „Glaubenskrieg".[221] Auch wenn die vorangegangene Schilderung Oppenheim bereits vom Vorwurf der versuchten Fanatisierung der Muslime und der *Dschihad*-Urheberschaft freigesprochen haben sollte, muss zuletzt auf eine Relativierung der gegenwärtig vorherrschenden Vorstellung von Heiligem Krieg hingewiesen werden. Der Terminus war zu Beginn des 20. Jahrhunderts schlicht nicht mit dem heutigen negativen Stigma behaftet.

Der antiimperialistische Heilige Krieg

Oppenheims Revolutionierungskonzept setzte voraus, dass der Aufruf zum Heiligen Krieg sich nur gegen die Ententemächte richtete. In diesem Sinne war der religiöse Appell an die Muslime, der am 11. November 1914 durch den Kalifen erfolgte, auch als *Dschihad* zur Abschüttelung der Fremdherrschaft formuliert, der „nicht gegen die Kafir (die Ungläubigen) im Allgemeinen, sondern gegen die betroffenen Fremdherren zu richten ist".[222] Nichts lag Oppenheim ferner als einen interkonfessionellen Religionskrieg zu entfachen. Seine Betonung lag auf dem Ende der Fremdherrschaft europäischer Mächte über die Muslime. Er wollte einen „religiösen Anti-Imperialismus" wie ihn später der tunesische Scheich Salih as Scharif at-Tunisi predigte.[223] Auch in der in Persisch verfassten *fatwa* des Scheich as-Sajid Hibet ad-Din as-Schahrastani an-Nadschafi hieß es daher unmissverständlich, dass sich der *Dschihad* nur gegen die Ungläubigen richte, „die (…) unser Land und Haus rauben (…) und unsere staatliche und nationale Unabhängigkeit zu vernichten trachten".[224]

Oppenheim kannte die mannigfaltigen Interpretationen des Begriffes *Dschihad*. Etymologisch gesehen bezeichnet er schlicht die Bemühung, ein vorher bestimmtes religiöses Ziel – eine Form der Spiritualität – zu erreichen.[225] Zwar entspricht *Dschihad* in der islamischen Doktrin und traditionellen Auslegung auch der gewaltsamen Expansion des Islam gegenüber anderen Religionen, doch gleichzeitig seiner generellen Verteidigung und vorrangig einer kompromisslosen Glaubensausübung.[226] *Dschihad* ist gleichbedeutend mit dem persönlichen Kampf oder – bes-

---

221 SOMBART (1915), S. 3: Sombart stilisierte den Kampf zwischen Großbritannien und dem Deutschen Reich zum Glaubenskrieg der Händler und Helden.
222 Max von Oppenheim in *Die Revolutionierung* …, PA-AA R 20937-1, 000066. Vgl. HAGEN (1990), S. 3
223 Scheich Salih as Scharif at-Tunisi: *Die Wahrheit über den Glaubenskrieg. Aus dem Arabischen*, zitiert in SCHWANITZ (2003), S. 17.
224 Scheich „es-Saijid Hibet ed-Din esch-Schahrastani en-Nedschefi [sic]" zitiert in FARISI (1917), S. 218. Im Text die vermutlich orthographisch korrekte Transkription des Namens.
225 Vgl. NOOR (1985), S. 385.
226 Vgl. LEWIS (1983), S. 538.

Deutsche Wohlfahrts-Postkarte: „Der grosse Krieg 1914/1915 – Die Verkündung des heiligen Krieges." Oppenheim sah im Dschihad gegen die Entente nichts Verwerfliches, sondern einen legitimen Befreiungskampf von kolonialer Fremdherrschaft.

ser – der persönlichen Anstrengung auf dem Wege Allahs. Seine Essenz ist die wahre und aufrichtige Glaubensausübung. Denn „Kampf und Anstrengung" implizieren nicht zwangsläufig eine Auseinandersetzung auf dem Schlachtfeld. Krieg spielt im *Dschihad* nur die untergeordnete Rolle eines situationsbedingten, notwendigen Übels und die Gewaltanwendung erfährt enge und eindeutige Regeln.[227] Die Koranverse, die sich mit dem gewalttätigen Aspekt des *Dschihad* auseinandersetzen, erklären Krieg nur dann für moralisch und religiös gerechtfertigt, wenn er aus Motiven der Selbstverteidigung heraus erfolgt.[228] Diesen Standpunkt vertraten auch panislamische Theoretiker wie Afghani oder Abduh und propagierten entsprechend und unmissverständlich nur einen *Dschihad* gegen die Kolonialmächte für legitim. Der Gedanke des Verteidigungs- und

---

227 Vgl. NOOR (1985) S. 385 ff.: Ein *Dschihad* kann nach Ali Yusuf zum Kampf in Gottes Namen auffordern, muss es allerdings nicht. Islamische Rechtsgelehrte haben vier Möglichkeiten der Ausübung eines *Dschihad* festgelegt. Diese sind: 1) mit dem Herzen, 2) mit der Zunge, 3) mit dem Geiste und 4) mit dem Schwert. Zuerst Selbstkontrolle, dann die Pflicht, Ungerechtigkeit zu erkennen und sich dagegen zu äußern und zuletzt sich gegen sie zu wehren.

228 Vgl. NOOR (1985), S. 386 f. die relevanten Koranverse: „Kämpfe im Namen Gottes, Gegen die, die gegen dich kämpfen, Und bekämpfe sie solange, Bis es keinen Streit und keine Unterdrückung mehr gibt." Übersetzung aus dem Englischen durch den Autor: „Fight in the cause of God, Those who fight you, (...) And fight them on, Until there is no more tumult or oppression (...)."

Befreiungskampfes war Basis des *Dschihad*-Verständnisses Oppenheims, ohne damit die Gefahr eines Heiligen Krieges gegen Christen allgemein heraufzubeschwören. Er konstatierte, „[d]er Djehad [sic], der heilige Krieg gegen die Ungläubigen, hat im Laufe der Zeit seine Gestalt verändert, es wird ihm gegenwärtig statt seines früheren rein aggressiveren ein mehr defensiver Charakter beigemessen".[229] Nur die defensive Natur, Widerstand gegen Unrecht, rechtfertigte für ihn den religiös motivierten Aufstand und die zweckgebundene Partnerschaft mit dem christlichen Deutschen Reich. Die Propagandatexte, die Oppenheims NfO oder deren – zumindest in propagandistischer Hinsicht – osmanisches Pendant, die *Teshkilat-i Mahusa*, Envers geheimdienstliche „force spéciale", verbreiteten, sprachen in diesem Sinne auch eine eindeutige Sprache.[230]

Gottfried Hagen hat 1988 eine größere Anzahl dort erstellter Flugschriften aus einer Sammlung der Universitätsbibliothek Heidelberg übersetzt und analysiert.[231] Seinen Untersuchungen zufolge nimmt in den Texten, die in Gedichtform, als offene Briefe oder öffentliche Aushänge formuliert wurden, die Anklage gegen den Kolonialismus der Ententemächte sowie die dabei praktizierte Unmenschlichkeit und Inkonsequenz gegenüber dem völkerrechtlichem Versprechen nationaler Unabhängigkeit den größten Raum ein. In einem von der NfO verbreiteten öffentlichen Brief des ägyptischen Nationalisten Muhammad Fahmi an den britischen Premierminister Asquith wird die englische Okkupation Ägyptens betont sachlich, aber verurteilend geschildert und dem Jargon der europäischen Politik folgend als „Verbrechen gegen das Völkerrecht" bezeichnet. Während England seinen Kriegseintritt damit begründet habe, „die Rechte des belgischen Volkes zu verteidigen, (...) [unterdrücke es] zur selben Zeit eine andere Nation [– in diesem Fall Ägypten –] (...) [und messe daher] die Gerechtigkeit unter den Völkern mit zweierlei Maß".[232] Ähnlich wird in einem an den Maghreb gerichteten Aufruf der *Dschihad* vorrangig mit der Ungerechtigkeit der Fremdherrschaft begründet: Er richte sich gegen einen Feind, „der sich Euer Land widerrechtlich angeeignet hat".[233] Immer wieder stehen in den Flugschriften „(...) Unabhängigkeit, (...) [die] (...) Befreiung und die Sicherung (...) [der] Zukunft [des Orients]" vor dem Zugriff der Ententemächte im Zentrum der Argumentation.[234] Der persische Dichter Mirza Ibrahim Han Pur-i Dawud stilisierte den Befreiungskampf von russischer Kolonialherrschaft in seinem, dem iranischen

---

229 Max von Oppenheim in PA-AA R 14556, *Bericht an den Reichskanzler*, 5. 07. 1898.
230 Stoddard (1963), S. 1.
231 Hagen (1990).
232 Muhammad Fahmi zitiert in Flugschrift Nr. 8, 27 in Hagen (1990), S. 93 und S. 97.
233 Unbekannter Autor zitiert in Flugschrift Nr. 8, 28 in Hagen (1990), S. 100.
234 Unbekannter Autor zitiert in Flugschrift Nr. 8, 31 in Hagen (1990), S. 109.

Nationalepos *Schahname* entlehnten Propagandagedicht gar zum Kampf zwischen Gut und Böse.[235] Selbst wenn nur selten explizit so betitelt, spielte bei der Rechtfertigung des *Dschihad* in den Texten letztlich der antiimperialistische Aspekt die wichtigste Rolle. Besonders eindrucksvoll und rhetorisch ungewöhnlich aufwendig wird dieser in einem arabischen Text eines unbekannten, vermutlich in den Diensten der *Teshkilat-i Mahusa* stehenden Autors ausformuliert: Der Krieg werde „die politische Geographie (...) verändern (...) und eine Neuerung in den internationalen Rechten [bringen]". Der Kampf der Deutschen und der Osmanen böte dafür die einmalige Chance und es sei Pflicht, sich ihnen gegen die gemeinsamen Feinde anzuschließen, „die (...) [die Muslime] erniedrigt [haben]". Sofern die Muslime der solidarischen Aufgabe der „Hilfe für [die] osmanischen Brüder" nachkämen, wären das Erwachen und die Befreiung des Orients die Folgen des Krieges.[236] Ebenso wie eine größere Anzahl der übrigen Flugschriften beschreibt der Text zudem das Deutsche Reich als uneigennützigen, geradezu aufopfernden Helfer bei der Erreichung dieses Zieles und verweist auf „die Sympathie und Achtung, die Deutschland dem Islam entgegenbrachte".[237] Genau dieser primär antiimperialistisch orientierten Gesinnung mit Fingerzeig auf eine deutsch-islamische Freundschaft entsprach Oppenheims *Dschihad*-Vorstellung oder, um es mit den Worten Michael Stürmers auszudrücken: „Oppenheim wollte mit solcher Propagandatätigkeit nicht lügen, sondern mit der deutschen ‚Wahrheit' Eindruck machen auf die Völker des Nahen Osten."[238]

Wie bei Oppenheims NfO stand der Aspekt des antiimperialistischen Verteidigungskampfes auch in der offiziellen osmanischen Verkündung des Heiligen Krieges im Vordergrund. Nachdem am 7. November 1914 der oberste Mufti von Konstantinopel, der *sheyhülislam* Ürgüplü Mustafa Suat Hayri Efendi, aufgrund der „Plünderung (...) Raub und Gefangennahme der Muslime" durch die Ententemächte in fünf *fatwas* die religionsgesetzliche Verpflichtung jedes Muslims zur Befolgung des *Dschihad* festgestellt hatte, erklärte Sultan Mehmed V. Reschad vier Tage später im Rahmen einer feierlichen Zeremonie in der Moschee Sultan Mehmeds II. den Heiligen Krieg.[239] Der *Dschihad* war für ihn die „endgültige Grenze gegen die Übergriffe und Einmischungen" in die nationale Souveränität seines Landes durch die Engländer, Franzosen und Russen und er ver-

---

235 Vgl. Mirza Ibrahim Han Pur-i Dawud zitiert in Flugblatt Nr. 8, 58 in Hagen (1990), S. 147–151. Selbst das prae-islamische *Schahnāme* diente der Verdeutlichung des *Dschihad* gegen die Ententemächte.
236 *Die Folgen des Krieges*, Flugblatt Nr. 8, 1 in Hagen (1990), S. 51–53.
237 Hagen (1990), S. 47.
238 Stürmer (1989), S. 268.
239 Ürgüplü Mustafa Suat Hayri Efendi zitiert in Flugblatt Nr. 8, 7 in Hagen (1990), S. 67.

band „die Existenz und das Leben unseres [osmanischen] Reiches sowie die Existenz von 300 Millionen Muslimen" mit einem Sieg im Krieg.[240] Kurz darauf folgte am 23. November das schriftliche Manifest des *sheyhülislam*, das noch einmal auf die Notwendigkeit der Verteidigung des Islam aufgrund der existenziellen Bedrohung durch die Ententemächte verwies. Der dreistufigen offiziellen Verkündung durch die Osmanen folgte die Verbreitung der Texte durch die NfO und *Teshkilat-i Mahusa*, darunter erneute *fatwas* und *Dschihad*-Aufrufe weiterer hoher, islamischer – sunnitischer wie schiitischer – Geistlicher, immer wieder mit dem Verweis auf Fremdbesetzung, Unterdrückung der Muslime und das daraus resultierende Recht zur Gegenwehr.

Zweifellos wirken viele

El Dschihad: In Berlin während des Krieges verlegte Zeitung für die muhammedanischen Kriegsgefangenen (Arabische Ausgabe). Die muslimischen Kolonialtruppen in Diensten der Entente standen im Zentrum der panislamischen Revolutionierungspropaganda Oppenheims.

Textstellen der Flugblätter auf heutige Leser wegen ihres martialischen Tenors oder der diffamierenden Charakterisierung der Ententenationen befremdlich: „Sie müssen wissen, dass das Töten von Ungläubigen, die über die islamischen Länder herrschen, zu einer heiligen Pflicht geworden ist, (...) genauso wie der große Koran in seinen Worten erklärt: Nehmt sie und tötet sie, wenn immer ihr ihnen begegnet (...)", heißt es schonungslos in einem im Original arabisch formulierten Aufruf.[241] In einer anderen Flugschrift, die an den *Dschihad* der *Senussi* im Tripoliskrieg erinnert,

---

240   Mehmed V. Reshad zitiert in Flugblatt Nr. 8, 4 in HAGEN (1990), S. 56 und 57.
241   *A Universal Proclamation to all the People of Islam*, 1914 übersetzt aus dem Arabischen und zitiert in LANDAU (1992), S. 354. Übersetzung aus dem Englischen durch den Autor.

71

wird unumwunden aufgefordert, „die Engländer zu töten", denn diese seien gemeinsam mit Franzosen und Russen die „Feinde der Menschheit".[242] Gerade poetisch-kämpferische Formulierungen wie „O Himmel, bring eine Überschwemmung über die Russen, ertränke das Land jenes Volkes der Verirrung" oder „Bringt Hacke und Schaufel, macht schnell einen Graben! Dem unglückseligen Bären ist die Lebensfrist abgelaufen" mögen dem einen oder anderen Leser heute wie die aufziehenden Gewitterwolken des islamistischen Fundamentalismus vorkommen.[243] Aber unterscheiden sich derartige Aussagen bezüglich ihrer Art der Proklamierung von Gewalt qualitativ von der zeitgenössischen Kriegsprosa deutscher, französischer oder britischer Autoren? Deutsche Soldaten dichteten auf dem Marsch zur Front fröhlich chauvinistisch „Jeder Schuß ein Russ, jeder Stoß ein Franzos."[244] Auf einer beliebten englischen Postkarte der Weltkriegszeit schiebt der britische Kriegsminister Kitchener die deutsche Armee als „the Kaiser's goose" in den Ofen, auf einem Rekrutierungsposter wird um Soldaten geworben, „until the enemy is crushed".[245] Die Verniedlichung und romantische Verklärung von Krieg und Gewalt sowie eine markige, aggressive Wortwahl, die zur Vernichtung des Feindes aufforderte, fand sich in den Propagandatexten jeder am Weltkrieg teilnehmenden Nation. Dass auch die im Orient verbreiteten Dschihad-Texte derartige Gewaltaufrufe beinhalteten, darf daher weder überraschen noch empören.

Weit problematischer ist sicherlich die Unabwägbarkeit einer durch einen Heiligen Krieg provozierten religiösen Radikalisierung zu betrachten, die Sorge, die Erhebung der Muslime könnte sich pauschal gegen alle Andersgläubigen wenden. Die Arbeiten Hopkirks, McKales und Schwanitz' suggerieren einen Zusammenhang zwischen dem Dschihad-Aufruf des Ersten Weltkrieges und dem islamistischen Fundamentalismus unserer Tage. Doch in den von Hagen untersuchten Flugblättern findet sich kein einziger Aufruf, der zur Gewalt gegen Christen oder eine andere nicht-muslimische Glaubensrichtung auffordert. Der Dschihad war explizit gegen die als imperialistische Aggressoren wahrgenommenen Engländer, Franzosen oder Russen gerichtet und auch nur gegen deren

---

242 Unbekannter Autor, schätzungsweise der Teshkilat-i Mahusa (die fatwas des sheyhülislam sind im Text berücksichtigt), nach November 1915 verfasst, zitiert in Flugblatt Nr. 8, 12 in Hagen (1990), S. 72 f., und ein unbekannter Autor zitiert in Flugschrift Nr. 8, 31 in Hagen (1990), S. 109.

243 Mirza Pur-i Dawud zitiert in Flugblatt Nr. 8, 59 und Nr. 8, 60 in Hagen (1990), S. 154 und 158

244 Deutscher „Weltkriegs-Spottvers" zitiert in Kestler (1994), S. 133.

245 Faksimile einer typischen Propaganda-Postkarte, 1915, The Imperial War Museum, London, Replica Set: World War One, Nr. 3 und Faksimile eines Rekrutierungsposters, 1914, The Imperial War Museum, London, Replica Set: World War One, Nr. 7.

Streitkräfte.[246] Nicht Religionen, sondern Nationen wurden als Gegner festgemacht. In unmissverständlichem Ton wird in den Flugschriften zwischen den Deutschen als Freunden und den Ententemächten als Feinden differenziert. Deren Religionszugehörigkeit spielte dabei kaum eine Rolle. Der Heilige Krieg wurde nicht emotional und religiös fanatisierend begründet, sondern auffallend rational, über die imperialistische Ungerechtigkeit aufklärend.[247] Gewalt gegen unschuldige Nicht-Kombattanten, gegen Frauen und Kinder, wird in den Flugblättern wiederholt verurteilt und propagandistisch als Methode der Feinde angeprangert. Den Texten zufolge war es ein negatives Charakteristikum der „erwähnten Staaten, die den islamischen Staat bekämpfen, (...) ganze (...) Familien [zu] vernichten".[248] Dies ist auch das wichtigste Unterscheidungsmerkmal zwischen dem Aufruf zum Heiligen Krieg im Ersten Weltkrieg und der *Dschihad*-Argumentation eines Osama bin Laden. Zwar beruft sich bin Laden in seiner „Kriegserklärung" gegen den Westen ebenfalls auf den Verteidigungsaspekt, erklärt es jedoch zur Pflicht eines jeden Muslims, Amerikaner und ihre Alliierten zu töten und zwar Zivilisten und Militärangehörige gleichermaßen.[249] Gegen Unbeteiligte und unschuldige Zivilisten war der von Oppenheim mitinitiierte *Dschihad* zu keiner Zeit formuliert. Einer undifferenzierten Radikalisierung wurde mit eindeutigen Aussagen entgegengewirkt. Oppenheims Vorstellung von *Dschihad* muss als Befreiungskampf der Muslime von europäischer Fremdherrschaft verstanden werden und nicht als archaischer Glaubenskrieg gegen Anhänger nicht-islamischer Konfessionen.

Warum dies bis heute kaum geschehen ist und das deutsche *Dschihad*-Engagement mehrheitlich verurteilt wird, erklärt exemplarisch ein besonders aussagekräftiger Fall: Höhepunkt der Kritik an Oppenheims

---

246 Vgl. Flugblatt Nr. 8, 12 in HAGEN (1990), S. 70–74: Engländer, Franzosen und Russen waren ihrer Bedeutung gemäß die Hauptadressaten der *Dschihad*-Erklärung, nach Mai 1915 auch die Italiener. Kleinere feindliche Nationen wie Serbien oder Montenegro wurden ebenso genannt.

247 Diese Feststellung belegt erneut die These, dass Oppenheim keinen fanatischen Glaubenskrieg wollte, sondern in der Verkündung des *Dschihad* den Auslöser eines Freiheitskampfes sah. Der *Dschihad* sollte von Anfang an moralisch gerechtfertigt sein. Vgl. KESTLER (1994), S. 304 ff.: Die gute Behandlung gefangener Angehöriger muslimischer Kolonialvölker in deutscher Gefangenschaft spricht ebenfalls dafür, dass es Oppenheim primär darum ging, einen Gegensatz zwischen den egalitären, un-imperialistischen Deutschen und den repressiven, imperialistischen Ententemächten zu beweisen. Vgl. HAGEN (1990), S. 48: Der Nachfolger Oppenheims im NfO, Karl Emil Schabinger von Schowingen, konstatierte nach dem Krieg, die Propaganda sei gescheitert, weil sie einer agitatorischen Tendenz entbehrt habe und viel zu logisch und rational abgefasst war.

248 Unbekannter Autor, zitiert in Flugblatt Nr. 8, 12 in HAGEN (1990), S. 72 f.

249 Osama bin Laden zitiert in LEWIS (1998), S. 15: „(...) to kill Americans and their allies both civil and military." Das Perfide an der Argumentation Bin Ladens ist die bewusste und explizite Kriegserklärung an die westliche Zivilgesellschaft.

Dschihad war 1915 die wissenschaftliche Auseinandersetzung des niederländischen Orientalisten Christian Snouck Hurgronje mit dem deutschen Islamforscher Carl Heinrich Becker.[250] Hurgronje verurteilte generell die Idee des *Dschihad,* insbesondere aber seine deutsche Förderung. Die Verkündung eines Heiligen Krieges hatte für Hurgronje eine eigendynamische Fanatisierung der islamischen Volksmassen zur Folge, die sich kontraproduktiv zu der notwendigen Modernisierung im Islam verhielt und eine unabsehbare Gefahr für die nicht-islamische Welt und die Werte des Humanismus darstellte.[251] Mit dieser Einschätzung erscheint Hurgronje insbesondere aus heutigem Kenntnisstand, unter dem Eindruck des „War on Terror" und des 11. Septembers 2001, bemerkenswert weitsichtig. Seine Warnung scheint die skrupellose, selbst das Risiko der unkalkulierbaren, religiösen Fanatisierung in Kauf nehmende, deutsche Nahostpolitik, wie sie Fischer und Hopkirk darstellen, zu belegen.[252] Hurgronje ignorierte aber bewusst den antiimperialistischen bzw. un-imperialistischen Inhalt des deutschen *Dschihad*-Konzeptes. Er setzte sich zu keiner Zeit mit der Zielsetzung der Befreiung von Fremdherrschaft auseinander. Eine Entwicklung zum heutigen fanatischen Islamismus war, trotz seines scheinbar prophetischen Gutachtens, zu Anfang des 20. Jahrhunderts schlicht nicht absehbar. Unabhängig davon, ob Oppenheims *Dschihad*-Theorie als Versinnbildlichung des muslimischen Freiheitskampfes ehrlich gemeint war oder nur eine kühl kalkulierte Kriegsstrategie zum Nutzen Deutschlands, war es unbestreitbare Tatsache, dass zum Zeitpunkt der Entstehung der *Dschihad*-Strategie die große Mehrheit der Muslime – sowohl numerisch als auch territorial – unter europäischer Fremdherrschaft stand.[253] Als Volksgruppen oder Staaten deutlich unterlegen, bot den außereuropäischen muslimischen Nationen einzig die islamweite Erhebung die Option zur Beendigung der Okkupation. Auch Hurgronje sorgte sich mehr vor Revolten in Niederländisch-Indien als vor dem vermeintlichen *Kampf der Kulturen.*[254] Er stand für den Erhalt der Herrschaft über die Muslime: „Wirklichen Anklang findet ein Aufruf wie der aus Konstantinopel ausgegangene nur beim Pöbel und den Reaktionären (...). Als Effekt kann man daher höchstens von fanatischen Banden angestiftete lokale Unruhen und Morde erwarten. Bei andauernder ungestörter Propaganda wäre es immerhin möglich, in muslimischen Ländern unter nichtmuslimischer Regierung zwischen der Bevölkerung und ihren Verwaltern Misshelligkeiten

---

250 Vgl. SCHWANITZ (2003), S. 7–34.
251 Vgl. HURGRONJE (1923), darin der Auslöser des „Streits", der Artikel *Heilige Orlog made in Germany,* 1915, ausführlich zusammengefasst in SCHWANITZ (2003), S. 20–24.
252 Vgl. FISCHER (1977) (ND), S. 109 ff., und HOPKIRK (1996).
253 LANDAU (1992), S. 5.
254 HUNTINGTON (2007) (ND).

*„Die Türkei und Deutschland – Aufbruch zum heiligen Krieg in Damaskus",
Illustrierte Zeitschrift, Leipzig, 18. Mai 1916 – Wehende Fahnen, Euphorie
und Geschlossenheit: Für Oppenheim war der Dschihad gegen die Entente ein
deutsch-orientalisches „Joint Venture" für die Freiheit, kein Aufruf zum interkonfessionellen Glaubenskrieg.*

75

zu erzeugen."[255] Die „Beziehung [Hurgronjes] zur holländischen Kolonialpolitik" bezeichnete sein Widersacher Becker folgerichtig als „Motiv seines Handelns" und Ursache für die indirekte Kritik an Oppenheim.[256] So müssen Hurgronjes Vorwurf der „Ausnutzung des Islam" ebenso wie die damals in der französischen und englischen Presse geäußerte – und von Hopkirk, McKale, Fischer und Schwanitz später übernommene – Meinung, Deutschland habe sich mit der Fürsprache für den Panislamismus „von den zivilisierten Staaten Europas entfernt", immer auch unter Berücksichtigung kolonialpolitischen Kalküls betrachtet werden.[257] Nicht der *Dschihad* als solcher war Grund der Kritik, sondern der deutsche Bruch mit der „natürlichen Ordnung" der europäischen Vorherrschaft über die Muslime.[258]

Ein letzter Vergleich verdeutlicht diesen Aspekt: Während des Ersten Weltkrieges spielte sich auf der Gegenseite die weithin bekannte arabische Revolte unter Hussein ibn Ali gegen die Türken ab, die von dem berühmten britischen Offizier Thomas E. Lawrence alias „Lawrence of Arabia" begleitet wurde.[259] Die Revolutionierung der Araber wird bezeichnenderweise heute, im Gegensatz zur deutschen Orientstrategie, meist unkritisch betrachtet und tendenziell eher glorifiziert.[260] Die Würdigung von Lawrence und die Verurteilung Oppenheims verwundern, wenn man bedenkt, wie ähnlich sich die beiden waren. Vieles spricht dafür, dass auch Oppenheim gerne wie Lawrence zur Ikone einer politischen Bewegung geworden wäre.[261] Er zumindest sah in seinem Handeln keinen Unterschied zu dem des Briten. Lawrence und Oppenheim kannten sich, sie hatten sich 1912 bei einer Grabung in Karkemisch kennen gelernt. Lawrence war von Oppenheim zutiefst beeindruckt. Die beiden teilten Gemeinsamkeiten, von denen die auffälligsten ihre hohe Wertschätzung der Menschen des Orients und ihr Einsatz für die orientalische Sache im Dienste ihrer Regierungen waren. Oppenheim entnahm der panislami-

---

255 Hurgronje (1923), S. 290 – aus *Heilige Orlog made in Germany*, Januar 1915.
256 Becker (1967), S. 307, dort die Antwort auf Hurgronje, im Mai 1915 in *De Gids* und der *Internationalen Monatsschrift für Wissenschaft, Kunst und Technik* veröffentlicht.
257 Hurgronje (1923), S. 287 – aus *Heilige Orlog made in Germany*, Januar 1915; Müller (1991), S. 156; Vgl. dazu Max von Oppenheim in HBO NL MvO 1/7, S. 197–199. Oppenheim verweist wiederholt darauf, die Vorwürfe gegen Deutschland thematisierten immerfort die vermeintliche Provokation fremdenfeindlicher Tendenzen innerhalb der orientalischen Bevölkerung und die Gefahr für die europäische Vorherrschaft. Dass der Panislamismus Resultat des Wunsches nach Unabhängigkeit war, wollte man hingegen nicht eingestehen.
258 Clark (2008), S. 180.
259 Vgl. Brown M. (2005) und Lawrence (1994⁴) zur Bezeichnung „Lawrence of Arabia".
260 Vgl. Karsh (1997), S. 267–312 zur positiven Darstellung von Lawrence und als Beispiel das Hollywood Film-Epos *Lawrence of Arabia*, Lean (1962).
261 Vgl. Teichmann (2001), S. 67.

schen Idee die Inspiration zu seiner *Dschihad*-Theorie. Lawrence ließ sich im vermeintlichen Freiheitskampf der Araber vom Panarabismus vereinnahmen, dem arabischen Traum von einer Nation. Dabei enthielt die panarabische Ideologie trotz eines Bekenntnisses zum Säkularismus eine enge Bindung an religiöse Überzeugungen und Traditionen und schreckte auch nicht vor der Idee des *Dschihad* zurück.[262] Im Gegenteil: dem osmanisch-deutschen *Dschihad*-Aufruf verweigerten sich die Anführer der arabischen Revolte, Hussein ibn Ali und sein Sohn Faisal.[263] Dafür führten sie ab 1916 ihren eigenen Heiligen Krieg gegen die Türken. Überzeugt von der Rechtmäßigkeit des Freiheitskampfes gingen sowohl Oppenheim als auch Lawrence ein ähnlich riskantes Spiel mit dem Feuer des islamischen Fanatismus ein. Zahlreiche Flugblätter beweisen, dass die Briten den Islam für ihre Zwecke in ähnlicher Weise instrumentalisierten, wie sie es gleichzeitig den Deutschen vorhielten. *Fatwas* gegen das Kaiserreich und islamische Rechtsgutachten ob der Kalifatsautorität sollten die Muslime für das Empire gewinnen.[264] Bei aller Ähnlichkeit der deutschen und britischen Bemühungen, Vorteile aus dem muslimischen Glauben zu gewinnen, bleibt ein grundlegender Unterschied: Während Oppenheims Verheißung der Unabhängigkeit der Muslime von europäischer Fremdherrschaft aufgrund des Nichtvorhandenseins von deutschen Annexionsplänen im Orient nicht nur der Wahrheit entsprach, sondern zudem auf ein echtes Bedürfnis der orientalischen Bevölkerung zurückging, war der britisch unterstützte, vermeintliche arabische Unabhängigkeitskampf von Anfang an eine Chimäre. Husseins Arabische Revolte war kein Freiheitskampf, sondern sein persönlicher Griff nach einem Königreich.[265] Mit „Zuckerbrot und Peitsche", Geldgeschenken und der Androhung einer Hungerblockade, hatten sich die Engländer die Gefolgschaft des haschemitischen Großscherifs von Mekka gesichert. Sie inszenierten den Coup d'Etat Husseins und seiner Söhne als allgemeinen arabischen Freiheitskampf gegen tyrannische Osmanen, obgleich die Mehrheit der Araber der

---

262 KARSH (2007), S. 203 und vgl. S. 199 ff.
263 Vgl. Max von Oppenheim in HBO NL MvO Nr. 19, S. 27 f.
264 Vgl. BROCKELMANN (1918): In einem erbeuteten Flugblatt wird die Rechtmäßigkeit des türkischen Kalifats und des *Dschihad*-Aufrufes infrage gestellt. Vgl. MCKALE (1998), S. 176. McKale schildert eine britische Flugschrift, die den Deutschen Islamfeindlichkeit vorwirft. Vgl. Max von Oppenheim in HBO NL MvO/22, *Bericht an den Reichskanzler*, 3. 02. 1907: Oppenheim berichtet von „arabischen Pamphlete[n] (...), welche Deutschland oft in der verlogensten und gehässigsten Art herabzusetzen suchen. (...) [An der] Form der Satzbildung [könne man erkennen], die Sachen seien von Europäern (...)", vermutlich von Franzosen oder Briten verfasst.
265 Vgl. KARSH (1997), S. 267.

Thomas Edward Lawrence in arabischer Tracht in Akaba am Roten Meer auf einer Aufnahme aus dem Jahre 1917. Oppenheim und Lawrence kannten und schätzten sich. Sie teilten die ehrliche Leidenschaft für den Orient und waren auch in ihren Revolutionierungsüberlegungen „Brüder im Geiste".

Revolte mit Desinteresse, teils sogar ablehnend begegnete.[266] Am Ende des Krieges musste Hussein seine auf britische Versprechen basierenden Träume von einem arabischen Großreich unter seiner Herrschaft begraben. Die Vorgesetzten von Lawrence hatten andere Pläne im Orient. Resigniert notierte er: „Und wir schickten sie zu Tausenden ins Feuer, in die schlimmsten aller Tode, nicht um den Krieg zu gewinnen, sondern damit das Korn und der Reis und Öl Mesopotamiens unser werden. Einziger Zweck war es, unsere Feinde zu schlagen (darunter auch die Türkei), (…), indem wir die Unterdrückten in der Türkei für uns benutzten."[267] Die britische Politik im Orient des Ersten Weltkrieges bezeichnete Lawrence als „Betrug [und] grundsätzliche(...) Unaufrichtigkeit" gegenüber den Arabern.[268] Darüber, ob ein siegreiches Deutschland mit Oppenheim im Nahen Osten eine freiheitlichere Politik als die Briten vertreten hätte, darf spekuliert werden. „Die Zeit ist gekommen, dass jeder Angehörige der Völker des Islam sich erhebt im Angesicht der Feinde, die über sie herrschen, und ihnen den Heiligen Krieg erklärt (...), so dass sie letztlich die Gnade der Unabhängigkeit erhalten", lautete zumindest die antiimperialistische Botschaft des von Deutschland unterstützten *Dschihad*-Aufrufes.[269]

---

266 Vgl. HADDAD (1997), S. 253–275, und KARSH (1997), S. 267–312. Auch der bedeutende Panarabist Raschid Rida stand dem Bruch mit dem türkischen Kalifat ablehnend gegenüber. Wie anderen Panarabisten ging es ihm primär um die politische Unabhängigkeit der Muslime und den Schutz der heiligen Stätten vor nicht-muslimischer Einflussnahme. Husseins Bund mit den Engländern, der letztlich nur seiner persönlichen Macht diente und in keiner Weise panarabischen Zielen galt, stand im Widerspruch zu Ridas Interpretation des Panarabismus.
267 LAWRENCE (1994⁴), S. 845.
268 Ebd., S. 846.
269 *A Universal Proclamation to all the People of Islam*, 1914, zitiert in LANDAU (1992), S. 354. Übersetzung aus dem Englischen durch den Autor.

Kapitel III

Zwischen „vorsichtiger Zurück-haltung" und „Türkenfieber" – Die Diversität in der deutschen Nahostpolitik

Reservierte Orientpolitik

Die antiimperialistischen bzw. un-imperialistischen Inhalte, die Oppen-heim seinem Insurrektionsprogramm beifügte, waren bis zum Zeitpunkt des Krieges sicherlich kein prägendes Kennzeichen deutscher Außenpoli-tik, geschweige denn Ausdruck einer verbreiteten Geisteshaltung im Aus-wärtigen Amt. Die Mehrheit der Diplomaten, wie auch generell in der deutschen Führung, betrachtete die Länder und Menschen im Orient eher abschätzig. Deutsche Orientpolitik bedeutete vorrangig deutsche Türkei-politik und schon die Türken als gleichwertige Partner zu akzeptieren, fiel vielen verantwortlichen Politikern und Militärs in Berlin schwer.[270] Op-penheim hatte nicht nur mangelnden Respekt der Engländer gegenüber den „Eingeborenen" bedauert, sondern auch der „meisten anderen Euro-päer" – das schloss die Deutschen mit ein.[271] „Fürst Bismarck pflegte zu sagen: wir sind (…) in Egypten [sic] englisch", brachte Reichskanzler von Bülow diese Haltung auf den Punkt.[272] Bei aller Konkurrenz unter den europäischen Großmächten war man sich zumindest über das Verhält-nis der abhängigen zur herrschenden Welt einig.[273] Sofern keine eigenen Interessen davon berührt waren, zeigte das Deutsche Reich Verständnis für die imperialistische Politik der anderen „zivilisierten" Nationen und deren Behandlung von außereuropäischen „Elementen".[274] Wesensmerk-mal europäischer und eben auch deutscher Außenpolitik dieser Zeit war

---

270 Vgl. MÜLLER (1991), S. 158, und SCHÖLLGEN (1981), S. 130 f.
271 Metternich an AA, 17. 01. 1900, PA-AA Personalakte Nr. 10886, zitiert in TEICH-MANN (2001), S. 36. und Notiz Oppenheims vom 23. 11. 1944, zitiert in TEICHMANN (2001), S. 35.
272 Bülow zitiert in MÜLLER (1991), S. 157.
273 Vgl. HOBSBAWM (2004) (ND), S. 79–111.
274 Wedel an Tschirschky, 17. 05. 1906, zitiert in KRÖGER (2001), S. 123.

es, dass „Nichteuropäer und deren Gesellschaften (...) generell als unterlegen, unerwünscht, schwach und rückständig und sogar als infantil behandelt wurden. Sie waren die geeigneten Objekte für eine Eroberung oder zumindest für eine Bekehrung zu den Werten der einzig ‚wirklichen‘ Zivilisation (...)".[275] „Ihr habt gute Kameradschaft zu halten (...). Russen, Engländer, Franzosen (...), sie fechten alle für die eine Sache, für die Zivilisation", gab der Kaiser – Ironie der Geschichte: später begeisterter Propagandist orientalischer Unabhängigkeit und vehementer Förderer Oppenheims Insurrektionsideen – diesen Tenor wieder.[276] Entsprechend verkehrten die diplomatischen Vertreter dieser ‚wirklichen‘ Zivilisation in der Ferne gesellschaftlich vorrangig untereinander. Werner von Hentig schildert in seinen Lebenserinnerungen, wie Diplomaten eigentlich verfeindeter europäischer Mächte sich selbst noch kurz vor Kriegsausbruch auf „Bier und Eis" aus der „Bomonti-Brauerei" zusammenfanden.[277] Laut Oppenheim sah man „von den Eingeborenen (...) bei den Veranstaltungen der guten, internationalen Gesellschaft im Grunde so gut wie niemanden" und wenn, dann primär in der Rolle des exotischen Gastes.[278] Die deutschen Niederlassungen dienten im Grunde ausschließlich der Wahrnehmung der Interessen der Reichsregierung oder ihrer Angehörigen und nicht etwa der Pflege freundschaftlicher Beziehungen zu orientalischen Nationen. Die persönlichen Beziehungen Oppenheims zu Einheimischen und die Auseinandersetzung mit deren Lebensumständen wurden von europäischen Diplomaten gleichermaßen kritisch bewertet. Auf den britischen Vorwurf, Oppenheim und damit das Deutsche Reich würden im Orient die Bevölkerung aufwiegeln, entgegnete Botschaftsrat Bussche-Haddenhausen, Oppenheims Engagement entspränge „seinem eigenen Betätigungsdrang und seiner persönlichen Eitelkeit. Offizielle Aufträge der kaiserlichen Regierung pflege er überhaupt nicht zu erhalten, da man im Auswärtigen Amte nicht viel vom ihm halte".[279] All seinen nützlichen Informationen zum Trotz war die Wertschätzung Oppenheims im Auswärtigen Amt eindeutig: „Frh. v. Oppenheim ist nicht Mitglied des diplomatischen Dienstes, er gehört auch dem Auswärtigen Amt nur in sehr

---

275 Hobsbawm (2004) (ND), S. 106.
276 Kaiser Wilhelm II. an das Expeditionskorps für China, 2. 07. 1900, zitiert in Johann (1966), S. 87.
277 Hentig (1962), S. 66.
278 Max von Oppenheim in *Meine Tätigkeit im* ..., HBO, NL MvO, Nr. 1/5, S. 71, und vgl. Hentig (1962), S. 66: Hentig pflegte, seinen Lebensschilderungen zufolge, während seiner diplomatischen Tätigkeit in Peking, Konstantinopel und Teheran fast ausschließlich gesellschaftlichen Kontakt zu europäischen Diplomaten und kaum zu Einheimischen. Vgl. dazu die Episode der „westlichen Freundschaft im Balkankrieg" (ebd., S. 66 ff.) oder seine gesellschaftlichen Kontakte in Teheran (S. 71–76).
279 Bussche-Haddenhausen an Below-Schlatau, 7. 05. 1906, zitiert in Kröger (2001), S. 121.

loser Form an."[280] Und das entsprach in doppelter Hinsicht der Wahrheit: Zum einen war Oppenheim tatsächlich kein Diplomat und bekleidete eine eigentümliche Sonderstellung im Amt;[281] zum anderen war die Bedeutung von Oppenheims Denkschriften für die Nahostpolitik und die Möglichkeit, seine Vorstellung zu verwirklichen, anfangs eher gering, auch wenn der britische Generalkonsul am Nil, Lord Cromer, seine Anwesenheit in Ägypten zum Anlass nahm, die deutsche „Politik stets zu einem gewissen Grade mit Misstrauen" zu betrachten.[282] Oppenheims Vorstöße galten als eigenmächtige und persönliche „Nebenaußenpolitik". Wiederholt wurde er von seinen Vorgesetzten zur Zurückhaltung ermahnt. Doch in der hysterischen britischen und französischen Reaktion auf Oppenheims Wirken im Orient erkannte mancher in der politischen Führung des Deutschen Reiches, insbesondere in der Person des Kaisers selbst, den vermeintlichen Wert von dessen unkonventioneller Vorgehensweise.[283]

Zumindest in der grundsätzlichen Ausrichtung entsprachen Oppenheims Vorstellungen ja ganz der offiziellen Linie der deutschen Außenpolitik, und diese sollte seine späteren Theorien überhaupt erst möglich machen. Diese offizielle Linie hatte Reichskanzler Bismarck definiert. Nach den drei Einigungskriegen und der pompösen Reichsgründung 1871 galt es, die restlichen Angehörigen der Pentarchie vom friedlichen Charakter Deutschlands zu überzeugen: Das wilhelminische Deutschland musste sich als Hort der Ruhe bewähren und Aufsehen um jeden Preis vermeiden.[284] Die deutsche Außenpolitik hatte sich dem „Prinzip der Saturiertheit" unterzuordnen.[285] Nicht nur auf den Nahen Osten angewandt, bedeutete dies, den Status quo zu respektieren und keinen kolonialen Besitz anzustreben. Für Bismarck war die Türkei, respektive der Orient, ein eher unbedeutender Faktor und mit den europäischen, in der Pflege der Beziehungen privilegierten, Mächten nicht zu vergleichen.[286] Außereuropäische Gebiete wollte man nur dann in die Politik einbeziehen, wenn „wir unseren Freunden nützlich und unserer Gegnern schädlich sein [können], ohne durch direkte eigene Interessen wesentlich gehemmt zu werden".[287] Am Streit um das Erbe des Osmanischen Reiches wollte er sich erst gar nicht beteiligen. Deutschlands Interesse lag vorrangig im Erhalt des Frie-

---

280 Schoen an Hertling, 9. 12. 1909, zitiert in KRÖGER (2001), S. 121.
281 Vgl. SEIDT (2002), S. 48 f., KRÖGER (2001), S. 114 und 117 ff., und MCKALE (1998), S. 10 f.
282 Wedel an Tschirschky, 17. 05. 1906 – PA-AA R 14561, zitiert in KRÖGER (2001), S. 123 und vgl. S. 117 ff.
283 Vgl. TEICHMANN (2001), S. 28 und S. 33 f.
284 Vgl. HERTZ-EICHENRODE (1992), S. 118.
285 ULLRICH (2007²), S. 83.
286 Vgl. KAMPEN (1968), S. 17.
287 Bismarck zitiert in GALL (1983), S. 512.

dens in Europa und nicht im Orient.[288] Das Deutsche Reich sollte Garant für diesen Frieden sein. Bismarck hoffte, durch offen bekundetes Desinteresse eine Art Vermittlerrolle einnehmen zu können und sich in Europa als „ehrlicher Makler" zu etablieren.[289] In der Tat gelang es Bismarck, 1878 auf dem Berliner Kongress zur Behebung der Orientkrise genau diese Rolle einzunehmen, obgleich ihn eine echte Lösung des Problems nicht interessierte.[290] Trotz aller „vorsichtigen Zurückhaltung" war Bismarck bestrebt, auf außenpolitische Eventualitäten vorbereitet zu sein.[291] Eine wohlgesinnte Haltung gegenüber der Türkei konnte einmal für Deutschland von Nutzen sein. Reserviert und zögerlich, aber trotzdem freundschaftlich reagierte er Anfang der 1880er Jahre auf die Annäherungsversuche des osmanischen Sultans Abdul Hamid II.[292] Das Prestige des Deutschen Reiches war bei den Türken hoch. Der außenpolitischen Leitlinie Bismarcks folgend war es – anders als etwa England, Frankreich, Italien oder Russland – nicht mit dem imperialistischen Versuch in Erscheinung getreten, den Osmanen Land abspenstig zu machen.[293] Auf dem Berliner Kongress hatte Bismarck betont, das Osmanische Reich bei der Konsolidierung seiner Besitztümer zu unterstützen und anders als Frankreich, England und Russland nicht dessen Auflösung voranzutreiben.[294] Dazu war das Kaiserreich nach den erfolgreichen Siegen gegen Frankreich und Österreich-Ungarn ein ungemein attraktiver militärischer Bündnispartner für „den kranken Mann am Bosporus" und seine in desaströsem Zustand befindliche Armee.[295] Zwar ging Bismarck trotz der hartnäckigen Bemühungen des Sultans nicht auf eine öffentliche Allianz zwischen Deutschland und der Türkei ein – er fürchtete wohl negative Auswirkungen auf sein sensibles Bündnissystem –, aber er befürwortete die Entsendung

---

288 Vgl. KAMPEN (1968), S. 17, und MÜLLER (1991), S. 149.
289 Bismarck im Reichstag, 19. 02. 1878, zitiert in ULLRICH (2007²), S. 86.
290 Vgl. GENCER (2006), S. 17–30. Bismarck ging es darum, den Frieden unter den Großmächten zu erhalten. Seine imperialistische Zurückhaltung ging nicht auf eine egalitäre Haltung gegenüber dem Osmanischen Reich zurück: „Die ganze Türkei mit Einrechnung der verschiedenen Stämme ihrer Bewohner ist als politische Institution nicht so viel wert, daß sich die zivilisierten europäischen Staaten um ihretwillen in großen Kriegen gegenseitig zugrunde richten." (Bismarck zitiert in ebd., S. 22). Vgl. ULLRICH, S. 83–88: Bismarck wünschte sich, „das orientalische Geschwür offenzuhalten, dadurch die Einigkeit der anderen Mächte zu vereiteln und unseren eigenen Frieden zu sichern." (Bismarck zitiert in ebd., S. 86) Die nationalen Autonomiebestrebungen der Balkanvölker, die Auslöser der Krise, waren, wie schon 1870 der algerische Unabhängigkeitswunsch, für Bismarck bloß Mittel zum Zweck.
291 KAMPEN (1968), S. 19 und vgl. S. 18 ff.
292 Vgl. WALLACH (1976), S. 35–38.
293 Vgl. MCKALE (1998), S. 4. oder MONROE (1981²), S. 16.
294 Vgl. KAMPEN (1968), S. 18.
295 Vgl. HALE (1994), S. 29 f., und ALKAN (2003), S. 37.

deutscher Beamter und Militärs für die Reorganisation des osmanischen Finanzwesens und Heeres.[296]

Bismarcks Zurückhaltung im Orient fand in Deutschland ebenso wie zuvor seine Ablehnung kolonialer Erwerbungen immer einflussreichere Kritiker. Der zeitweilige Intimus Wilhelms II., Alfred von Waldersee, setzte sich 1882, als der Sultan nach der britischen Besetzung Ägyptens dringend um Verbündete warb, für eine engere Bindung an die Türkei ein.[297] „Sie könnte, wenn die Armee reorganisiert wäre, ein wertvoller Bundesgenosse werden."[298] Vor allem jedoch drängte die Wirtschaft in den Orient.[299] Französisches und britisches Kapital besaß im Osmanischen Reich eine dominante Stellung und Deutschland lief Gefahr, die Erschließung des orientalischen Marktes zu verpassen.[300] Als der osmanische Staat 1888 die Konzession für den Ausbau seines Eisenbahnnetzes vergab, wusste Bismarck, er konnte bei aller Sorge über Differenzen mit anderen europäischen Mächten deutsches Wirtschaftsengagement nicht länger verhindern.[301] Das Bauprojekt der Bagdadbahn, das Konstantinopel über Konya mit Aleppo, Mosul und schließlich Bagdad verbinden und das moderne Gegenstück der altertümlichen Karawanenwege werden sollte, wurde einem Konsortium unter Führung der Deutschen Bank übertragen und prognostizierte einen Orientierungswechsel in der deutschen Nahostpolitik. Im kollektiven Bewusstsein der politischen und wirtschaftlichen Eliten fand der Orient als Betätigungsfeld der deutschen

---

296 Vgl. EARLE (1966), S. 38 f., TESKE (1957) und GOLTZ (1929): Von Bismarck „entsandt" war der Militär Colmar von der Goltz, später vehementer Fürsprecher einer Allianz mit dem Osmanischen Reich. Vgl. HOPKIRK (1996), S. 27: Vor von der Goltz war 1835 bereits der spätere Chef des Generalstabes Helmuth von Moltke an den Hof des Sultans gekommen, um die osmanische Armee nach preußischem Vorbild zu reformieren. Nach seiner Rückkehr argumentierte er in Berlin für eine „friedliche Durchdringung" (ebd., S. 27) und eine militärische wie wirtschaftliche Anbindung.

297 Vgl. RÖHL (2009³), S. 601–603, und dazu GENCER (2006), S. 27 f.: Pikanterweise hatte Bismarck im Vorfeld die Engländer geradezu ermutigt, Ägypten zu besetzen, ebenso wie zeitgleich die Franzosen, sich Tunesiens zu bemächtigen. Seine Politik zielte darauf ab, Frankreich und England über ihre nordafrikanisch-orientalischen Kolonien auseinander zu manövrieren.

298 Alfred v. Waldersee zitiert in KAMPEN (1968), S. 18 und vgl. S. 16–20. Vgl. dazu RÖHL (2009³), S. 604 f.: Waldersee dachte nicht an eine gleichberechtigte Partnerschaft. Er schwadronierte offen von einer Aufteilung des Osmanischen Reiches zwischen Russland, Deutschland und Österreich-Ungarn.

299 Vgl. HOPKIRK (1996), S. 28 f., und GENCER (2006), S. 25 f.: In den 1870er Jahren legte Alfred Krupp mit umfangreichen Rüstungsgeschäften gewissermaßen den Grundstein für die deutsche Wirtschaftstätigkeit im Osmanischen Reich.

300 Vgl. GENCER (2006), S. 28–33. Die angespannte, wirtschaftliche Situation des Osmanischen Reiches zwang es im 19. Jahrhundert, sich um ausländisches Kapital und Investoren zu bemühen. Durch „Gegenleistungen" geriet es in immer stärkere Abhängigkeit vor allem Frankreichs und Englands. Um ein Gegengewicht zu schaffen, bemühten sich die Osmanen fieberhaft, deutsche Unternehmen ins Land zu locken.

301 Vgl. EARLE (1966), S. 40 f.

Der Bau der Bagdadbahn wurde zum Prestigeobjekt des deutschen Wirtschafts-
engagements im Orient. Obgleich sich Wilhelm von Pressel, der „Vater der
Bagdadbahn", durchweg bemühte, das Unternehmen zu internationalisieren,
symbolisierte die Bahn für die Ententemächte den deutschen „Drang nach
Osten". Abbildung eines Eisenbahnviadukts der Bagdadbahn bei Konia auf ei-
ner Aufnahme aus dem Weltkrieg.

Wirtschaft mehr und mehr Akzeptanz. Bedeutende Industrielle, Bankiers
und in besonderem Maße Wilhelm II. hatten sich vehement für den Bahnbau ausgesprochen.[302] Die Antwort Bismarcks auf die Anfrage von Georg
Siemens, dem Direktor der Deutschen Bank, an das Auswärtige Amt, ob
es seitens der Politik Bedenken gegen die Bau- und Betriebskonzessionen
der anatolischen Eisenbahn gebe, zeigt allerdings noch einmal das Wesen
seiner Außenpolitik: Um nicht das Misstrauen anderer europäischer Nationen zu erwecken, beschränkte sich die Unterstützung des Bahnbaus
auf das Rudimentärste. Das riskante Unternehmen hingegen zu beschüt-
zen, wurde ausdrücklich abgelehnt.[303]

Der Grundsatz Bismarcks, in keinen kolonialen Wettstreit zu treten,
hatte im Orient zu einem hohen Ansehen Deutschlands geführt. Wie der
türkische Historiker Mustafa Gencer schreibt, trug „die relative Zurückhaltung gegenüber imperialistischen Bestrebungen (...) dazu bei, dass das

---

302 Vgl. ebd., S. 38–57. Zu Beginn ging es lediglich um die Konzessionsvergabe der
anatolischen Eisenbahn. Erst 1898 wurde die Erweiterung zur Bagdadbahn diskutiert. Vgl.
RÖHL (2008), S. 122–129 zu Wilhelm II. als treibende Kraft des deutschen Bagdadbahnen-
gagements. Vgl. ALKAN (2003), S. 52–67 zum Bahnbau in der deutschen Presse. „Der Bau
macht der deutschen Industrie alle Ehre." (*Frankfurter Zeitung und Handelsblatt*, 6. 06.
1891, Zweites Blatt, zitiert in ebd., S. 54).
303 KAMPEN (1968), S. 20.

Osmanische Reich eine Zusammenarbeit mit Deutschland in vielerlei Hinsicht weniger nachteilig empfand, als mit anderen Großmächten".[304] Der Wunsch nach einer Partnerschaft mit dem Deutschen Reich war vielmehr stark ausgeprägt und bezeichnenderweise ging die Initiative, die wirtschaftlichen und militärischen Beziehungen zu intensivieren, auch vom osmanischen Sultan aus.[305] Eine türkisch-deutsche bzw. orientalisch-deutsche Allianz lag allerdings noch in weiter Ferne. Deutschland musste seine Reserviertheit aufgeben. Auch wenn das Bismarcksche System weiterhin nachwirkte, machte sich mit dem Abgang des „Eisernen Kanzlers" 1890 ein Wandel in der deutschen Nahostpolitik bemerkbar, der den Weg für die spätere Waffenbrüderschaft erst ebnen sollte.

Wilhelm II. und das Fieber für den Orient

Der Wandel hatte einen prominenten Namen: Wilhelm II. Im Oktober 1889 war er erstmals nach Konstantinopel gereist und der romantisch veranlagte junge Kaiser hatte sich den exotischen Eindrücken euphorisch hingegeben.[306] Die Impressionen des Monarchen waren anfangs jedoch ambivalenter Natur. Auf der einen Seite zeigte er sich begeistert von der bunten Pracht des Orients und der absoluten Autorität des osmanischen Alleinherrschers, auf der anderen angewidert vom vorgegaukelten Luxus am Hofe des Sultans.[307] Viele orientalische Gepflogenheiten kamen Wilhelm II. affektiert vor. Doch von derartigen Irritationen ließ sich der Monarch nicht abschrecken. Abdul Hamid II. gegenüber äußerte er die Hoffnung, dass die Osmanen aufgrund seines Besuches „seine Politik von nun an nicht mehr mit Mißtrauen" betrachten würden.[308] Waldersees Werben um eine engere militärische Bindung an das Osmanische Reich hatte seine Wirkung auf den Kaiser nicht verfehlt. Offen liebäugelte Wilhelm II. mit der Möglichkeit eines Militärbündnisses für eine zweite Front gegen Russland, sollte es einmal zum Krieg kommen. Die Aussicht günstiger militärischer Optionen verdrängte die Scheu vor orientalischer Dekadenz und ihren Eigenheiten. Zufrieden stellte Waldersee fest: „Der Kaiser rechnet gern mit der Türkei."[309] „Der Fürst und Graf Herbert sind der Türkei nicht hold gewesen und haben meiner Türkeipolitik – der alten Politik

---

304 GENCER (2006), S. 24.
305 Vgl. sogar HOPKIRK (1996), S. 32.
306 Vgl. KAMPEN (1968), S. 21.
307 Vgl. RÖHL (2001), S. 154. In der Umgebung des Kaisers wurde der Prunk eher negativ aufgenommen und wurden „hygienische Mängel" am Hofe kritisiert. Die Kaiserin war überzeugt, „in ihren Gemächern Wanzen gefunden zu haben". Politisch brachte der erste Besuch keine Ergebnisse.
308 Wilhelm II. zitiert in RÖHL (2001), S. 154.
309 Waldersee zitiert in KAMPEN (1968), S. 21.

Empfang Kaiser Wilhelms II. und Kaiserin Auguste Viktoria durch Sultan Abdul Hamid II. am Dolma-Bagdsche-Palast am 2. November 1889 auf einem Holzschnitt von Schlegel. Der erste Besuch des Kaisers in Konstantinopel war von ambivalenter Natur, markierte aber eine Zäsur in den Beziehungen des Deutschen Reiches mit dem Osmanischen Reich bzw. dem Orient im Allgemeinen.

Friedrichs des Großen – nicht beigepflichtet", kritisierte Wilhelm II. hochtrabend die vorangegangene, zurückhaltende Position Bismarcks.[310]

Aber es waren wohl nicht nur die militärisch-strategischen Vorstellungen Waldersees oder die Pracht Konstantinopels, die die Sympathie des Kaisers für den Orient weckten, sondern mehr noch eine Würdigung seiner Person durch orientalische Potentaten, die ihm in Europa verwehrt blieb. Während Wilhelm II. in Konstantinopel mit kostbaren Geschenken überhäuft und aufwendig hofiert wurde oder beim Besuch des persischen Schahs Naser ad-Din Schah in Berlin im Juni 1889 den Eindruck haben musste, von diesem geradezu wie eine Art großer Bruder bewundert zu werden, fühlte sich der junge Kaiser in Europas Hauptstädten nicht gebührend gewürdigt.[311] Besonders vom britischen Königshaus musste er

---

310 Wilhelm II. zitiert in Kampen (1968), S. 58. Vgl. dazu Röhl (2001), S. 71: Bismarcks Sohn fand denn auch eindeutige Worte zur Kaiserreise: „[I]m Orient [ist] (...) nichts für uns zu holen; der Apparat einer Kaiserreise ist ein zu großer, um ihn nach jenen schäbigen Gegenden zu verplempern." (Herbert Bismarck zitiert in ebd.)

311 Vgl. Röhl (2001), S. 154–155: Zwar war Wilhelm II. über die Gebräuche des persischen Schahs verwundert und bezeichnete ihn als „gelungene[n] Kunde[n]", aber er zeigte sich angetan vom „liebenswürdig[en]" Schah, der ihn während des Besuches zweimal

Naser ad-Din, der Schah von Persien, besucht am 2. Juni 1873 den Zoologischen Garten in Berlin (nach einer Zeichnung von Carl Johann Arnold). Der persische Potentat betonte gegenüber Wilhelm während seiner Staatsbesuche, 1878 und 1889, wiederholt seine Bewunderung Deutschlands und bat um militärische Unterstützung und diplomatische Hilfe gegen Russland und England.

sich Vorhaltungen ob seines Verhaltens gefallen lassen.[312] Wilhelms II. meist gespanntes Verhältnis zu seiner englischen Mutter, das Gefühl von seinen britischen Verwandten nicht ernst genommen zu werden und seine ab Mitte der 1880er Jahre zunehmende Verärgerung über die angelsächsische Außenpolitik hatten in ihm einen tief sitzenden Englandhass erzeugt. Inspiriert von dem 1881 ausgebrochenen Aufstand der sudanesischen Bevölkerung unter dem Religionsführer al-Mahdi und angestachelt von der Kriegsbegeisterung Waldersees, begann er von der Revolutionierung des britischen Kolonialreiches zu träumen. Der spätere Generalstabschef

---

um militärische Hilfe gegen Russland bat und ihm deutlich seine Bewunderung des Sieges über Frankreich zum Ausdruck brachte. (Wilhelm II. zit. in ebd., S. 154). Wilhelm war empört über die unstandesgemäße Behandlung des Schahs in Russland. Vgl. RICHTER (1997), S. 63–75: Um dem Kaiser 1898 „die Reise so angenehm wie möglich zu machen (...), wie es einem ‚guten Freunde' zukomme (...)" (Abdul Hamid II. zit. nach Marschall von Bieberstein in ebd., S. 57), ließ der Sultan Straßen und Plätze in Konstantinopel und Palästina renovieren und seinen eigenen Palast um das Doppelte erweitern. Vgl. GORKA-REIMUS (2005) zu den pompösen und vielen Ehrgeschenken des Sultans für Wilhelm II. während der Reise.

312 Vgl. RÖHL (2001), S. 70–72. Queen Victoria, die Großmutter Wilhelms II., maßregelte ihren Enkel wegen seines vermeintlich „rücksichtslose[n] Benehmen[s]" regelmäßig. (Queen Victoria zit. in ebd. S. 70)

hatte ihn überzeugt, dass ein Aufstand in Indien zum Zusammenbruch des Empires führen würde; der Mahdi-Aufstand sei lediglich als ein erster Schritt zu werten.[313] Infolge dieser Vermengung von Englandhass und Orientfaszination begeisterte sich der Kaiser für islamische Aufstandsbewegungen. In zahlreichen, seit den 1880er Jahren zunehmenden Artikeln in der europäischen Presse, die panisch über die panislamische Bewegung berichteten, erkannte Wilhelm II. sie als potenzielle Waffe gegen das Empire.[314] Dabei wurde der Panislamismus im Auswärtigen Amt zu diesem Zeitpunkt selbst mit Sorge betrachtet. Der Direktor der Kolonialabteilung, Paul Kayser, regte eine von englischen Quellen unabhängige Untersuchung an, um zu prüfen, ob die islamische Bewegung eine Gefahr für die deutschen Kolonien in Afrika bedeutete.[315] Selbst der Islamforscher Becker, der in seinen Schriften später vehement den *Dschihad* und die deutsch-türkische Allianz verteidigte, fragte: „Ist der Islam eine Gefahr für unsere Kolonien?"[316] Unbeeindruckt davon war Wilhelm II. von der Aussicht islamischer Aufstände fasziniert. Im Januar 1896 überraschte er während eines Dinners den russischen Botschafter Osten-Saken mit der Bemerkung, nur ein einziges Wort von ihm genüge, um unter den Muslimen in Indien eine Revolution ausbrechen zu lassen.[317]

Der Kaiser und Oppenheim schienen sich aus Motiven, die nicht unterschiedlicher sein konnten, einig zu sein über das Potenzial des Panislamismus. Kein Wunder, dass Wilhelm II. Gefallen an ihm und seinen Berichten aus Kairo fand. Graf Metternich, Oppenheims Chef in Kairo, hatte den Kaiser auf den Freiherrn aufmerksam gemacht.[318] Die von

---

313 Vgl. Röʜʟ (2001), S. 444–452 zu Wilhelms II. Englandhass und Gedanken zum Mahdi-Aufstand. Vgl. S. 601–616 zur Begeisterung für Aufstandsbewegungen durch Waldersees Wirken. Vgl. Kᴀᴍᴘᴇɴ (1968), S. 361, Nr. 178, zum Einfluss der Frau Waldersees, die angeblich mit dem Kaiser die Idee eines protestantisch-muslimischen Großreiches teilte.

314 Vgl. Lᴀɴᴅᴀᴜ (1992), S. 2 f. zu Artikeln in der britischen Presse. Vgl. Aʟᴋᴀɴ (2003), S. 222–229 zu deutschen Presseveröffentlichungen. Die Arbeiterzeitung *Der Vorwärts* übernahm 1897 die Warnung der Londoner *Daily Mail* vor der neuen islamischen Bewegung. Insbesondere wurde dabei – wie auch in der *Frankfurter* und der *Kölnischen Zeitung* – auf die Bedrohung des britischen Empires verwiesen.

315 Vgl. Kᴀᴍᴘᴇɴ (1968), S. 59.

316 Vgl. Bᴇᴄᴋᴇʀ (1967), S. 156–187 und S. 231–251: Die gleichnamige Studie erschien 1909. Bereits 1904 hatte Becker eine andere Studie zum Panislamismus herausgebracht.

317 Vgl. Kᴀᴍᴘᴇɴ (1968), S. 58. Hintergrund war Wilhelms II. Empörung über die englische Politik in Transvaal gewesen. Vgl. Aʟᴋᴀɴ (2003), S. 218: Bezeichnenderweise zitiert der Kaiser mit der Bemerkung Osten-Saken gegenüber fast wortwörtlich seinen „Freund" Abdul Hamid II. Der hatte in einer Denkschrift zum Panislamismus geschrieben: „Solange die Einheit des Islam bestehen bleibt, wären England, Frankreich, Russland und Holland in meiner Hand. Denn ein Wort des Kalifen reicht, damit der *Dschihad* in den unter ihrer Abhängigkeit stehenden Ländern ausbricht (...)." (Abdul Hamid II. zitiert in ebd.)

318 Vgl. Max von Oppenheim in HBO NL MvO Nr. 1/7, *Meine Beziehung zu seiner Majestät ...*, S. 160 ff. Oppenheim hatte den späteren Kaiser bereits als Student in Straßburg kennengelernt. Metternich machte Wilhelm II. Ende der 1890er Jahre auf die Berichte des Freiherrn aufmerksam. Der ließ sie sich fortan vom AA vorlegen und lud Oppenheim nach

Oppenheim angeregte Parteinahme für die unterdrückten Muslime gab der antienglischen Haltung des Monarchen eine moralische Rechtfertigung. Vielleicht ließ sich der Kaiser von ihm zu seiner aufsehenerregenden Tischrede in Damaskus während seiner zweiten Orientreise 1898 inspirieren.[319] „Möge Seine Majestät der Sultan und mögen die 300 Millionen Mohammedaner, die auf der Erde zerstreut lebend, in ihm ihren Kalifen verehren, dessen versichert sein, daß zu allen Zeiten der deutsche Kaiser ihr Freund sein wird."[320] Die Rede war sicherlich in nicht unerheblichem Maße Wilhelms II. Begeisterung über den euphorischen Empfang geschuldet, der ihm in der syrischen Stadt – wie überall im Orient – zuteil geworden war.[321] Er wertete ihn als „Dankesausdruck der moslemischen Welt (...) an das Deutsche Reich für dessen Loyalität und Freundschaft dem Sultan gegenüber".[322] Hautnah konnte er den Wahrheitsgehalt der Berichte Oppenheims über die auffällige Deutschlandfreundlichkeit des Orients spüren. Wilhelms II., anfangs primär auf seinem Englandhass basierende Euphorie für panislamische Bewegungen erfuhr eine Wendung. Er fühlte sich fortan als Schutzpatron der gegängelten Muslime und bedankte sich für den orientalischen Enthusiasmus mit seinem typischen „Hang (...) zum Pompösen"[323]: Am Grab Saladins, des laut Wilhelm II. „ritterlichsten Herrscher[s] aller Zeiten", ließ er demonstrativ einen Kranz niederlegen und später auf hohenzollerische Kosten ein repräsentatives Grabmal für ihn errichten.[324] Insgeheim stilisierte er sich damit zu dessen Seelenverwandtem und wurde durch die Geste im muslimischen

---

dessen Rückkehr aus Ägypten wiederholt zu Gesprächen „nach dem Marmorpalais in Potsdam". (S. 162) Zwischen den beiden entwickelte sich dem Freiherrn zufolge eine freundschaftliche Beziehung, die im Exil in Doorn fortbestand.

319 Vgl. FISCHER (1977) (ND), S. 109 f., und KAMPEN (1968), S. 61: Fischer und Kampen widersprechen sich in ihren Meinungen, der Kaiser habe diese Schrift gelesen bzw. nicht gelesen. Vgl. Max von Oppenheim in HBO NL MvO Nr. 1/7, *Meine Beziehung zu seiner Majestät ...*, S. 160 ff.: Oppenheims Lebenserinnerungen sprechen dafür, dass sein Bericht vom Juli 1898, über den strategischen Wert des Islam mit seinen 260 Millionen Glaubensanhängern, Inspiration für Wilhelms II. spontane Rede war.

320 Wilhelms II. Tischrede in Damaskus (8. 11. 1898), zitiert in JOHANN (1966), S. 81.

321 Vgl. HOPKIRK (1996), S. 40, und RÖHL (2001), S. 1059: Den Einzug bezeichnete Wilhelm II. als „das Überwältigendste was ich je an Enthusiasmus erlebt (...)" (Wilhelm II. zit. in ebd). Vgl. RICHTER (1997), S. 86–92: Ein Angehöriger der *ulema*, Scheich Ali Efendi Guzberi, hielt zur Eröffnung des Festbankettes zu Ehren Wilhelms II. eine Begrüßungsrede: Der deutsche Kaiser habe sich nicht nur die Liebe der Osmanen und des Sultans erworben, sondern sämtlicher 300 Millionen Muslime auf der ganzen Welt. Damit lieferte er dem Kaiser den Anlass für seine Rede.

322 Wilhelm II. zitiert in RÖHL (2001), S. 1059. Vgl. KAMPEN (1968), S. 21 f., und McKALE (1998), S. 7 f.: Durch das Vorgehen gegen die armenischen Minderheiten im Osmanischen Reich war Abdul Hamid II. in Europa geächtet, kein anderer Regierungsführer wollte ihm in dieser Zeit seine Aufwartung machen. Wie zu erwarten wurde Kaiser Wilhelms II. Reise im Orient daher positiv aufgenommen.

323 RICHTER (1997), S. 3.

324 Wilhelm II. zitiert in RÖHL (2001), S. 1059, und vgl. RICHTER (1997), S. 88 f.

Bewusstsein, wie beabsichtigt, ähnlich Saladin zum Archetypen einer antiimperialistischen Heldenfigur.[325] Oppenheim zeigte sich beglückt und lobte das „grosse Wort [Wilhelms II.] (...), dass er der Freund der (...) auf dieser Welt lebenden Muhammedaner sei".[326] Türkische und arabische Zeitungen berichteten schwärmerisch von dem Ereignis.[327] Einige gingen in ihrer Begeisterung so weit, das Gerücht in die Welt zu setzen, Wilhelm II. sei – seiner Faszination für den Glauben folgend – zum Islam konvertiert. Er stünde in verwandtschaftlicher Beziehung zum Sultan und dem Propheten und sei gekommen, um die Völker des Islam von ihren französischen und englischen Zwangsherren zu befreien.[328] Auf Deutschland ruhte nun bei vielen Muslimen die Hoffnung, sie von der Fremddokkupation zu befreien: „Möge Allah dem König Wilhelm den Sieg verleihen! (...) Möge Allah die Armee der Moskowiter im Stiche lassen! (...) Möge Allah die französischen Heere unterwerfen! (...) Befreie dein Reich vom Geschlechte der Engländer", hieß es später kongruent in einem arabischen Gesang.[329] Dass die Reise derart positive Reaktionen im Orient erzeugte, überrascht nicht, wurde sie dort doch als das wahrgenommen, was sie vorrangig war: eine noble Geste. Bei allem propagandistischen Kalkül und unabhängig von seinen antienglischen Motiven zeigte Wilhelm II., dass er gegenüber dem Islam und seinen Anhängern toleranter und großmütiger eingestellt war als so mancher seiner Untertanen und vor allem als die übrigen Repräsentanten der im Orient engagierten Mächte.[330] Abdul Hamid II. begrüßte die neue deutsche Begeisterung für sein Land:

---

325 Vgl. ENDE (1984), S. 70–94. Diese Einschätzung Wilhelms II. ist im Orient bis heute weit verbreitet. Aufgrund seines Erfolges gegen die Kreuzritter gilt Saladin als größter Held der muslimischen Welt. Wilhelms II. bekundete Gegnerschaft zu den imperialistischen Mächten England, Frankreich und Russland und die propagierte Freundschaft mit den Muslimen rückte ihn für die orientalische Bevölkerung in geistige Nähe der islamischen Herrscherfigur.

326 Max von Oppenheim in HBO NL MvO Nr. 1/7, *Meine Beziehung zu seiner Majestät ...*, S. 161

327 Vgl. RICHTER (1997), S. 86–92, und ALKAN (2003), S. 191–205. Die deutsche Presse beurteilte Wilhelms II. euphorische Begeisterung für den Orient dagegen „mit sehr gemischten Gefühlen". (*Preußische Jahrbücher*, Berlin 1898, Bd. 94 zitiert in ebd., S. 195). Auf der einen Seite wurden die wirtschaftlichen Möglichkeiten, die aus der engen Partnerschaft erwuchsen, begrüßt, auf der anderen vor einer Verstimmung der übrigen europäischen Mächte gewarnt. Linke Blätter, wie *Der Vorwärts* und speziell der *Simplicissimus*, wiesen belustigt auf Widersprüche im Handeln Wilhelms II. hin: einerseits sein Auftreten als christlicher Pilger im Heiligen Land, andererseits als Fürsprecher des Islam. Die internationale Presse verurteilte die Damaskusrede und Orientreise Wilhelms II. überwiegend. Die latente Parteinahme für den Panislamismus habe „alle christlichen Völker und die christliche Zivilisation in eine extreme Gefahr versetzt" (der französische Journalist Etienne Lamy, zitiert in RICHTER [1997], S. 90).

328 Vgl. McKALE (1998), S. 10, und MÜLLER (1991), S. 162–171.

329 Arabisches Lied zitiert in MÜLLER (1991), S. 170.

330 Vgl. KAMPEN (1968), S. 134–149 insgesamt zur Damaskusrede.

Wilhelm II. hält am 7. November 1898 Einzug in Damaskus. Gemälde von Hermann Knackfuß. Die Stadtbevölkerung bereitete ihm einen derart begeisterten Empfang, dass sich der euphorisierte Kaiser noch am selben Abend im Rahmen einer Tischrede zum Schutzpatron aller Muslime erklärte.

„Gott sei Dank, dass wir uns mit den Deutschen befreundeten."[331] „Es hat keinen Sinn, meine Freundschaft mit dem deutschen Kaiser zu schwächen, denn die Deutschen nützen mir so sehr, wie ich es zulasse, während das übrige Europa mir schadet, wie es nur kann."[332]

Wilhelms II. Reise hatte Konsequenzen: Die öffentliche Wiedergabe der Überlegungen Oppenheims durch den Kaiser, noch dazu während eines offiziellen Staatsbesuches, hatten dessen Theorien auf gewisse Weise geadelt. Zumindest nahm sie der deutschen Außenpolitik die Scheu, sich stärker im Orient zu engagieren. Oppenheim hatte von höchster Stelle Rückendeckung erfahren, nachdem er bisher keine einfache Position im Auswärtigen Amt gehabt hatte.[333] Nach Wilhelms II. zweiter Orientreise

---

331   Abdul Hamid II. zitiert in ALKAN (2003), S. 33.
332   Abdul Hamid II. zitiert nach Armin Vambery in HASLIP (1968), S. 242.
333   Vgl. CLARK (2008), S. 200 ff. Es ist mehr als wahrscheinlich, dass Wilhelms II. Protektion Oppenheims Stellung im AA erheblich verbesserte, bedenkt man des Kaisers Einfluss auf das Amt.

„wurde (...) [er] im Jahre 1900 vom Kaiser zum Legationsrat ernannt".[334] Der ließ sich nun persönlich berichten und markierte Passagen und Bemerkungen Oppenheims, die ihm gefielen.[335] Zu seiner Studie bezüglich des Baus der Bagdadbahn notierte der Kaiser „sehr gut geschrieben" und schlug eine entsprechende Unterrichtung der zuständigen Botschaften vor.[336] Die plötzliche Euphorie des Kaisers für den Nahen Osten leitete ein wahres „Türkenfieber" ein.[337] Reichskanzler Caprivi nannte die deutschen Kolonien in Afrika einmal im Reichstag „Kinder des Gefühls und der Phantasie".[338] Tatsächlich hätte er mit dieser Aussage gerade die Begeisterung für den Orient nicht besser beschreiben können. Zahlreiche Publikationen, belletristischer Art wie die Romane Karl Mays oder Reiseberichte wie Paul Wilhelm Kepplers populäre, 1894 erstmals erschienene *Wanderfahrten und Wallfahrten im Orient* und Paul Wienands *Orientalische Reisebilder*, wissenschaftliche Auseinandersetzungen mit dem Islam, eine Flut an Zeitungsartikeln, dazu eine zunehmende archäologische Tätigkeit sowie diverse Vereinsgründungen, die vom anwachsenden „orientalischen Interesse" zeugten, waren die Symptome dieses Fiebers, das den Orient „mit dem romantischen Schimmer einer einst märchenhaft blühenden Kultur umwoben" wiedergab.[339] Wie Joachim Radkau darstellt, symbolisierte der Orient wie keine andere Weltgegend die aus Reiselust und Nervosität erwachsene Sehnsucht in Deutschland nach individueller Selbstfindung und paradiesischen Urzuständen.[340] Nicht selten trug das Ganze eine erotische Komponente: „Der Orient war geradezu eine Chiffre für sexuelle Träume."[341] Der wilhelminische Biedermeier schaute fasziniert auf die morgenländische Haremskultur. Oft vermengten sich derartige Fantasien mit epochetypischen, imperialistischen Überlegungen, die vom Siedlungsraum in Mesopotamien und

---

334 Max von Oppenheim in HBO NL MvO Nr. 1/7, *Meine Beziehung zu seiner Majestät ...*, S. 161. Vgl. Kröger (2001), S. 117: Oppenheims Chef, Metterich, hatte sich für eine feste Stelle eingesetzt.

335 Vgl. Landau (1992), S. 97 f., und Max von Oppenheim in HBO, NL MvO, Nr. 1/7 *Meine Beziehung zu seiner Majestät ...*, S. 161: Stolz berichtet Oppenheim, wie sich der Kaiser „für einzelne meiner Berichte ernsthaft interessiert[e] (...) und sie mit dicken, zusagenden Bleistiftstrichen [versah]".

336 Wilhelm II. zitiert in Kröger (2001), S. 117.

337 Schwanitz (2003), S. 10.

338 Caprivi zitiert in Kampen (1968), S. 84.

339 Kampen (1968), S. 86 und vgl. S. 81 ff., und Schöllgen (1981), S. 130–145, zur Begeisterung für den Orient. Vgl. Teichmann (2001), S. 46: Oppenheim und Karl May waren gute Bekannte. Vgl. Hauser (2004), S. 155–180 zur archäologischen Tätigkeit. Vgl. Alkan (2003), S. 44–78 zur lebhaften Auseinandersetzung mit dem Engagement im Orient in der deutschen Presse; Keppler (1894); Wienand (1907).

340 Vgl. Radkau (2002), „Platz an der Sonne" und „Zukunft liegt auf dem Wasser": die Vernetzung von Nervenlehre und Weltpolitik; „Nervosität" als politischer Bumerang, S. 407–421.

341 Ebd., S. 407.

von antiken Kornkammern schwärmten.[342] Der einflussreiche *Alldeutsche Verband* veröffentliche 1896 unter der Regie Alfred Hugenbergs ein Pamphlet, das deutsche Gebietsansprüche im osmanischen Herrschaftsbereich anmeldete und eine deutsche Kolonisation des Nahen Ostens forderte.[343] Auch wenn die Reichsregierung der Bismarckschen Leitlinie gemäß immer wieder versicherte, sie verfolge in der Türkei und im Orient ausschließlich wirtschaftliche Ziele, machte sich ein alldeutscher Einfluss auf die politischen Eliten des Kaiserreichs bemerkbar.[344] Inoffiziell machte Reichskanzler von Bülow kein Geheimnis daraus, dass es ihm mit dem neuen deutschen Engagement im Orient auch um politisches Einwirken ging. Den während der zweiten Orientreise vereinbarten Bau der Bagdadbahn bezeichnete er entsprechend als „Erschließung des Landes für die deutschen Gesamtinteressen".[345] Auch der launische Kaiser verirrte sich trotz seiner bekundeten Freundschaft mit dem osmanischen Sultan immer wieder in Kolonialfantasien. Bei einem Treffen mit dem britischen Imperialisten Cecil Rhodes im März 1899 antwortete Wilhelm II. auf die Frage, „warum er nicht versuchen würde, Mesopotamien als Kolonialgebiet zu bekommen", „dies schon seit Jahren vorgehabt [zu haben.]"[346] Der amerikanische Journalist William Hale attestierte 1908 dem Monarchen demgemäß Heuchelei und berichtete von seiner Wahrnehmung, der Kaiser wolle, den Taten der Kreuzfahrer nacheifernd, den Orient für Deutschland sichern.[347] Oppenheim hatte hingegen einen anderen Eindruck gewonnen. Seinen Lebenserinnerungen zufolge widersetzte sich Wilhelm II. „Eroberungsgelüsten im nahen Osten [und suchte] im islamischen Gebiet lediglich Handelsbeziehungen und kulturelle Interessen [zu befriedigen]".[348] Der Freiherr warnte vor Kolonialbestrebungen im Orient. Er berichtet von einem seiner Reporte an das Auswärtige Amt, der vermutlich auch Wilhelm II. vorgelegt wurde und den er aus Anlass des „deutschen Kolonialkongress[es] vom Jahre 1905 [verfasst hatte], auf welchem mit Nachdruck für eine Kolonialisierung innerhalb der asiatischen Türkei eingetreten wurde. Ich [Oppenheim] habe vor dieser Ab-

---

342 Vgl. SCHÖLLGEN (1981) S. 139 ff.: z. B. das vielbeachtete Buch *Kleinasien* von Karl Kaerger oder die Schriften von Carl Rodbertus und Aloys Sprenger. Vgl. ALKAN (2003), S. 78 ff. Autoren wie Helmuth von Moltke, Friedrich List, Friedrich Schulz, Theodor Rohmer, Ludwig Roß oder Lothar Bucher sprachen sich ebenfalls für eine Kolonisierung der Türkei aus.
343 HENDERSON (1993), S. 97–99.
344 Vgl. RÖHL (2008), S. 125.
345 Bülow zitiert in RÖHL (2008), S. 125.
346 Cecil Rhodes und Wilhelm II. zitiert in RÖHL (2008), S. 125. Vgl. dazu SCHÖLLGEN (1981).
347 Vgl. RÖHL (2008), S. 666 ff. zum berühmten, „umstrittenen" Hale-Interview.
348 Max von Oppenheim in HBO NL MvO, Nr. 1/7, *Meine Beziehung zu seiner Majestät ...*, S. 161.

sicht, wie ich mit Genugtuung sagen darf, mit Erfolg gewarnt. Deutschland hatte in der Türkei eine ganz hervorragend gute Stellung und konnte diese auf komerziellem [sic] und kulturellem Gebiete ausnutzen."[349]

Oppenheims Schilderung der in letzter Konsequenz ablehnenden Haltung Wilhelms II. gegenüber deutschen Kolonialisierungsaspirationen im Orient entsprach – trotz aller, dem impulsiven Charakters des Monarchen geschuldeter, imperialistischer Ausfälle, die im Widerspruch dazu stehen, – sicherlich der Wahrheit. Auf der deutsch-österreichischen Kriegszielkonferenz in Bad Kreuznach im Mai 1917 erklärte der Kaiser unmissverständlich, Cypern, Ägypten und Mesopotamien dem türkischen Bundesgenossen überlassen und eben nicht für Deutschland requirieren zu wollen.[350] Zwar berichtet Fischer von intensiven Überlegungen der Reichsleitung während des Krieges zur „wirtschaftliche[n] Ausnutzung der Türkei" und verweist als Beleg für einen deutschen Machtanspruch über den Orient auf eine von ihr in Auftrag gegebene Auflistung wirtschaftlicher Zielsetzungen im Osmanischen Reich.[351] Allerdings beweisen seine Ausführungen mitnichten, dass Deutschland die Türkei und den Orient lediglich als Objekte seiner Kriegspolitik betrachtete und insgeheim deren Kontrolle in Form direkter oder indirekter Herrschaft anstrebte. Im Gegenteil: Deutschland bemühte sich, „das Osmanische Reich zu restituieren, um als ‚großer' und ‚starker' Staat zu bestehen".[352] Natürlich machte man sich während des Krieges in der Reichsleitung Gedanken über eine Fixierung der wirtschaftlichen Beziehung mit der Türkei und dem Orient, schließlich waren die Investitionen deutscher Banken und die Kredite, die das Reich dem türkischen Großschuldner gewährt hatte, von erheblichem Umfang.[353] Die Deutschen trugen die türkischen Kriegskosten. Die kostspieligen Materialschlachten im Hinterkopf suchte man nach Garantien zur Tilgung der Schulden. Das bedeutete jedoch nicht, das Osmanische Reich oder eine andere orientalische Nation über die Finanzwirtschaft in politische Zwangsabhängigkeit zu manövrieren und – wie Fischer suggeriert –, entsprechend den Kriegszielplänen Belgien, Polen oder die baltischen Staaten betreffend, in Satelliten Deutschlands zu verwandeln.

---

349 Max von Oppenheim in HBO NL MvO, Nr. 1/7, *Zu den Themen seiner Berichterstattung*, s. p.: „Insbesondere bestand die Absicht einer deutschen Kolonisation Mesopotamiens."

350 Vgl. Fischer (1977) (ND), S. 295.

351 AA, Türkei 197, Bd. 6, *Niederschrift über die … Besprechung wegen wirtschaftlicher Ausnutzung der Türkei im Frieden* zitiert in Fischer (1977) (ND), S. 515, und vgl. ebd. S. 513–516, z. B. die Gewinnung der Erdölvorkommen in Mesopotamien, der Steinkohlevorkommen in Herakleia (Ereğli) oder die Kupfergruben von Arghana Maden (Ergani Maden).

352 Fischer (1977) (ND), S. 516.

353 Vgl. Gencer, S. 98–120 zum intensiven wirtschaftlichen und finanziellen Engagement Deutschlands im Osmanischen Reich. Vgl. Fischer (1977) (ND), S. 513: Allein 1917 waren drei Milliarden Reichsmark an Krediten aufgenommen worden.

Das beweist allein der 1917 Russland von Deutschland diktierte Frieden von Brest-Litowsk. Während der Verhandlungen mit den Bolschewisten berücksichtigte das Kaiserreich die Interessen der Osmanen nicht weniger als die des ihm vermeintlich näher stehenden Österreich-Ungarns.[354] Explizit bestand das Deutsche Reich im Vertragstext auf der Anerkennung der politischen wie wirtschaftlichen Unabhängigkeit und territorialen Unversehrtheit Persiens und Afghanistans.[355] Anders als vergleichsweise England in Versailles 1919 seine vorangegangene Zusicherung arabischer Unabhängigkeit als reine Makulatur entlarvte, hielt sich Deutschland in Brest-Litowsk streng an die zuvor von Oppenheim in der Revolutionierungsschrift formulierten und im Krieg propagierten Versprechen den orientalischen Nationen gegenüber – und das, obgleich Persien und Afghanistan nicht einmal auf Seiten der Mittelmächte in den Krieg eingetreten waren. „Ausnutzung" implizierte nicht zwangsläufig „Ausbeutung", sondern brachte zum Ausdruck, von Chancen profitieren zu wollen. Welche Partnerschaft die Protagonisten der deutsche Orientpolitik letzten Endes wohl mit der Türkei und anderen orientalischen Nationen anstrebten, verdeutlicht eine Aussage des deutschen Botschafters in Istanbul, Baron von Wangenheim: „Wir müssen fortfahren, nur solche Projekte anzuregen und zu unterstützen, bei denen selbstredend unser Kapital in Form steigender Dividenden Geld verdienen will, aber in ernster Arbeit durch Hebung des Wohlstandes des Landes und seiner Bewohner (...)."[356]

Liberale Imperialisten, orientfreundliche Publizisten und das Streben nach Selbstbestimmung

Eine gegenüber kolonialen Bestrebungen im Orient ablehnende Haltung, die für eine eher un-imperialistische, primär auf wirtschaftlicher Zusammenarbeit basierende Partnerschaft mit den orientalischen Nationen warb, war im Deutschen Reich seit dem Ausbruch des „Türkenfiebers" alles andere als ungewöhnlich. Die Mehrzahl deutscher Presseveröffentlichungen zum Orient befürwortete das neue Engagement im Nahen Osten. Der dabei, vor allem in den *Alldeutschen Blättern* oder der *Konservativen Monatsschrift*, propagierte Gedanke der Kolonisation fand dabei jedoch nur geringe, vor allem aber keine offiziöse Beachtung. Wer ernsthaft von deutscher Ansiedlung in Anatolien sprach, verstand darunter nicht deut-

---

354 Vgl. Ribhegge (1988), S. 208–274, und vgl. Fischer (1977) (ND), S. 490–495: Obgleich er zu einer anderen Schlussfolgerung gelangt, berichtet er vom auffälligen Entgegenkommen der Deutschen den osmanischen Kriegszielen gegenüber.

355 Vgl. Artikel VII. des Friedensvertrages von Brest-Litowsk, 3. 03. 1918, in Conze (1971), S. 658.

356 Wangenheim an Reichskanzler von Hohenlohe, 5. 03. 1898, zitiert in Gencer (2006), S. 50.

sche Bauern, sondern deutsches Kapital.[357] Hochachtung und Sympathie für die Deutschen präge die Partnerschaft mit den Osmanen, schrieb die *Kölnische Zeitung* und verwies darauf, „diese günstige Lage [müsse man] sich zunutze machen (...). Das Reich sucht hier keinen Landerwerb; (...). Es verfolgt hier nur wirtschaftliche Zwecke, die auch der Türkei zustatten kommen (...)."[358] Die von der *Kölnischen Zeitung* verbreitete Meinung entsprach der Vorstellung „liberaler Imperialisten", die eben keine militärische und politische Beherrschung des orientalischen Raumes anstrebten, sondern deren Interesse sich auf die kommerzielle und industriell-kapitalistische Expansion in den Vorderen Orient beschränkte.[359] Als politische Vertreter der Wirtschaft sprachen sie sich für eine betont türkenfreundliche Politik aus und ihre Argumentation entbehrte in auffallender Weise des militanten Anstriches zeitgenössischer imperialistischer Forderungen. Friedrich Naumann und Hans Delbrück, die „meinungsbildenden Publizisten des Bürgertums", machten deutlich, dass die deutsche Expansion nur auf Grundlage eines souveränen Orients zu bewerkstelligen sei: „In Indien herrschen die Engländer, und nach einer Herrschaft in der heutigen Türkei wird Deutschland schwerlich jemals streben."[360]

Warum sollte man auch? Deutsche Waren verkauften sich problemlos ohne politischen Druck, geschweige denn, dass die Notwendigkeit einer kolonialen Eroberung zur Sicherung von Märkten bestand. Produkte aus Deutschland waren wegen ihrer hohen Qualität und hervorragenden Verarbeitung meist begehrter als die der europäischen Konkurrenz und deutsche Unternehmen erlangten im frühen 20. Jahrhundert in zahlreichen Bereichen Marktführerschaft.[361] Hinzu kam, dass die dank Wilhelms II. und Abdul Hamids II. proklamierter Freundschaft privilegierte Stellung des Deutschen Reiches im Orient annexionistische Überlegungen im Grunde überflüssig machte. Die zeitweilige Begeisterung für Kolonien erfuhr in der letzten Dekade des 19. Jahrhunderts in Deutschland ohnehin eine desillusionierende Ernüchterung. Schon zu Beginn der 1890er Jahre stellte der Reichstagsabgeordnete Ludwig Bamberger fest: „Niemand (...) [wollte] mehr ein Kolonialenthusiast (...) sein (...)."[362] Die Kolonien hatten sich aufgrund ihrer kostspieligen Verwaltung als „nationales Verlust-

---

357 Vgl. ALKAN (2003), S. 285 f.
358 *Kölnische Zeitung*, 8. 11. 1898, Nr. 1052, Abend-Ausgabe, zitiert in ALKAN (2003), S. 191.
359 Vgl. SCHÖLLGEN (1981), S. 132, und KAMPEN (1968), S. 222.
360 Delbrück zitiert in KAMPEN (1968), S. 152, und vgl. S. 150–164 zu Naumann und Delbrück.
361 Vgl. SCHRÖTER, S. 375–380, und PARSONS, S. 21 f.: Neben den Vereinigten Staaten nahm Deutschland um die Jahrhundertwende die führende Rolle im Bereich der chemischen Industrie, der Herstellung elektronischer Güter und der Stahlproduktion ein.
362 Ludwig Bamberger im Reichstag, 4. 02. 1891, zitiert in GRÜNDER (2004[5]), S. 237.

geschäft" herausgestellt.[363] Siedlungskolonien für voreilig prognostizierte Massenauswanderungswellen waren wegen fehlender Menschenmassen obsolet geworden. Nur im europäischen Osten und in Belgien blieb der deutsche Annexionskomplex dank der Agitation der Obersten Heeresleitung (OHL) und alldeutscher Fantasien später in den Kriegszielplänen ungeklärt.[364] Der Handel benötigte keine Kolonien. Selbst die Alldeutschen registrierten, dass „(...) der türkische Kaufmann den deutschen gegenwärtig vor allen anderen Nationen als seinen Freund betrachte" und eine Kolonisierung des Orients für die deutsche Wirtschaft eher kontraproduktiv war.[365] Der Handel in und aus dem Orient hatte seit 1880 auch so kontinuierlich zugenommen. Allein zwischen 1908 und 1911 erhöhte sich der Export aus Deutschland in die Türkei um drei Viertel, nach Ägypten um über ein Drittel und nach Persien sogar um 83 Prozent.[366] Während sich die britische Politik zur gleichen Zeit wegen der mangelnden Konkurrenzfähigkeit der eigenen Produkte gezwungen fühlte, im Umgang mit ihren europäischen Konkurrenten und außereuropäischen Märkten eine „härtere Gangart" einzuschlagen, um das wirtschaftliche Überleben zu sichern, florierte die deutsche Wirtschaft im Orient besonders aufgrund fehlenden „imperialistischen Drucks".[367] Englische Medien betrachteten die deutsche Wirtschaftspolitik im Orient anfangs als Spiegel der eigenen liberalen Handelspolitik und nicht als Indiz für Machtansprüche in der Region.[368] Imperialistisches Gebaren wurde dem Deutschen Reich immer nur dann unterstellt, wenn die deutsche Wirt-

---

363 GRÜNDER (2004[5]), S. 237. Vgl. S. 235–247.
364 Vgl. RIBHEGGE, S. 201–295.
365 *Die Handelsbeziehungen Deutschlands zum Orient*, In: *Alldeutsche Blätter*, Berlin 1899, Jg. 9, zitiert in ALKAN (2003), S. 49. Im Text findet sich lediglich die Forderung nach Einrichtung von Handelskammern und deutschen Banken in der Türkei zur Verbesserung der wirtschaftlichen Tätigkeit, nicht aber nach „Kanonenbooten" zur Sicherung des orientalischen Raumes für die deutsche Wirtschaft. Vgl. *Alldeutsche Blätter*, Berlin 1898, Jg. 8, zitiert in ebd., S. 54: Selbst die Alldeutschen erkannten, dass vor allem eine Stärkung der Türkei „Kleinasien (...) wirtschaftlich hoch (...) bringen" würde.
366 Vgl. HENDERSON (1993), S. 152, *Table 5 – German Trade with the Middle East, 1908–1913.* Die Importe wuchsen demgemäß um fast 50 % aus der Türkei, 69 % aus Ägypten und 455 % (!) aus Persien. Vgl. KAMPEN (1968), S. 23 f.: Laut Kampen führte Deutschland 1880 Handelsgut im Wert von 6,7 Millionen Reichsmark, 1888 bereits doppelt so viel, 1905 im Wert von 71 Millionen und 1912 schließlich im Wert von 113,2 Millionen Reichsmark in die Türkei aus.
367 Vgl. HOBSBAWM (2004) (ND), S. 99, und PARSONS (1999), S. 22: Das im letzten Viertel des 19. Jahrhunderts fortschreitend aggressiver werdende imperialistische Agieren Englands basierte auf einer zunehmenden Verunsicherung über die wirtschaftliche Zukunft des Landes aufgrund der wachsenden Dominanz deutscher (und amerikanischer) Produkte auf dem Weltmarkt und der mangelnden Konkurrenzfähigkeit britischer. So manifestierte sich selbst unter liberalen Freihandelsvertretern die Überzeugung, Absatz- und Bezugsmärkte notfalls militärisch zu sichern.
368 Vgl. *Frankfurter Zeitung und Handelsblatt*, 28. 11. 1899, Nr. 330, Abendblatt, Bericht über einen Artikel der *Times*, zitiert in ALKAN (2003), S. 64.

Mutterland Germania – Karikatur aus dem Simplicissimus *von Thomas Theodor Heine aus dem Jahre 1904. Die Kolonien waren wirtschaftlich gesehen ein Verlustgeschäft: „Niemand wollte mehr ein Kolonialenthusiast sein."*

schaft Aufträge erhielt, die britische Unternehmer gern für sich verbucht hätten. In den meisten Fällen wurde der deutsche Einfluss in Konstantinopel maßlos übertrieben, ging doch der Impetus für die wirtschaftliche Zusammenarbeit mit den Deutschen weiterhin von den Türken aus.[369] Abdul Hamid II. war der Meinung, dass für Deutschland, anders als für England, Frankreich oder Russland, nur die wirtschaftliche und finanzielle Seite wichtig war. Die Konzession für die Bagdadbahn ging dem Sultan zufolge deswegen an deutsche Unternehmen, weil „Deutschland (...) der

---

369 Vgl. ALKAN (2003), S. 67 f.: Der britische Politiker und Unternehmer Sir Bartlett behauptete, als die Konzession für die elektrische Beleuchtung türkischer Städte entgegen seinen Erwartungen nicht an ihn, sondern ein deutsches Unternehmen ging, dies sei geschehen, weil die türkischen Minister „den deutscher Botschafter fürchteten" und „[d]ie Deutschen (...) einfach die ganze Türkei verschlucken". (Sir Bartlett zitiert in ebd., S. 68); vgl. S. 30–39.

einzige Staat [ist], dem wir mit [dem] Bau unserer Eisenbahnen vertrauensvoll betreuen können".[370] Oppenheim warnte davor, dieses Vertrauen zu enttäuschen. 1904 veröffentlichte er seine Studie *Zur Entwicklung des Bagdadbahngebietes und insbesondere Syriens und Mesopotamiens unter Nutzanwendung amerikanischer Erfahrungen,* in der er das Beispiel Amerikas zum Vorbild der infrastrukturellen Erschließung des Orients machte. Nicht Kolonisation oder Abhängigkeit von Deutschland, sondern die Anwendung der liberalen Erfahrungen aus den USA „in analoger Weise (...) [sollte] die Entwicklung des Bagdadbahngebietes nutzbringend [machen]".[371] Oppenheim erklärte ein politisch wie ökonomisch unabhängiges Osmanisches Reich zur Grundvoraussetzung einer für Deutschland wirtschaftlich profitablen Partnerschaft und trat damit insgeheim für „amerikanische Verhältnisse" im Orient ein. Die individuellen Freiheitsrechte der Amerikaner hatten für ihn einen wesentlichen Anteil an der Wirtschaftskraft der aufstrebenden Weltmacht, und der Verdacht ist nicht von der Hand zu weisen, dass in seinem Vergleichspapier der Wunsch steckte, die wirtschaftliche Erschließung des Orients zur Initialzündung für die Entstehung einer gleichberechtigten Gesellschaft zu machen.[372] Für Gabriele Teichmann, die Leiterin des Hausarchivs des Bankhauses Sal. Oppenheim jr. & Cie., jedenfalls ist die Bagdadbahnstudie des Freiherrn ein eindeutiger Beweis seiner „un-imperialistischen" Haltung.[373] Wilhelm II. fand Gefallen an der Schrift und veranlasste ihre Weiterleitung an alle deutschen Niederlassungen im Orient.[374] Sofern die Deutschen Oppenheims Rat befolgten und die in sie gesetzten Erwartungen nicht enttäuschten, brauchten sie sich keine Sorge über eine Schwächung ihrer privilegierten Stellung zu machen. Insbesondere aber mussten sie das Osmanische Reich vor der imperialistischen Einflussnahme der übrigen europäischen Mächte schützen, um die Früchte, die aus der speziellen Beziehung der beiden Länder erwuchsen, auch ernten zu können. Der Politiker und Historiker Hans Delbrück betonte entsprechend, dass die deutsche Außenpolitik die Souveränität des Sultans und des Osmanischen Reiches stärken und sichern sollte. Freundschaft und gegenseitiger Respekt würden dafür sorgen, dass „der Orient wirtschaftlich und kulturell seinen Anschluß vornehmlich an Deutschland suchen werde".[375] Dieselbe Meinung propagierte Paul Rohrbach, einer der damals bekanntesten politischen

---

370 Abdul Hamid II. zitiert in ALKAN (2003), S. 52.
371 OPPENHEIM (1904), S. 4
372 Vgl. SEIDT, S. 45 f., und OPPENHEIM (1904), S. 182–188.
373 Gabriele Teichmann im persönlichen Gespräch mit dem Autor, 11. 11. 2009, Köln.
374 Vgl. KRÖGER (2001), S. 117.
375 Delbrück zitiert in KAMPEN (1968), S. 153.

Kommentatoren. Der baltendeutsche Autor sprach sich dezidiert für eine Regeneration des Osmanischen Reiches zum Schutz vor englischer Pression aus und forderte deutsche Hilfe bei der „Verbesserung der Verwaltungszustände (...) [und] (...) Hebung des wirtschaftlichen Lebens". Rohrbach propagierte keineswegs eine „politische oder kolonisatorische Germanisierung der Türkei (...), sondern (...) die Hineinleitung deutschen Geistes und deutscher Arbeit in den grossen [sic] zukünftigen Erneuerungsprozess des ganzen Orients, dessen Führung fortan (...) bei der deutsch-türkischen Gemeinschaft sein wird".[376] So umstritten Rohrbach berechtigterweise aufgrund seiner Rolle in der expansionistischen Osteuropapolitik des Reiches ist, seine Haltung zur zukünftigen Gestaltung des Orients war geprägt von der Vision einer egalitären Wirtschaftsallianz „von der Nordsee bis zum Persischen Golf".[377] Bezeichnend ist, dass der vielgelesene Meinungsmacher eben nicht eine deutsche Führung als maßgebend für die wirtschaftliche und zivilisatorische Fortentwicklung des Orients bezeichnete, sondern eine „deutsch-türkische Gemeinschaft". Über Rohrbach und den linksliberalen Autor Ernst Jäckh gelangte der Orient, respektive das Osmanische Reich, in die in Deutschland vor allem während des Krieges lebhaft diskutierten „Mitteleuropa"-Pläne.[378] Jäckh, der wohl renommierteste Orientforscher des Kaiserreiches und später als Berater der NfO tätig, formte aus dem Gedanken der deutschosmanischen Partnerschaft das „Programm einer deutsch-österreichischtürkischen Interessengemeinschaft (...), in dem sich wirtschaftliche, politische und militärstrategische Elemente verknüpfen".[379] In zahlreichen Veröffentlichungen wie *Der aufsteigende Halbmond* oder *Die Türkei und Deutschland* warb er für eine symbiotische Beziehung mit der Türkei. Die

---

376 Rohrbach zitiert in GRUMBACH (1917), S. 297.
377 Vgl. THEINER (1984), S. 136. und FISCHER (1977) (ND), S. 234 ff. zu Rohrbachs Überlegungen zur Germanisierung des Baltikums. Vgl. MOGK (1972): Rohrbach war trotz der imperialistischen Tonalität seines berühmten Buches kein aggressiver Imperialist alldeutscher Prägung. Er vertrat einen „ethischen Imperialismus" (S. 178 ff.), der kein räumlich erweitertes Machtgebiet für Deutschland forderte, sondern eine maßgebende moralische und materielle Rolle in der Weltpolitik.
378 Vgl. THEINER (1984) und ULLRICH (2007²), S. 88 f.: „Mitteleuropa" war die Idee eines ökonomischen Gegengewichtes zum britischen Empire, Russland und den Vereinigten Staaten als Möglichkeit der Autarkie der deutschen Wirtschaft und fand sich später in den Kriegszielen der Reichsregierung wieder. Aggressive Überlegungen, die darin ein deutsches Kontinentalimperium sahen, waren dabei „Exzesse politischer Außenseiter" (S. 133), doch ebenso wenig „lag die Konzeption einer Allianz gleichberechtigter Nationen jemals im Umkreis der „Mitteleuropa"-Diskussion. Reichskanzler Theobald von Bethmann Hollweg schwebte ein Wirtschaftsverband „unter äußerlicher Gleichberechtigung seiner Mitglieder, aber tatsächlich unter deutscher Führung" vor (Bethmann Hollweg zitiert in ebd., S. 137). Betrachtet man allein die Aussagen Jäckhs oder Rohrbachs, entsteht aber der Eindruck, die Türkei sollte in der Allianz einen „gleichwertigen" Platz wie auch ÖsterreichUngarn einnehmen.
379 Ernst Jäckh zitiert in KAMPEN (1968), S. 287. Vgl. S. 281–298 zu Jäckh.

Partnerschaft mit Deutschland mache sie zum „selbständigen Subjekt", während Russland, England und Frankreich das Land nur als „abhängiges Objekt" behandelten.[380] Sicherlich sind viele von Jäckhs Schriften als propagandistische „Kriegsliteratur" einzuordnen und waren primär dazu bestimmt, die Deutschen für die Waffenbruderschaft mit den Osmanen zu begeistern. Doch an der Aufrichtigkeit seiner Aussage bezüglich der osmanischen Souveränität ist kaum zu zweifeln. Jäckh gehörte 1917/18 der neuen demokratischen Reichstagsmehrheit an, die sich gegenüber der annexionistischen OHL ausdrücklich für einen Verständigungsfrieden auf der Basis des Selbstbestimmungsrechtes aussprach.[381] Zwar scheiterten die Parlamentarier mit ihren Friedensvorstellungen in Osteuropa an der „Ostlösung" der OHL, doch in Brest-Litowsk konnten sie sich mit ihrer Forderung der Achtung der osmanischen Interessen und Anerkennung der Selbstständigkeit Persiens und Afghanistans durchsetzen, wenn wohl auch aufgrund fehlender Alternativen der Militärs und selbstbewusst vorgehenden Türken.[382] Selbst der ansonsten mit Kritik an der „verwerflichen" eroberungslüsternen Kriegsaußenpolitik nicht sparsame Sozialist Walter Oehme attestierte der Orientpolitik des Kaiserreichs im Nachhinein indirekt antiimperialistische Züge, als er in der Weimarer Republik um eine Fortsetzung der bisherigen deutschen Zielsetzung in Nahost warb. Wie Jäckh, Rohrbach oder Oppenheim vor ihm forderte er, „den Orient politisch und wirtschaftlich selbstständig zu machen (...) [, e]ine starke Türkei und ein starkes Persien (...) [und die] Förderung der panislamischen Bewegung (...)".[383]

Im Frühjahr 1917 hatte sich im Reichstag eine interfraktionelle Koalition aus Sozialdemokraten, Liberalen und Zentrumspolitikern zu einer Friedensresolution zusammengefunden und konfrontierte Reichsregierung und OHL mit der Forderung nach einem „Verständigungsfrieden" und der Abkehr von Annexionsaspirationen. Sie erinnerte an die Aussage des Kaisers aus dem August 1914, Deutschland treibe keine Eroberungssucht, und erklärte „erzwungene Gebietserweiterungen und politische, wirtschaftliche und finanzielle Vergewaltigungen" als damit

---

380 JÄCKH (1916), S. 11 f.
381 RIBHEGGE (1988), S. 205. Vgl. S. 161 und 257.
382 Vgl. DEMM (2002), S. 133–138, und RIBHEGGE (1988), S. 207. Am Beispiel Litauens wird sichtbar, wie der Reichstag mit seiner Forderung des „freien staatlichen Aufbaus" (DEMM, S. 137) am Widerstand der Militärs Ludendorff und Hindenburg scheiterte. Die „Militärverwaltung Oberost" wollte schlicht und einfach „eroberte Pfründe" nicht preisgeben. Im Orient verfügte das Militär über keine eroberungsbedingten Verwaltungsgebiete, vermutlich rührt daher das „orientfreundliche" Ergebnis von Brest-Litowsk.
383 OEHME (1919), S. 85 f.

unvereinbar.[384] Der Vorstoß der Parlamentarier war vor allem der zunehmenden Kriegsmüdigkeit der deutschen Öffentlichkeit und dem Vertrauensverlust der Militärs im Reichstag geschuldet. Doch das Eintreten des Parlaments für „Freiheit und Selbstständigkeit" war zudem Resultat des Phänomens einer sich in der späteren Phase des Krieges weltweit explosionsartig verbreitenden politischen Ideologie.[385] Selbstbestimmung war *das* politische Schlagwort der Weltkriegszeit. Unter dem Einfluss des seit Mitte des 19. Jahrhunderts immer stärker in den Vordergrund tretenden Nationalitätenprinzips und in Reaktion auf den Imperialismus der europäischen Großmächte brachte der Krieg das Konzept im internationalen politischen Diskurs weltweit auf die Tagesordnung.[386] Alle kriegsbeteiligten Staaten waren mit nach Autonomie strebenden Völkerschaften konfrontiert und sowohl Mittel- als auch Ententemächte bemühten sich fieberhaft, das nationale Sentiment unterdrückter Minderheiten und kolonisierter Völker im Herrschaftsgebiet ihrer Kriegsgegner Gewinn bringend zu nutzen. Es fiel dem amerikanischen Präsidenten Woodrow Wilson zu, den Grundsatz der Selbstbestimmung mit seinen berühmt gewordenen *14 Punkten* als „ehrbares" Kriegsziel „in eine Art Minimalprogramm modernen Völkerrechts" einzuführen.[387] Bereits im Mai 1916 hatte Wilson in einer Rede erklärt, „dass jedes Volk das Recht hat, die Herrschaft selbst zu wählen, unter der es leben will und, dass die kleinen Staaten der Welt die gleiche Achtung ihrer Souveränität und territorialen Integrität genießen wie die großen".[388] Mit Kriegseintritt der USA wurde seine Erklärung zum fundamentalen Prinzip der amerikanischen und damit insgemein der Zielsetzung der Entente in dem Konflikt. Die Urheberschaft des Terminus „Selbstbestimmung" konnte Wilson allerdings nicht für sich reklamie-

---

384 Konstantin Fehrenbach, Verlesung der Resolution im Reichstag, 19. 07. 1917, zitiert in RIBHEGGE (1988), S. 183. Vgl. S. 171–199: Die Resolution war Ergebnis eines interfraktionellen Ausschusses der Fortschrittlichen Volkspartei (u. a. Friedrich Payer, Friedrich Naumann), der National-Liberalen (u. a. Gustav Stresemann), der Sozialdemokraten (u. a. Friedrich Ebert, Philipp Scheidemann) und des Zentrums (u. a. Matthias Erzberger) und sollte den weiteren Kriegsverlauf der Entscheidungsgewalt der Militärs entreißen sowie den Reichstag endlich zu einem selbstständig handelnden politischen Faktor machen.

385 Konstantin Fehrenbach zitiert in RIBHEGGE (1988), S. 183.

386 Vgl. MILLER UNTERBERGER (1996), S. 927ff., BRECHT (1992), S. 37f., und VEITER (1984), S. 11 f.: Unabhängig von dem ideengeschichtlichen Hintergrund wird allgemein der amerikanische Unabhängigkeitskrieg als erste Geltendmachung der Selbstbestimmung definiert. Erste Erscheinungen der Ideologie traten in Europa Mitte des 19. Jahrhunderts im Rahmen der Einigung Italiens und der Reichsgründung Deutschlands beim Übergehen dänisch-deutscher Minderheiten in Schleswig und französisch-deutscher in Elsaß-Lothringen in deutsches Reichsland auf.

387 VEITER (1984), S. 13.

388 Woodrow Wilson zitiert in MANELA (2007), S. 22: „(...) that every people has a right to choose sovereignty under which they shall live [and that] the small states of the world shall enjoy the same respect for their sovereignty and for their territorial integrity." Übersetzung aus dem Englischen durch den Autor.

ren.[389] Seit der zweiten Hälfte des 19. Jahrhunderts kursierte der Begriff in sozialistischen Kreisen, vor allem der österreichischen Sozialdemokratie, und floss 1896 in die Resolution des IV. Internationalen Sozialistischen Kongresses ein, die eine Unterstützung der Selbstbestimmungsrechte aller Nationen verkündete.[390] Auch ihre Popularisierung im Krieg verdankte die Ideologie weiterhin vorrangig sozialistischen bzw. bolschewistischen Initiativen. Mit dem von Wladimir Iljitsch Lenin verfassten *Dekret über den Frieden* vom 8. November 1917, das sich gegen jegliche Bemühungen einer Nation wandte, ein fremdes Volk gegen seinen Willen zu unterwerfen oder es gewaltsam in einem Verband von Staaten zu behalten, und als offizieller Friedensvorschlag der Sowjetregierung allen anderen Mächten zugestellt wurde, gerieten diese unter Zugzwang.[391] „Zum erstenmal [wurde] von einem Staat (...) eine allgemeine, für und gegen alle gleichmäßig wirkende Rechtsregel eines künftigen neuen Völkerrechts gefordert."[392] Lenins Erklärung leitete unter den Kriegsparteien geradezu einen propagandistischen Feldzug um die Deutungshoheit der Idee der Selbstbestimmung ein, interpretierten sie diese doch weitgehend unterschiedlich. Für Wilson war „Self-determination" untrennbar mit der „Zustimmung der Regierten", dem „consent of the governed" verbunden.[393] Er forderte die Einrichtung einer internationalen Institution bestehend aus „politischen Einheiten, die in freier Zustimmung konstituiert wurden und sich gegenseitig als gleichwertig betrachten".[394] Dieser *Völkerbund*, bestehend aus demokratisch legitimierten Regierungen, die untereinander ihre territoriale Integrität achteten, sollte zukünftige Konflikte dauerhaft verhindern. Selbstbestimmung bedeutete für ihn nicht nur die „äußere", nationale Souveränität eines Landes, sondern ebenso die „innere" Legitimation der Herrschenden durch ihre Bürger und damit ein Ende von Diktaturen und Autokratien.[395] Lenin war der Konsens über die Regierungsform letztendlich gleichgültig, sofern er auf ein kommunistisches System hinauslief. Das Nationalgefühl, aus dem der Wunsch nach Selbstständigkeit zumeist resultierte, lehnte er prinzipiell ab, war sich jedoch dessen poli-

---

389 Vgl. MILLER UNTERBERGER (1996), S. 930: Wilson gebrauchte den Ausdruck „Self-determination" nicht eher als Februar 1918 erstmals öffentlich.

390 LENIN, S. 42: „(...) full rights of the self-determination (Selbstbestimmungsrecht) of all nations". Vgl. MEISSNER (1984), S. 90, zur Rolle der österreichischen Sozialdemokratie.

391 MEISSNER (1984), S. 92.

392 Rudolf Laun zitiert in MEISSNER (1984), S. 92.

393 Woodrow Wilson zitiert in POMERANCE (1976), S. 2. Wilsons favorisierte Bezeichnung dieses Prinzips war daher auch „self-government".

394 Woodrow Wilson zitiert in MANELA (2007), S. 22: „(...) political units constituted through such arrangements of consent [that] should relate to each other as equals." Übersetzung aus dem Englischen durch den Autor.

395 Vgl. MILLER UNTERBERGER (1996), S. 934: Laut Miller Unterberger war die Idealisierung der Demokratie ein essentieller Teil der Wilsonschen Ideologie.

tischer Zugkraft bewusst. Für ihn war das Selbstbestimmungsrecht der Völker daher primär ein wichtiges Mittel, um den weltpolitischen Prozess anzuheizen und beschränkte sich auf die territoriale Autonomie von Nationalitäten in einem sozialistischen Weltstaat als Provenienz der kommunistischen Globalgesellschaft.[396] Sei es in Reaktion auf Wilsons und Lenins öffentliche Propagierung des Selbstbestimmungsgedankens oder als Würdigung der Friedensresolution der Reichstagsmehrheit, auch die deutsche Reichsregierung erklärte offiziell ihre Anerkennung des Selbstbestimmungsrechtes. Unter dem „Bravo" der Abgeordneten verkündete der neue Reichskanzler Georg von Hertling am 29. November 1917 die Achtung des Prinzips durch Deutschland. Bei einem Frieden mit Russland sollte das Selbstbestimmungsrecht Polens, Kurlands und Litauens Berücksichtigung finden. Damit vertrat die Reichsregierung die Ansicht der Mehrheit deutscher Politiker, doch die Akzeptanz der Erklärung Hertlings durch die OHL und ihre Anhänger blieb davon unberührt. Eigenmächtig setzten die Militärs in Brest-Litowsk ihren „Gewaltfrieden" nach dem Diktat Ludendorffs durch, ohne allerdings verhindern zu können, dass die Mehrheitsparteien bei der Lesung des Friedensvertrages am 22. März 1918 im Reichstag Protest äußerten und die Regierung mittels einer Resolution auf eine Berücksichtigung des Selbstbestimmungsrechts in Osteuropa verpflichteten.[397]

Die Erklärung der Reichsregierung und der Vorstoß der Parlamentarier am Ende des Krieges war keine singuläre Episode deutscher Parteinahme für das Prinzip der Selbstbestimmung.[398] Werner Otto von Hentig sah Deutschland sogar gewissermaßen in der Tradition der Wilsonschen *14 Punkte* und betrachtete Ende 1918 einen deutsch-amerikanischen Schulterschluss als „Voraussetzung für (...) [ihre] Durchführung".[399] Schließlich hatte er bereits 1915 dem afghanischen Emir gegenüber die Anerkennung der Souveränität seines Landes durch Deutschland zugesichert. Im Orient waren sowohl Wilhelm II. als auch Oppenheim, Jäckh oder Rohrbach seit Langem nachweislich für Selbstständigkeit und Unabhängigkeit gegenüber den anderen europäischen Mächten eingetreten. Doch deren inhaltliche Vorstellung von Selbstbestimmung unterschied sich diametral

---

396 Vgl. Meissner (1984), S. 89–93.
397 Vgl. Ribhegge (1988), S. 20: Gleichzeitig berichtete von Hertling vom russischen Waffenstillstandsangebot. Vgl., S. 273: Die Resolution fand keine Beachtung durch die Militärs.
398 Vgl. Miller Unterberger (1996), S. 926: Tatsächlich darf man von einer gewissen Tradition der Idee der Selbstbestimmung in Deutschland sprechen, stammt doch der englische Begriff „Self-determination" vom deutschen Terminus „Selbstbestimmung". Deutsche (und österreichische) Sozialisten waren die ersten, die sich ausführlich mit der Ideologie beschäftigten.
399 Werner Otto von Hentig in einem Brief an seine Mutter, 4. 12. 1918, IfZ ED 113/24.

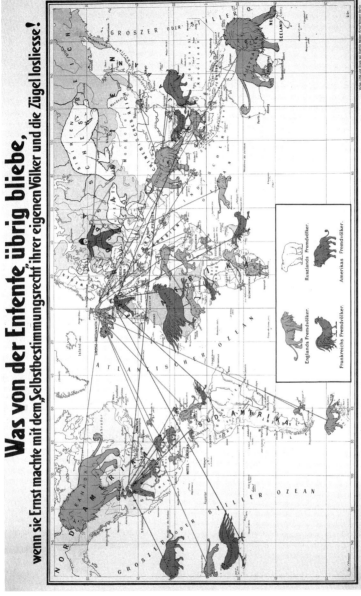

"Was von der Entente übrig bliebe ..." – Lithografie nach Vorlage von F. Klimesch. Im November 1917 anerkannte die deutsche Reichsregierung offiziell das Selbstbestimmungsrecht der Völker; sicherlich auch in Reaktion auf Wilsons und Lenins öffentliches Eintreten für die Idee. Im Propagandakrieg um die Deutungshoheit des Terminus warfen die Deutschen der Entente Heuchelei vor. In Versailles zeigte sich, dass sie so unrecht nicht hatten.

105

von dem damit verbundenen demokratisierenden Missionsgedanken Wilsons oder Lenins Weltrevolutionstheorie. Betrachtet man ihre Aussagen, stand für sie weniger die individuelle Selbstbestimmung der Menschen im Orient im Vordergrund als die Selbstständigkeit der orientalischen Nationen von europäischer Fremdbeeinflussung per se. Sie verbanden damit keine Bedingungen an deren Regierungsformen. Im Gegenteil: Friedrich Naumann, der ebenso wie Jäckh der demokratischen Reichstagsmehrheit angehörte und der sich mit seinem vielbeachteten Buch *Asia* Anfang des 20. Jahrhunderts als Orientfachmann profilierte, forderte mit der Anerkennung der Selbstständigkeit orientalischer Länder auch den Respekt vor dort üblichen politischen Gepflogenheiten.[400] Gerade als aufgrund der Maßnahmen gegen die christlichen Armenier in Deutschland vermehrt Kritik an der Türkeipolitik aufkam, stellte er unumwunden fest: „Die Aufgabe Deutschlands lasse eine sentimentale Behandlung des Schicksals eines Volkes in einem fremden Staate nicht zu."[401] Es sei ein „alter Irrtum (...) [zu glauben] (...) überall auf der Erdkugel seine politischen Prinzipien verbreiten zu müssen (...)".[402] Unabhängig von der Tragik des armenischen Schicksals und des Zynismus in Naumanns Worten wird deutlich, dass es für ihn eben keinen zivilisatorischen Missionsauftrag – ein Kernmotiv des Imperialismus – gab, sondern in der Außenpolitik schlicht die Notwendigkeit für den Respekt anderer Gesellschafts- und Regierungsformen, auch wenn man mit ihrer Politik nicht einverstanden war. Naumann warb für das Verständnis einer eigenständigen politischen Kultur im Orient. Im Gegensatz insbesondere zu England, das „occupiert [sic], kontrolliert", und in den Außenbeziehungen politisch-gestalterisch vorging, müsse Deutschland eine alternative Politik vertreten.[403] Die Deutschen „müssen das Osmanenreich [auch hinsichtlich der Wahl ihres politischen Systems] schützen" und nicht der Idee verfallen, Einfluss darauf nehmen zu wollen.[404] So empfand das auch Oppenheim.[405] Das bedeutete jedoch keineswegs, dass man demokratisierenden Reformbewegungen ablehnend gegenüberstand. Die jungtürkische Machtübernahme 1908 wurde, abgesehen von der anfänglichen Kritik Wilhelms II. und vereinzelten, sultanfreundlichen Stimmen in den *Alldeutschen Blättern* und der *Konservativen Monatsschrift*, in Deutschland mehrheitlich begrüßt. Das deutsch-türkische Verhältnis nahm durch den Sturz des Sultans kei-

---

400 Vgl. Naumann (1899²) und Miller Unterberger (1996), S. 930: Auch Wilson sprach sich für eine Nichteinmischung in innerstaatliche Belange anderer Nationen aus, allerdings nicht im Falle außereuropäischer Länder.
401 Naumann zitiert in Kampen (1968), S. 120.
402 Naumann (1899²), S. 148.
403 Ebd., S. 145.
404 Ebd., S. 141.
405 Vgl. Max von Oppenheim in *Die Revolutionierung ...*, PA-AA R 20937-2, 000187.

nen Schaden. Die *Kölnische Zeitung* schrieb, „dass kein Staat sich mehr freuen würde als Deutschland, wenn die Türken aus eigener Kraft Ordnung im Land schaffen und die Verwaltung in einen befriedigenden Zustand bringen würden".[406] Im innenpolitischen Machtpoker des fremden Staates verhielt man sich dennoch neutral. In Persien zeigte die deutsche Regierung, im Verlauf der konstitutionellen Revolution (1906–1911) ebenso wie später im Krieg, offen ihre Sympathie für die Parlamentsbewegung, während die naheliegende und anfangs auch euphorische Parteinahme des britischen Parlaments für die *maschrutiyat* schnell aufgrund kollidierender außenpolitischer Interessen ein Ende fand.[407] Auch in Kabul warben die Mitglieder der deutschen Afghanistanexpedition beim autokratisch regierenden Emir für mehr Mitbestimmung seiner Untertanen, die Einberufung einer *Loya Jirga* und mehr Mut zu demokratisierenden Reformen.[408] Folgt man der These Eric J. Hobsbawms, dass im Exotismus des 19. und frühen 20. Jahrhunderts „die fremden Länder außerhalb Europas als eine Art moralisches Barometer der europäischen Zivilisation betrachtet [wurden und dort] wo sie offenkundig zivilisiert waren, (...) die institutionellen Mängel des Westens deutlich machen [konnten]", darf man das Sympathisieren vieler deutscher Orientpublizisten mit Demokratisierungsbewegungen im Orient sogar als latenten Reformimpuls für das politisches System Deutschlands werten.[409] Jäckh beispielsweise nutzte seine Orientschriften für innenpolitische Kritik am bestehenden preußischen Drei-Klassen-Wahlrecht.[410] Aber auch derartige Exkurse verleiteten nie dazu, deutsch-orientalische Zusammenarbeit von vorherrschenden Regierungsformen abhängig zu machen.

Damit zeigte sich das „deutsche Verständnis" von Selbstbestimmung theoretisch und in der Praxis, zumindest im Orient, deutlich stärker antiimperialistischen Idealen verpflichtet, als jenes von Wilson und zwangsläufig der Entente. Denn obgleich Wilson seine Vision von „Self-determination" auf die antikoloniale Tradition der USA zurückführte, die Freiheit

---

406 ALKAN (2003), S. 295. Vgl. ebd., S. 294–297: Die *Frankfurter Zeitung* widersprach dem Vorwurf, Deutschland sei ein Freund des autokratischen Sultansystems gewesen und betonte, es wäre vielmehr ein Freund des türkischen Staates an sich. Vgl. KAMPEN (1968), S. 28 ff. zu Wilhelms II. Haltung.

407 Vgl. AFARY (1996), S. 131 und 139 f. zur deutschen Unterstützung der *Majlis* und der Reformbewegung während der konstitutionellen Revolution und BLÜCHER (1949), S. 20–23, sowie GEHRKE (1960) (I.) während des Krieges. Vgl. NASH (2005), S. 139–168, und BROWNE (2008) zum britischen „Verrat" der Parlamentsbewegung. Vgl. GRONKE (2006²), S. 95: *Maschrutiyat* ist die persische Bezeichnung der Verfassungs- bzw. Parlamentsbewegung, *Majlis* die des persischen Parlaments.

408 Vgl. HENTIG (2009²), S. 71 f., und IfZ 113/23, Hentig: *Als deutscher Diplomat beim Emir von Afghanistan*, Vortrag, 27.07.1927, S. 2. *Loya Jirga* ist die „tribale Nationalversammlung" Afghanistans.

409 HOBSBAWM (2004) (ND), S. 105.

410 Vgl. JÄCKH (1909), S. 54–56.

und Unabhängigkeit der englischen oder französischen Kolonialbevölkerung hatte er damit ebenso wenig im Sinn, wie grundsätzlich außereuropäischen Nationen auf Augenhöhe zu begegnen. Aus Rücksicht auf die britische und französische Kolonialmacht, und in nicht unerheblichem Maße aufgrund der nachgewiesenen rassistischen Vorbehalte Wilsons, galt sein Eintreten für Selbstbestimmung lediglich europäischen und ausschließlich von Deutschland oder Österreich-Ungarn „unterdrückten" Nationalitäten: Belgiern, Polen, Tschechen oder Ungarn. Orientalische Völkerschaften waren seiner Ansicht nach ebenso wenig reif, über sich selbst zu bestimmen, wie fernöstliche oder afrikanische, und bedurften der Patronage zivilisierter Nationen wie England, Frankreich oder den USA.[411] In Versailles widersetzte er sich bei der Ausgestaltung des Abkommens über die *League of Nations* dem Vorschlag, eine Klausel aufzunehmen, die die Gleichheit aller Rassen verkündete.[412] Wer in der deutschen Forderung nach Unabhängigkeit der orientalischen Nationen lediglich propagandistisch-opportunistische Motive sehen will, muss diesen Vorwurf auch gegen Wilson gelten lassen. Aufgrund des vorwiegend unter britischer Kontrolle befindlichen globalen Telegrafennetzwerkes und der Übermacht britischer Nachrichtenagenturen wie Reuters gewannen Wilson und mit ihm Lloyd George und Clemenceau die Deutungshoheit über den Begriff Selbstbestimmung.[413] Wilsons Botschaft fand eine weltweite Aufmerksamkeit, von der die deutsche Propaganda nur träumen konnte, und vereinnahmte darüber hinaus das Gros der Hoffnungen antikolonialer Bewegungen für sich. Da Wilson, unabhängig von seinen Motiven, damit denjenigen, die für ihre nationale Unabhängigkeit eintraten, zu einem politischen Vokabular verhalf, „dessen Prinzipien in der internationalen Diplomatie anerkannt wurden, so dass deren Ansprüche auf politische Selbstbestimmung, nunmehr im Gewand und in Referenz auf die Wilsonsche Rhetorik, an Plausibilität gewannen" und weil seine Überlegungen den Nährboden des späteren Artikel 1, § 2 der UN Charta bildeten, gilt er heute sicherlich zurecht als einflussreichster Propagandist der Idee der Selbstbestimmung.[414] Doch in Versailles stellte sich das Wilsonsche Manifest für die kolonisierten Völker als Chimäre heraus. „Wilson der

---

411 Vgl. MILLER UNTERBERGER (1996), S. 929 zur Ansicht der antikolonialen Tradition der USA, SCHUKER (2008), S. 576–578, und MANELA (2007), S. 24 f., S. 39 ff. und S. 62 zur Reife der Nicht-Europäer und den rassistischen Einschränkungen der Wilsonschen Selbstbestimmungsidee.
412 SCHUKER (2008), S. 582: eine „racial equality clause".
413 Vgl. MANELA (2007), S. 38 zur Adaption der Wilsonschen Rhetorik durch die Entente und S. 45–52 zu ihrer „Propagandaüberlegenheit".
414 NAUMANN (2009), S. 1.

Togo (Zeichnung von E. Schilling)

„Togo – In der französischen Freiheit merkt man erst, was man an der deutschen Knechtschaft gehabt hat." Zeichnung von Erich Schilling aus dem Jahre 1922.

Messias wurde zu Wilson dem Verräter."[415] Anders als seine Worte suggeriert hatten, brachte der Sieg der Entente bzw. der Alliierten kein Ende des europäischen Imperialismus und verwehrte den Kolonien weiterhin die Selbstständigkeit und eine Stimme als vollwertige Mitglieder der internationalen Gemeinschaft.[416] Die Enttäuschung der muslimischen Welt wog schwer. Die ägyptische Revolte von 1919, die aus der Weigerung der Ententemächte hervorging, der Delegation um den Nationalisten Sa'ad Zaghlul, dem alten Bekannten Oppenheims aus Kairoer Tagen, in Ver-

---

415 SCHUKER (2008), S. 583: „Wilson the Messiah became Wilson the betrayer." Übersetzung aus dem Englischen durch den Autor.
416 Vgl. MANELA (2007), S. 224 f.

sailles Gehör zu gestatten, war nur die erste einer langen Serie revolutionärer Unruhen, die sich gegen britische, französische, italienische oder spanische Fremdherrschaft im Orient wandte und ihn in der Folgezeit erschüttern sollte.[417] Cemil Aydins engagierter Analyse der Ursprünge antiwestlicher Tendenzen in Asien folgend, erzeugte das als Verrat der eigenen Werte empfundene Verhalten der USA, Frankreichs und Englands in Versailles die zukünftig vorwiegend skeptische Haltung der außereuropäischen Welt gegenüber dem Westen. Anders ausgedrückt, nicht ein *Jihad made in Germany* oder deutsche Revolutionierungsbemühungen im Orient gaben den Anstoß für den *Anti-Westernism*, der in Osama bin Laden seinen radikalsten Vertreter gefunden hat, sondern die Hypokrisie Wilsons und der Entente in Bezug auf ihre Selbstbestimmungspropaganda während des Krieges.[418]

Der innige Wunsch der orientalischen Nationalitäten nach einem Ende der europäischen Bevormundung wurde in Versailles nicht erhört. Doch genau er brachte zum Ausdruck, was man im Orient gemeinhin unter Selbstbestimmung verstand. Im politischen Denken islamischer Reformer, allen voran der *Salafiyya*-Bewegung, war das Gegenstück des „westlichen" Terminus Selbstbestimmung „Selbststärkung".[419] Diese erforderte eine Stärkung der Muslime und des Islam, um sich von europäischer Dominanz zu befreien und über sein Schicksal selbst entscheiden zu können. Das bedeutete nicht nur, sich der materiellen Herrschaft Europas über den Orient zu entledigen, sondern gleichzeitig die Eigenständigkeit islamisch-politischen Denkens gegenüber europäischen Ideen zu behaupten. Die *Salafiyya* war in ihren Reformüberlegungen im Grunde nicht weit entfernt vom Wilsonschen Ideal sich frei und selbstständig konstituierender Gesellschaften, nur widersetzte sie sich dem paternalistischen Gebaren Englands, Frankreichs oder zuletzt der USA darüber, was als gute oder schlechte Regierungsform zu betrachten war.[420] Islamische Rechtsgelehrte und Staatstheoretiker waren selbst in der Lage, Reformen vorzudenken, und diese konnten und sollten sich im Orient ohne Einfluss des Westens durchsetzen. Dschamal ad-Din al-Afghani, Muhammad Abduh oder Raschid Rida sehnten ein Ende von Autokratien und Diktaturen ebenso herbei wie Woodrow Wilson, gerade deswegen, weil sie die despotischen Systeme des Orients für dessen Schwäche gegenüber dem Westen verantwortlich machten. Doch um den Islam entsprechend reformieren zu

---

417 Vgl. MURTAZA (2005), S. 13.
418 Vgl. LÜDKE (2005) und AYDIN (2007).
419 Vgl. KEDDIE (1968), S. 16–18, im Original: „Self-strengthening".
420 Vgl. MURTAZA (2005) zur *Salafiyya*-Bewegung. Sie beschreibt eine unorganisierte Reformbewegung verschiedener Individuen, die sich Gedanken zur Regeneration oder Reformation des Islam machten. Al-Afghani, Abduh und Rida gelten als ihre wichtigsten Protagonisten.

können, sodass unter den Muslimen ein Bewusstsein für Mitbestimmung, Parlamente und Verfassungen entstünde, müsste man sich zuallererst der Diktatur Europas entledigen. Al-Afghanis Initiative der Umwandlung des Islam von einem religiösen Glauben in eine sakropolitische Ideologie war dem Wunsch geschuldet, die Muslime im Widerstand gegen die europäisch-westliche Herrschaft und Patronage vereinen zu können.[421] Solidarität unter den Muslimen und die Rückbesinnung auf den Glauben sollten die fremde Einflussnahme beenden. „Religiöser Patriotismus" war die Antwort der *Salafiyya* auf den europäischen Nationalismus und der Versuch, einen gemeinsamen, panislamischen Widerstand zu formieren.[422] Trotz der offen geäußerten Abneigung gegenüber der Autokratie des Sultans tolerierten al-Afghani, Abduh und Rida insgeheim die Zweckehe des Panislamismus mit dem osmanischen Kalifat, überwog doch der Wunsch nach politischer Unabhängigkeit des Islam alle anderen Einwände. Denn nach al-Afghani und Abduh war die islamische Gesellschaft erst dann reformfähig, wenn sie die Herrschaft über ihre Gebiete (*taghallub*) erreicht hatte.[423]

In der Vorstellung der muslimischen politischen Theoretiker stand „Selbststärkung" immer für Selbstbestimmung in zweifacher Hinsicht: Selbstbestimmung gegenüber den europäischen Mächten und, in der Folge, selbstbestimmte Reformen im Islam, auch und in besonderem Maße bezüglich der Wahl der Volksvertretung. Entsprechend wurde die Feststellung Wilsons, den orientalischen Nationen fehle die nötige Reife für Selbstbestimmung, als Schlag ins Gesicht empfunden. Die deutsche Nahostpolitik hingegen korrespondierte unter dem Einfluss Oppenheims im Krieg mit der panislamischen Argumentation al-Afghanis oder Abduhs. Kontinuierlich forderten orientfreundliche, liberale Publizisten wie Jäckh, Delbrück, Naumann oder Rohrbach die vorbehaltlose Anerkennung der Souveränität des Orients und eine egalitäre Partnerschaft mit Deutschland. Die wirtschaftlichen und strategischen Motive, die einen wesentlichen Anteil an ihrem Appell hatten, täuschen nicht über die antiimperialistische Tendenz ihrer Haltung bzw. ihren un-imperialistischen Standpunkt hinweg. Allerdings setzte sich in der auswärtigen Politik des Kaiserreiches der Wille, diese Attitüde mit der entsprechenden Entschlossenheit umzusetzen, bis zum Ersten Weltkrieg nur zaghaft durch.

---

421 Vgl. KEDDIE (1968), S. 35.
422 VATIKIOTIS (1957), S. 71 im Original: „Religious patriotism".
423 Vgl. MONTADA (2005), S. 218.

Zögerliches Engagement und deutsch-orientalische Beziehungsprobleme

Im Auswärtigen Amt ist über die Notwendigkeit der Intensivierung deutscher Wirtschaftstätigkeit in der Türkei kaum gestritten worden. Doch musste dies für die meisten Diplomaten keine politischen Konsequenzen haben. Die Bismarcksche Tradition, Politik und Geschäft zu trennen, und die Bevorzugung der traditionellen Kontinentalpolitik wirkte nach. Der deutsche Botschafter in Konstantinopel, Marschall von Bieberstein, als einer der „Diplomaten des neuen Kurses" einer der vehementesten Agitatoren für eine engere Beziehung zwischen Deutschem und Osmanischem Reich, kritisierte mit aller Schärfe das Beharren auf politischer Abstinenz bei gleichzeitiger Förderung der Wirtschaftsbeziehungen.[424] Dies würde „uns bei den Türken verdächtigen, daß wir ihr Geld gewinnen wollen, aber keinen Finger rühren werden, um sie in Not und Gefahr zu schützen".[425] Doch die Präferenz der Diplomaten, sich im Orient zwar weiterhin wirtschaftlich zu engagieren, dabei aber neutral zu halten und dadurch den europäischen Zwecken zu dienen, blieb dominierend.[426]

Entsprechend empfindlich gegenüber der mangelnden Bereitschaft Deutschlands, sich politisch pro-orientalisch zu zeigen, reagierte man in der türkischen Führung, insbesondere in der unsicheren Lage nach der jungtürkischen Revolution. Parallel schürten die Briten die osmanische Unzufriedenheit über die mangelnde politische Parteinahme des eigennützigen deutschen Freundes, wie Oppenheim verärgert nach Berlin berichtete.[427] Die großspurigen Worte Wilhelms II. in Damaskus hatten unter den Muslimen Erwartungen geweckt. Deutlich wird das in einem Aufsatz des ägyptischen Nationalisten Mustafa Pascha Kamil im *Berliner Tageblatt* im Oktober 1905. Darin beklagt er, dass sich das Reich gegenüber Großbritannien nicht für Ägypten einsetze und versäumt habe, die von Wilhelm II. verkündete Freundschaft mit den muslimischen Völkern unter Beweis zu stellen.[428] Der Historiker Wilhelm van Kampen bezeichnet diese Haltung der deutschen Außenpolitik als „diplomatische Bewusstseinsspaltung [und Zeichen einer] gewissen Schizophrenie" im Auswär-

---

424 KAMPEN (1968), S. 23.
425 Marschall zitiert in KAMPEN (1968), S. 30. Vgl. ebd., S. 26–39.
426 Vgl. MÜLLER (1991), S. 158.
427 Vgl. Mustafa Kamil „*Kaiser Wilhelm II. und der Islam*", In: *Berliner Tageblatt*, Ausgabe 540, 23. 10. 1905, siehe HBO NL MvO/22 und MÜLLER (1991), S. 156 f.. Vgl. dazu Max von Oppenheim in HBO, NL MvO/22, *Bericht an den Reichskanzler*, No. 297, Juli 1906: „Die vermeintlich imperialistischen Absichten Deutschlands im Orient ist [sic] Ergebnis der großangelegten Pressehetze [der Briten] (...)."
428 Vgl. MÜLLER (1991), S. 155.

tigen Amt.[429] Die deutsch-orientalische Partnerschaft stand auf wackligen Beinen. Bereits als die Russen die verstärkte wirtschaftliche Aktivität Deutschlands um die Jahrhundertwende zum Anlass nahmen, über einen Ausgleich in Form der Unterstützung ihrer Meerengenpläne zu diskutieren, versicherte sie der deutsche Botschafter in St. Petersburg Hugo von Radolin, man würde ein russisches Vordringen am Bosporus begrüßen. Das war im Grunde Verrat an dem von Wilhelm II. eingeschlagenen neuen Kurs. Der Gedanke, eine wirtschaftlich prosperierende Beziehung sei nur auf der Grundlage stabiler Verhältnisse im Orient und einer starken, souveränen Türkei möglich, etablierte sich im politischen Establishment nur schleppend. Bei all dem regen wirtschaftlichen Interesse am Orient bestand man in Berlin auf einer „Politik der freien Hand". Das A und O der deutschen Diplomatie war der Erhalt des europäischen Status quo. Orientalische Interessen konnten dabei leicht ins Hintertreffen geraten. Die Bemühungen Deutschlands, beim Bagdadbahnprojekt England und Frankreich zu integrieren, um Konflikten vorzubeugen, trübte das Bild des kompromisslosen deutschen Freundes in der Türkei. 1906 meldet der stellvertretende deutsche Botschafter in Konstantinopel nach Berlin, die Mehrheit der türkischen Minister sehe in der deutschen Orientpolitik nur ein Mittel, diese egoistisch auszubeuten.[430] Daneben misslang es der Reichsregierung gründlich, während der Marokkokrisen (1905/06 und 1911) und der Algeciras-Konferenz (1906) als Garant der Unabhängigkeit muslimischer Länder aufzutreten. Die eindeutig privilegierte Stellung Frankreichs im Vertragswerk widersprach dem vorher propagierten Eintreten für die Souveränität Marokkos und sorgte für nachhaltige Enttäuschung unter den Muslimen.[431] Bei sich gleichzeitig abzeichnender Isolation gegenüber den Westmächten lief Deutschland Gefahr, seine Sonderstellung im Orient zu verlieren. Die jungtürkische Revolution verschärfte die Situation. Die Freundschaft des Kaisers zum Sultan war neben seiner Begeisterung für den Panislamismus bis dato das wichtigste Element der orientfreundlichen Politik Deutschlands gewesen. Der als wankelmütig bekannte Wilhelm II. reagierte entsprechend ablehnend gegenüber den neuen Machthabern an der Pforte, obgleich die Mehrheit der Jungtürken als deutschfreundlich galt. Für ihn waren sie Revolutionäre, die „den mir befreundeten Sultan" entthront hatten.[432] Seine Begeisterung für die Erfolge des Balkanbundes beim Einfall in die Türkei 1912 ließen manchen Beobachter gar vermuten, Deutschland gebe die Türkei auf.[433]

---

429 Kampen (1968), S. 28.
430 Vgl. Kampen (1968), S. 33.
431 Vgl. Müller (1991), S. 159–161.
432 Wilhelm II. zitiert in Kampen (1968), S. 28.
433 Vgl. Kampen (1968), S. 36.

Trotzdem hatte der Kaiser im Vorfeld der Revolte die von den Jungtürken angestrebte Unabhängigkeit von den europäischen Mächten und die Selbstbestimmung durch ein Parlament ausdrücklich begrüßt, ebenso wie eine politische Partnerschaft mit dem Deutschen Reich.[434] Der Kaiser, der sich so empfänglich für Oppenheims deutsch-orientalische Interessensgemeinschaft gezeigt hatte, steht daher geradezu exemplarisch für die uneindeutige, fast paradoxe Haltung der deutschen Außenpolitik zum Orient vor dem Krieg: „Die nervöse Großmacht" bewegte sich unruhig vor und zurück.[435] Die Balkankriege (1912/13) sowie der Tripoliskrieg (1912) bewiesen das ganze Dilemma, in welches sich Deutschland manövriert hatte. Mit der Formel, es gelte, das Reich vor weiterer Isolation unter den anderen Großmächten zu schützen und gleichzeitig den großen Krieg zu verhindern, wurden die osmanischen Interessen österreichischen und italienischen untergeordnet. Auf dem Balkan und in Libyen ließ das Deutsche Reich die Osmanen weitgehend im Stich, um Zwei- und Dreibund nicht zu gefährden. Eine Handvoll deutscher Offiziere in osmanischen Diensten in Tripolitanien und eine vornehmlich von Krupp, Mauser und der Deutschen Bank finanzierte Rote-Kreuz-Mission sollte als Wiedergutmachung wirken.[436] Die Priorität intra-europäischer Bündnisse bestand dennoch fort, vor allem in militärischer Hinsicht, sollte es einmal zum großen Konflikt kommen. Colmar von der Goltz war erschrocken, wie sein Werben für eine ernsthafte Militärallianz mit der Türkei und seine Berichte ob der Stärke der türkischen Armee in breiten Militärkreisen belächelt wurden: „Da sah mich der Großadmiral Köster so an wie einen Menschen, von dem man plötzlich entdeckt, daß er toll ist, und schlug eine herzliche Lache auf über den guten Witz."[437]

Am Vorabend des Weltkrieges kursierten in Deutschland differierende Überlegungen über das Verhältnis zum Orient. Den öffentlichen Diskurs scheint eine vom „Türkenfieber" entfachte Sympathie dominiert zu haben. Doch im Auswärtigen Amt und der Reichsleitung standen sich zwei konkurrierende Antworten auf die orientalische Frage gleich stark gegenüber: auf der einen Seite die traditionelle, von Bismarck geprägte, konservativ-vorsichtige Schule, auf der anderen Vertreter eines neuen, maßgeblich von Oppenheims Engagement und Wilhelms II. Begeisterung beeinflussten Kurses, aktiv umgesetzt von Diplomaten wie Marschall von

---

434 Vgl. Müller (1991), S. 158.
435 Ullrich (2007) (ND).
436 Vgl. Lüdke (2005), S. 39.
437 Colmar von der Goltz zitiert in Kampen (1968), S. 66. Den Eindruck, dass die Türkei bei vielen Militärs keinen Wert darstellte und dorthin entsandte Offiziere mehr abgeschoben als abkommandiert wurden, erweckt auch die Lektüre seiner Briefe, in denen er beklagt, „[dass] das Vaterland [nicht wisse], was es mit (...) [ihm] anfangen soll" (Goltz zitiert in Teske [1957], S. 79).

Nicht jeder Deutsche verfügte über einen so „consilianten Charakter" wie der Kaiser: Wilhelm II. mit dem osmanischen Kriegsminister Enver Pascha und starken Befürworter einer deutsch-türkischen Allianz an Bord des Schlachtkreuzers SMS Goeben, der im Weltkrieg unter dem Schiffsnamen Yavuz Sultan Selim unter türkischer Flagge lief.

115

Bieberstein oder Wangenheim und propagiert von Publizisten wie Jäckh. Im Bereich der wirtschaftlichen Partnerschaft konnte sich der neue Kurs gehaltvoll durchsetzen, aber politische Entscheidungen blieben weiterhin entscheidend von der traditionellen Haltung bestimmt. In der Gesamtbetrachtung zeichnet sich damit ein außergewöhnlich unbestimmtes, vages Bild der deutschen Nahostpolitik vor dem Krieg ab und verleiht ihr ein wahrlich perfides Antlitz. Dieses reichte so weit, dass die Reichsregierung 1913, als England und Frankreich unumwunden die „Liquidation der kleinasiatischen Türkei" und ihre Aufteilung debattierten, sich der Mittäterschaft schuldig machte, als es gleichsam Anteile forderte.[438] Zum Glück für die deutsche Führung blieb den Türken das unerhörte Postulat verborgen, sonst hätten sie dem Werben der Engländer in den Jahren 1913/14 um eine britisch-türkische Allianz womöglich nachgegeben.[439] Der in Deutschland ausgebildete türkische Kriegsminister Enver Pascha garantierte letztlich, dass es zur Allianz mit den Mittelmächten und im Oktober 1914 zum Kriegseintritt auf Seiten Deutschlands kam.[440] Das Misstrauen gegenüber der Aufrichtigkeit der Deutschen sollte jedoch dank des vorangegangenen unschlüssigen Verhaltens fortbestehen, was insbesondere die Beziehung türkischer und deutscher Militärs im gesamten Kriegsverlauf trübte. Deswegen klingt in Oppenheims Denkschrift auch die Forderung durch, auf die „Psyche des Orients" ein- und sensibler mit den osmanischen Kriegskameraden umzugehen. Die Akteure im Orient müssten über einen „consilianten Charakter [verfügen, um] Schwierigkeiten zwischen deutschen und türkischen Kameraden überbrücken [zu helfen]" und damit verhindern, dass alte Ressentiments wieder zu Tage kämen.[441]

Erst der Kriegsausbruch bewirkte, dass Oppenheim die Fesseln der traditionellen Haltung abstreifen und seinen Kurs, zumindest theoretisch, durchsetzen konnte. Die deutsche Nahostpolitik des Kaiserreiches steht in ihrer Gesamtheit sicherlich nicht für eine antiimperialistische Zielsetzung. Das sollte an dieser Stelle auch nicht suggeriert werden. Sie war in Bezug auf den Orient vielmehr bestimmt von Bipolarität: Zurückhaltung und Begeisterung. Doch, wie die vorangegangene Schilderung deutlich macht, fanden sich in ihr, unter maßgeblicher Beteiligung pro-orientalischer Publizisten, einflussreiche Stimmen, die erstaunlich offen von der

---

438 Kampen (1968), S. 42.
439 Vgl. ebd., S. 39–57.
440 Vgl. Fischer (1977) (ND), S. 114, Hale (1994), S. 46 f., Matuz (2008⁵), S. 262 f.: Anlass für Kriegseintritt und Aufgabe der Neutralität bot schließlich die osmanische Billigung des Einlaufens der deutschen Kriegsschiffe *Goeben* und *Breslau* in türkische Hoheitsgewässer.
441 Max von Oppenheim in *Die Revolutionierung ...*, PA-AA R 20937-2, 000187 und PA-AA R 20937-1, 000094.

Selbstständigkeit des Orients und der Unabhängigkeit von europäischer Einflussnahme sprachen und damit einen deutschen Gegenentwurf zur Politik der übrigen Großmächte Europas zeichneten. Selbst Wilhelm II. gefiel sich in der Rolle des Freiheitskämpfers. Mit Kriegsausbruch fand dieser „tendenzielle Antiimperialismus" bzw. Un-Imperialismus über Oppenheim seinen Weg in die aktive Orientpolitik.

Kapitel IV

Falsche Erwartungen, begründete Hoffnungen und nachwirkende Erfolge – Oppenheims Revolutionierungsplan für Afghanistan und Persien

Geheimnisvoll fremdes Afghanistan

Das Vorgehen gegen Indien empfand Oppenheim als wichtigsten Bestandteil seiner Revolutionierungspläne. Erst, „wenn (...) in Indien lodernde Aufstände brennen [konstatierte er, würde] England mürbe werden".[442] Den Anfang vom Ende der britischen Herrschaft in Indien sollten ein Einfall Afghanistans in den Subkontinent und der Kriegseintritt des Emirats auf Seiten der Mittelmächte einleiten. Die Chancen dafür standen augenscheinlich nicht schlecht. Dass die Mehrheit der indischen Bevölkerung die britische Fremdherrschaft ablehnte, war kein Geheimnis und bereits die Revolte hinduistischer und muslimischer Soldaten in Merath im Jahre 1857 hatte die Fragilität des britischen Raj aufgezeigt.[443] Die in der zweiten Hälfte des 19. Jahrhunderts fortwährend öffentlich diskutierte Sorge der Kolonialverwaltung vor panislamisch motivierten Aufständen indischer Muslime signalisierte die empfundene Bedrohung von Britisch-Indien. Seit der britischen Okkupation Ägyptens war unter Mohammedanern weltweit ein kollektives Gefühl der Unterdrückung des Islam durch Großbritannien entstanden und hatte auch indische Nationalisten wie den muslimischen Scheich Muschir Hussein Kidwai zu Solidaritätserklärungen an das osmanische Kalifat bewegt.[444] England wurde unter den

---

442   Max von Oppenheim in *Die Revolutionierung ...*, PA-AA R 20937-1, 000061 und vgl. PA-AA R 20937-1, 000062. Neben Indien galt auch Ägypten als Primärziel der Oppenheimschen Insurrektionspläne.

443   Vgl. SEIDT (2002), S. 47.

444   Vgl. WASTI (1994) – Kidwai war 1907 Mitglied des Indian National Congress. Vor und nach dem Krieg setzte er sich intensiv für einen einvernehmlichen Ausgleich Großbritanniens mit dem Osmanischen Reich und dem Islam ein.

Muslimen Indiens nicht mehr nur als Zwingherr der indischen Nation wahrgenommen, sondern der islamischen Religion allgemein. Der indische Muslimführer Aga Khan III., bekennender Kollaborateur des Raj, warnte die Briten daher kontinuierlich vor weiteren Provokationen der Muslime und der damit verbundenen Gefahr für das britisch-indische Kronjuwel.[445] Oppenheim kannte Warnrufe wie die Aga Khans III. Demgemäß erschien ihm das deutsch-türkische Kriegsbündnis die beste Gelegenheit, die altbekannten, muslimischen Ressentiments gegen die Briten neu zu entfachen und den Hass gegen die britische Fremdbevormundung in Indien in offene Gewalt umschlagen zu lassen. Indische Unabhängigkeitskämpfer und Revolutionäre, die mit deutscher Hilfe „sukzessive in den letzten (...) Monaten nach Indien instradiert [sic] worden" waren, sollten mit Attentaten auf die britischen Herrschaftsträger einen allgemeinen Volksaufstand einleiten. Oppenheim selbst hatte dazu „in aller Stille (...) ein Komitee hier [in Deutschland] und in der Schweiz lebender Inder gegründet".[446] Voraussetzung für ihren Erfolg war nach seinem Dafürhalten allerdings die Mobilisierung des afghanischen Emirs Habibullah. Er sollte mit einem Einmarsch in den Punjab der Revolutionierung Indiens den Boden bereiten.

Die Anregung dafür stammte vom osmanischen Kriegsminister Enver Pascha. Die Aufwiegelung der indischen Muslime zählte seit Langem zu seinen Lieblingsthemen, und aufgrund ihm zugegangener Berichte vom Hindukusch war er fest davon überzeugt, Habibullah für eine Invasion Indiens gewinnen zu können.[447] Die Euphorie Envers steckte an. Einvernehmlich sprachen sich am 12. August 1914 die Teilnehmer einer hiervon angeregten, internen Besprechung des Auswärtigen Amtes dafür aus, eine deutsch-türkische Expedition nach Afghanistan zur Gewinnung des Emirs zu entsenden. Verständlicherweise schätzte Oppenheim die Ausgangslage für seine Strategie aufgrund des positiven Urteils Envers günstig ein.[448] Dabei war Afghanistan für das Deutsche Reich „terra incognita". Kein kaiserlicher Emissär hatte das Land je betreten, geschweige denn den Emir getroffen. Jegliches Wissen über das Reich am Hindukusch stammte aus zweiter Hand. Die Informationen, auf die Oppenheims viel versprechende Lageeinschätzung Afghanistans zurückging, basierten auf den Aussa-

---

445 Vgl. LANDAU (1992), S. 97.

446 Max von Oppenheim zitiert in SEIDT (2002), S. 47.

447 Vgl. POMIANKOWSKI (1928): Pomiankowski zufolge schwärmte Enver gegenüber dem deutschen Militär Liman von Sanders von der Möglichkeit, „über Persien und Afghanistan gegen Indien zu marschieren". (S. 102). Vgl. dazu auch BLÜCHER (1949), S. 17, und GEHRKE (1960) (I.), S. 23.

448 Vgl. Max von Oppenheim in *Die Revolutionierung ....*, PA-AA R 20937-1, 000117-000136 und GEHRKE (1960) (II.), S. 9, Anmerkung 5) sowie (I.), S. 23, und BLÜCHER (1949), S. 17 zur Besprechung im AA.

Der afghanische Emir Habibullah mit seinen Söhnen Inayatullah und Amanullah, dem späteren Emir. Oppenheim hoffte, die bekannte Abneigung des Emirs gegenüber England und Russland für Deutschland nutzen zu können.

gen türkischer und arabischer Zuträger wie Enver Pascha oder Schekib Arslan, Berichten des deutschfreundlichen schwedischen Forschers Sven Hedin und Darstellungen der englischen und russischen Kriegsgegner, oft nur schlicht aus Zeitungen.[449] Zumindest Sven Hedin zufolge würde der „Emir (...) sofort losschlagen", böten ihm die Deutschen die Gelegenheit und die nötige Unterstützung.[450] Lediglich ein Deutscher hatte das Land in den vorangegangenen 100 Jahren mit eigenen Augen gesehen. Im Rahmen eines Rüstungsgeschäftes mit der Firma Krupp hatte der afghanische Emir Abdur Rahman Khan 1898 den Geschützmeister Gottlieb Fleischer für die Herstellung von Gewehren und Kanonen angeworben. Bis 1904 stand Fleischer in afghanischen Diensten und berichtete seinem alten Arbeitgeber pflichtbewusst von den Rüstungsfortschritten des Landes. So konnte die Firma Krupp das Auswärtige Amt 1914 nach dessen Anfrage recht genau über Fleischers Wirken und die Neigung der Emire Afghanistans, „Kriegsmaterial im Lande selbst herzustellen", unterrichten.[451] Zuverlässig lieferte Krupp eine akribische Auflistung der nach Afghanistan gelieferten Rüstungsgüter und formulierte eine Einschätzung der Stärke des afghanischen Heeres.[452]

Oppenheims Revolutionierungskonzept basierte auf recht dürftigen Informationen, doch die von ihm geschilderte Situation in Afghanistan war, trotz ihrer Oberflächlichkeit und kriegsbedingt zweckoptimistischen Prägung, erstaunlich zutreffend.[453] Afghanistan schilderte er als „für orientalische Verhältnisse fest gefügten Staat, [der] trotz seiner geringen Einwohnerzahl (...) eine nicht zu unterschätzende Macht" sei. Die Bevölkerung sei „kriegerisch und stolz [und ebenso wie der] autokratisch" herr-

---

449 Vgl. Max von Oppenheim in *Die Revolutionierung ...*, PA-AA R 20937-1, 000126-128 und Firma Krupp an AA, 20. 10. 1914, PA-AA R 21031-2, 000150-000156; dies zeigt sich speziell in Oppenheims Einschätzung der afghanischen Armee, die wortgleich den Bericht der Firma Krupp und den von ihr erwähnten Zeitungsartikel aus *The Pioneer* wiedergibt.
450 Jagow an Wangenheim, 19. 09. 1914, PA-AA R 21029-1, 000147. Vgl. Gehrke (1960) (I.), S. 23
451 Krupp an AA, 20. 10. 1914, PA-AA, R 21031-2, 000153.
452 Vgl. AA an Krupp, PA-AA R 21030-2, 000161 und Krupp an AA, 20. 10. 1914, PA-AA R 21031-2, 000150 ff. Vgl. Krupp an AA, 20. 10. 1914, PA-AA R 21031-2, 000153: Fleischer war 1904 bei seiner Rückreise nach Kabul ermordet worden, persönlich konnte er also nicht mehr befragt werden. Vgl. Hentig (1962), S. 153 zu Fleischer. Das Kriegsmaterial von Krupp wurde 1902 von einer afghanischen Kommission im Auftrag des Emirs eingekauft und 1904 Richtung Orient verschifft.
453 Vgl. Kröger (2001), S. 118: Oppenheims Neigung zu pauschalisieren, wurde im AA wiederholt beanstandet. „Diese geschichtliche Skizze ist ganz oberflächlich und vollkommen wertlos", kritisierte der Orientalist Friedrich Rosen einen Bericht Oppenheims (Rosen zitiert in ebd., S. 118) – Den Länderberichten in seiner Denkschrift ist allerdings nur insoweit Oberflächlichkeit vorzuwerfen, dass Oppenheim sich in ihnen darauf beschränkt, militärisches Potenzial nachzuweisen und Motive für muslimischen Hass auf England und Russland zu belegen.

schende Emir Habibullah „durchaus" england- und russlandfeindlich.[454] Von diesen beiden „als Pufferstaat betrachtet (…), mehr oder weniger gepflegt [aber vor allem] gefürchtet", erhielte Afghanistan – respektive der Emir – von der britisch-indischen Regierung „eine hohe jährliche Subsidie, [ebenso wie] angeblich" von Russland.[455] Die latente Antipathie gegen Empire und Zarenreich sowie die guten Beziehungen Afghanistans zur Türkei machten eine Mobilisierung des Emirs gegen die englischen und russischen Geldgeber jedoch wahrscheinlich. Immerhin prognostizierte die gemeinsame Zugehörigkeit zur *Sunna* und die damit verbundene Würdigung der religiösen Autorität des Kalifen eine afghanische Beteiligung am *Dschihad* gegen die Ententemächte. Daneben würden die „regen Beziehungen" Afghanistans mit Indien dem Emir einen zusätzlichen Anlass bieten, seinen unterdrückten muslimischen Brüdern auf dem Subkontinent zur Hilfe zu kommen.[456]

Afghanistan als fest gefügten Staat zu bezeichnen, war sicherlich weit übertrieben. Auf das Jahr 1747 datiert die afghanische Geschichtsschreibung die Gründung des „modernen" Nationalstaates Afghanistan, basierend auf der Dynastie Ahmad Schah Durranis. Dabei von einem Staat zu sprechen, gibt die Realität sicherlich nur bedingt wieder. Ahmad Schahs Reich konnte weder Institutionen moderner Staatlichkeit vorweisen, geschweige denn feste Ländergrenzen. Erst der missglückte Versuch der territorialen Expansion durch britische Truppen zu Beginn des 19. Jahrhunderts von Indien aus ließ einen mehr oder minder herrschaftslosen Raum zwischen Russland, Britisch-Indien und Persien entstehen, dessen Regionen zusammengefasst weithin unter dem Namen „Afghanistan" bekannt waren. Kontrolle – sprich die Beherrschung des Raumes und rudimentärste Formen von Recht und Ordnung – erfuhren diese Regionen durch autonome tribale Gesellschaften. Diese Stämme waren im Verlauf der Geschichte meist unabhängig, teilweise den angrenzenden Großreichen tributpflichtig, wie etwa den Mogulen in Indien, persischen Dynastien oder den *Schaibaniden* in Zentralasien. Eine direkte Herrschaft über die Stämme bestand allerdings nie. Auch das afghanische Reich der Durrani-Dynastie, das immerhin von Chorassan bis Kaschmir reichte und vom Amudarja bis zum Indischen Ozean, war lediglich ein lockerer Verbund von Stämmen unter indirekter Kontrolle Ahmad Schahs. Das erste Afghanistan war ein Stammesbund und mehr ein Bund kleiner Staaten, denn ein eigener großer. Der expansive Charakter der Politik Ahmad Schah Durranis, der Kampf gegen einen gemeinsamen äußeren Feind, gegen die

---

454 Max von Oppenheim in *Die Revolutionierung* …, PA-AA R 20937-1, 000126 und 000129.
455 Ebd.
456 Max von Oppenheim in *Die Revolutionierung* …, PA-AA R 20937-1, 000126.

fremden Eindringlinge, erzielte die notwendige einigende Wirkung auf die Stämme und konsolidierte am Ende seine Macht. In der Historiografie wird Afghanistan aufgrund dieses staatsfremden Wesens und seiner geografischen Lage gerne schlicht als „militärisches und wirtschaftliches Durchgangsland", Grenzland oder Pufferstaat bezeichnet.[457] In dieses Grenzland drangen Anfang des 19. Jahrhunderts Russland und England vor. Die äußere Bedrohung führte erneut zur Vereinigung der Stämme. Zwei Kriege, der erste (1839–1842) und zweite (1878–1879) Anglo-Afghanische Krieg, zeigten Großbritannien, dass es weitaus einfacher war, in Afghanistan einzufallen, als es zu beherrschen – oder das Land später wieder zu evakuieren.[458] Den Briten gelang es relativ einfach, Schlüsselstädte wie Kabul zu erobern, aber sie zu halten und zu versorgen erwies sich gegen den Furor afghanischer Stammeskrieger als unmöglich. Unter enormen Verlusten zogen sich die Engländer zweimal aus dem Land zurück. Das Geschick der Stammeskrieger für „guerilla warfare" hielt wohl auch Russland davon ab, sich militärisch in Afghanistan zu engagieren.[459] Derweil verbreiteten sich die Nachrichten von den Niederlagen der Briten und der Kriegskunst der Afghanen weltweit. Der tragische Untergang des britisch-indischen Expeditionscorps unter General Elphinstone im Januar 1842, das beim Rückzug aus Kabul inklusive seines Trosses vollständig vernichtet wurde, inspirierte Theodor Fontane noch 1898 zu seinem Gedicht *Das Trauerspiel von Afghanistan:*

„(…) Die hören sollen, die hören nicht mehr,
vernichtet ist das ganze Heer,
mit dreizehntausend der Zug begann,
Einer kam heim aus Afghanistan."[460]

Aber es war nicht allein ihre kriegerische Gewandtheit, die den Afghanen weitgehende Unabhängigkeit garantierte. Es war die Konkurrenz der beiden Großmächte England und Russland, die, politisch geschickt gegen diese ausgespielt, den Emiren zur eigenen Machtsicherung diente. Aufgrund der Annäherung Scher Alis an das Zarenreich, nach einer Initiative des russischen Generals Constantin P. Kaufmann, waren die Briten 1878 zum zweiten Mal in Afghanistan eingedrungen. Die Intervention brachte Abdur Rahman auf den afghanischen Thron. Subsidien der Engländer

---

457 SCHETTER (2006), S. 16. Vgl. zum gesamten Abschnitt S. 15–20, und ADAMEC (1967), S. 1–15.
458 ADAMEC (1967), S. 5.
459 Ebd., S. 1.
460 Theodor Fontane *Das Trauerspiel von Afghanistan* zitiert in CHIARI (2006), S. 112. Vgl. SYKES P. (1940), S. 22–37, und BRECHNA (2005), S. 118 zur Vernichtung des britischen Expeditionskorps 1842.

Eine afghanische Schützenstellung in den Bergen. Holzstich aus dem Jahre 1880.
Schon damals galten die Afghanen als im Krieg unbezwingbar.

Unterhaltung zwischen dem russischen Außenminister Gortschakow und Englands Premierminister Disraeli. Karikatur von Wilhelm Scholz aus dem Kladderadatsch, 1878. In Afghanistan stießen britische und russische Kolonialinteressen aufeinander und führten zu einer Art Kalten Krieg des 19. Jahrhunderts, dem „Great Game on the Frontier".

festigten seine Monarchie. Als Gegenleistung musste er, bei innenpolitischer Autonomie, außenpolitische Maßnahmen mit Britisch-Indien absprechen. Afghanistan wurde ein britisches Protektorat.[461] Scher Alis Schicksal war seinem Nachfolger Abdur Rahman ein warnendes Beispiel. In den späten 1890er Jahren formulierte er seine außenpolitische Agenda: Er ging generell von der Feindseligkeit seiner territorialen Nachbarn und deren Wunsch nach Annexionen aus. Um die mächtigen Anrainerstaaten davon abzuhalten, gegen Afghanistan vorzugehen, vertraute er auf eine Politik, die auf unbedingter militärischer Unabhängigkeit, striktem Isolationismus und einem abwägenden und um Ausgleich bemühten Mittelkurs seinen Nachbarn gegenüber beruhte.[462] Dabei musste der Emir sicherstellen, keinen der beiden unnötig zu provozieren: Je enger er die Bande zu England knüpfte und je mehr indische Pfund er ins Land tragen ließ, desto mehr isolierte er sich dadurch von Russland und lieferte sich den Engländern aus.

Seinem Sohn und Nachfolger Habibullah gelang 1907 durch sensible auf unbedingten Ausgleich bemühte Politik ein Abkommen mit Russen

---

461 Vgl. BABEROWSKI (2006), S. 22–31, und BRECHNA (2005), S. 155 ff.
462 Vgl. ADAMEC (1967), S. 2. Vgl. auch SYKES P. (1940), S. 120–138 zu Abdur Rahman.

Angriff auf den Bala Hissar von Kabul am 11. Dezember 1879. Holzstich von 1880. Die berühmte Zitadelle war rund 1.500 Jahre lang Residenz afghanischer Emire und ein Wahrzeichen der Stadt. Der britische General Frederick Roberts ließ die Festung 1879 nach ihrer Eroberung zerstören.

und Briten, das die Unverletzlichkeit des afghanischen Staates garantierte. Der Emir war England und Russland gegenüber trotzdem „durchaus" feindlich eingestimmt, vertrug sich deren aggressives Vordringen in die Region doch keinesfalls mit dem stolzen afghanischen Unabhängigkeitsgefühl.[463] Besonders die Briten wurden von der Bevölkerung Afghanistans regelrecht gehasst. Die Zerstörung der in ganz Asien berühmten Kabuler Basare im Verlauf des Rachefeldzuges des britischen Generals Pollock im September 1842 gilt bis heute als „nationale Tragödie", ebenso wie 1879 der erneute, ebenso zerstörerische und blutige Angriff auf Kabul und die grundlose Sprengung des *Musalla* von Herat im Jahre 1885 durch Captain Yate.[464] Habibullah ordnete allerdings seine Abneigung gegen die bei-

---

463 Max von Oppenheim in *Die Revolutionierung ...*, PA-AA R 20937-1, 000129.

464 Vgl. BRECHNA (2005), S. 124 zum Niederbrennen der Kabuler Basare. Der Feldzug General Pollocks war die britische Antwort auf die Vernichtung des Armeekorps von Elphinstone. Vgl. ebd., S. 160 zur erneuten Zerstörung Kabuls und S. 176 zur Sprengung des

den Großmächte seinem politischen Pragmatismus unter, schließlich verdankte er den englischen und russischen Subsidien zum großen Teil seine Macht. Besonders die Engländer ließen sich die inoffizielle Gefolgschaft des Emirs einiges kosten.[465] Den britischen Vizekönig bezeichnete Habibullah bei seinem Besuch in Indien entsprechend als „personal friend".[466] Gänzlich abgeneigt, aktiv gegen das verhasste *Anglistan* und Russland zu werden, war er allerdings nie, zumal er mit der Idee liebäugelte, sein Reich auf Kosten eines der beiden Nachbarn zu vergrößern. Die englische Regierung versuchte er nach dem Russisch-Japanischen Krieg (1904/05) gar zu einer gemeinsamen Operation gegen das geschwächte Zarenreich zu bewegen und versprach dem britischen Emissär Dane, Russland den *Dschihad* zu erklären.[467]

Das Bemühen der Deutschen, ein Vorgehen gegen Russland oder England, womöglich beide, zu provozieren, musste also triftige Gründe mit sich bringen und Habibullah die Ernsthaftigkeit der versprochenen deutschen Unterstützungen vor Augen führen. Das bedeutete vor allem deutsche oder türkische Truppen in nennenswerter Mannschaftsstärke am Hindukusch und ausreichend modernes Kriegsgerät. Daneben wurde die Übernahme der Subsidien als selbstverständlich empfunden. Der Emir musste erkennen können, dass er von der neuen Allianz nicht nur machtpolitisch, sondern auch aus monetärer Sicht profitieren würde. Neue Hilfe von außerhalb stellte Habibullah zudem vor ein weiteres Problem. Sie vertrug sich nicht mit der sensiblen afghanischen Volksseele und musste trickreich kommuniziert werden. Das kleinste Anzeichen dafür, dass seine Herrschaft von einer fremden Macht abhinge, hätte ihn seine Position kosten können, oder wie sein Vater es im Falle der Engländer ausdrückte: „Zeigte ich den Engländern gegenüber nur die kleinste Art von Zuneigung, würde mein Volk mich einen Ungläubigen schimpfen und einen Heiligen Krieg gegen mich erklären."[468] Gute Beziehungen zur Türkei, die sich beispielsweise in Gestalt osmanischer Militärberater in Kabul zeigten, und die gemeinsame Zugehörigkeit zur *Sunna* waren für den pragmatischen Emir kein ernsthaftes Motiv für einen Kriegseintritt und einen *Dschihad* gegen Engländer und Russen. Ebenso wenig waren es die

---

Musala.

465 Vgl. ebd., S.128, 155 und 179 zu den von Großbritannien gezahlten Apanagen an die Emire

466 Habibullah zitiert in SYKES P. (1940), S.226: Der „Viceroy of India" war zu diesem Zeitpunkt, 1907, Lord Minto.

467 Vgl. ADAMEC (1967), S.40 und 52 f.

468 Abdur Rahman zitiert in ADAMEC (1967), S.7: „If I showed any inclination towards the English, my people would call me an infidel for joining hands with infidels, and they would proclaim a religious holy war against me." Übersetzung aus dem Englischen durch den Autor. Vgl. dazu BRECHNA (2005), S.122: Auch Dost Mohammad Khan hatte mit dem Vorwurf seiner Untertanen, englischer Vasall zu sein, zu kämpfen.

Wenn Uniformen Soldaten machen: afghanische Palastwache auf einer Aufnahme von Oskar von Niedermayer aus dem Jahre 1915.

vermeintlich „regen Beziehungen" zu Indien, die sich hauptsächlich auf indische Fremdarbeiter am afghanischen Hof beschränkten.[469] Der von den Deutschen nach Kabul eskortierte indische Freiheitsaktivist Kumar Mahendra Pratap, der die Afghanen bei ihrem Einfall in Indien begleiten und dort eine provisorische Regierung installieren sollte, war dem Emir deswegen weniger ein potenzieller Alliierter als ein lästiger Bittsteller.[470] Oppenheim hatte sich von dem selbstbewussten Inder Pratap blenden lassen, der behauptete, über weitreichende Verbindungen an den Hof Habibullahs zu verfügen. Am Ende stellte sich heraus, dass der Hindu und

---

469 Max von Oppenheim in *Die Revolutionierung ...*, PA-AA R 20937-1, 000129 und vgl. HENTIG (1962), S. 137 zu den Türken in Kabul und ADAMEC (1967), S. 24–27: Als eines der wenigen islamischen Länder, das noch nicht unter direkte Fremdherrschaft gefallen war, wurde Afghanistan innerhalb der panislamischen Bewegung eine besondere Rolle zugedacht. Habibullah und sein Vater waren sich dieser Position bewusst, doch die außenpolitische Gleichgewichtspolitik Abdur Rahmans genoss ihr gegenüber Vorzug. Vgl. BRECHNA (2005), S. 186: Muslimische Inder wurden insbesondere als Lehrkräfte in den von Habibullah neu gegründeten Schulen beschäftigt.

470 Vgl. ADAMEC (1975), S. 214 f. Mahendra Pratap, der nach eigenem Bekunden ein hohes Ansehen in Indien und Afghanistan genoss, sollte gemäß den deutschen Plänen beim Emir ein Gefühl der Solidarität für die indischen Muslime erzeugen. Vgl. HENTIG (2009[2]), S. 41 f. und 265 f. zum „störenden" Pratap sowie S. 67 zur überschaubaren Relevanz der Komitees indischer Nationalisten.

Afghanische Miliz aufgenommen von Oskar von Niedermayer, 1915. Hentigs unfreundliches Urteil über die Schlagkraft des afghanischen Militärs basierte vermutlich auf Soldaten dieser Art.

der muslimische Emir nichts gemein hatten. Nicht einmal die Religion. Habibullah folgte der außenpolitischen Leitlinie seines Vaters. Sensibles Abwägen galt auch für die Türkei und Deutschland. Zu oft waren afghanische Emire von den Versprechen europäischer Großmächte getäuscht worden, nicht selten hatte es sie ihre Macht gekostet.[471] Sofern der Erfolg einer kriegerischen Unternehmung gegen Indien nicht absehbar war und Deutschland oder die Türkei nicht nachvollziehbar militärisches Oberwasser über den gemeinsamen englischen und russischen Feind bewiesen hatten, war Habibullah schwerlich für ein Losschlagen gegen Indien zu gewinnen. Deutschland war für den Emir ebenso „terra incognita" wie für die Deutschen Afghanistan. Die angebliche Stärke ihres Militärs musste sich für ihn erst bewahrheiten.

Die Schilderung der generellen Feindseligkeit der Afghanen und ihres Herrschers gegen Russland und besonders England in Oppenheims Revolutionierungsschrift war sicherlich zutreffend. Doch hatte er sich in sei-

---

471 Vgl. BRECHNA (2005), S. 146 ff. Das eindringlichste Beispiel ist die Absetzung Scher Alis durch die Briten 1879. Er schenkte dem russischen Versprechen, sein Land gegen Eindringlinge zu schützen, Glauben, nahm eine „härtere Haltung" gegenüber England ein und verlor darüber seinen Thron.

ner Einschätzung der Kriegsbereitschaft des Emirs von den, von reichlich naiver Euphorie geprägten, Aussagen Enver Paschas, Sven Hedins oder Schekib Arslans täuschen oder den Versprechungen eines Kumar Pratap blenden lassen. Während er nicht mit der abwartenden Pragmatik der Politik Habibullahs gerechnet hatte, hoffte er auf dessen mutmaßlich reizbare kriegerische Natur, die der Mythos des angriffslustigen, afghanischen Kämpfers zu versprechen schien.[472] Das militärische Potenzial Afghanistans schätzte Oppenheim dabei gewiss richtig ein, auch wenn Werner Otto von Hentig dies in Kabul anders wahrnahm. Hentig schimpfte in seinen Erinnerungen über die Vorstellung, die afghanische Armee stelle einen militärischen Faktor dar. Er beschrieb sie als „unmodernen (…) vom Altkleiderhandel mit europäischen Uniformstücken (…) [eingekleideten Haufen] braver alter Leute".[473] Zumindest in diesem Punkt hätte er sich die Kritik an Oppenheims optimistischer Prognose sparen können. Dass die afghanische Armee nicht nach konventionellen militärischen Gesichtspunkten zu beurteilen war, hatten die Engländer bereits in zwei Kriegen schmerzlich zu spüren bekommen. Der dritte Anglo-Afghanische Krieg (1919), der mit dem finalen Rückzug des kriegsmüden England vom Hindukusch und der Unabhängigkeit des Landes endete, bewies, dass Oppenheim mit seiner Einschätzung der militärischen Stärke Afghanistans nicht falsch lag. Nicht einmal durch den Einsatz von Giftgas konnten die Briten den afghanischen Widerstandswillen brechen.[474]

Persien – Nebenschauplatz der Revolutionierung

Der Plan einer deutsch-türkischen Mission zum afghanischen Emir machte die „Einbeziehung Persiens in das Kriegsbild" unumgänglich.[475] Als unmittelbarer Nachbar Afghanistans war das Land ein unvermeidbares Etappenziel der Expedition, die Kabul auf dem Landweg von Konstantinopel über Bagdad und Persien erreichen sollte. Im Falle der erfolgreichen Mobilisierung des Emirs stellte Persien das potenzielle Aufmarschgebiet für türkische oder deutsche Truppen bei der Invasion Indiens dar. Dem *Empire of the Mind* – dem Reich des Geistes – kam aber noch eine wei-

---

472 Vgl. NEUMANN (1848): Dieser Mythos nährte sich aus entsprechenden Darstellungen der Afghanen, wie in den Schriften des deutschen Orientalisten Carl-Friedrich Neumann, die auch Fontane zu seinem Gedicht inspiriert hatten. Wahrscheinlich schwärmten auch Oppenheim orientalische Bekannte ihm gegenüber vom „sagenhaften" Kampfgeist der Afghanen. Vgl. HENTIG (2009²), S. 274 zum Mythos der afghanischen Armee.
473 HENTIG (1962), S. 133. Vgl. HENTIG (2009²), S. 272–281 zum Zustand der afghanischen Armee.
474 Vgl. ROBINSON, S. 142: Um eigene Verluste zu vermeiden, bombardierte die britische Luftwaffe im 3. Anglo-Afghanischen Krieg afghanische Stellungen und Rückzugsgebiete am Khyber-Pass mit Gasbomben.
475 Max von Oppenheim in *Die Revolutionierung ...*, PA-AA R 20937-1, 000120.

tere Bedeutung zu.[476] Oppenheim zufolge verfügte Persien über „einen großen geistigen Einfluß auf Indien, Afghanistan und die russisch-islamischen Gebiete".[477] Eine Parteinahme der Perser im Krieg für Türken und Deutsche würde dem *Dschihad*-Aufruf ein zusätzliches und bedeutendes Argument liefern.

Anders als in Afghanistan war das Deutsche Reich in Persien bereits deutlich in Erscheinung getreten und man verfügte nicht nur über profundes Wissen über Land und Leute, sondern war dort selbst auch hinlänglich bekannt. Bereits kurz nach der Reichsgründung nahm die deutsche Regierung 1873 mit einem deutsch-persischen Freundschafts- und Handelsvertrag, der auch die gegenseitige Einrichtung ständiger Vertretungen beinhaltete, offizielle Beziehungen mit der Golfnation auf. Darin versicherte man sich „[der] aufrichtige[n] Freundschaft und [des] gute[n] Einverständnisses" sowie der Gleichbehandlung persischer oder deutscher Untertanen im anderen Land mit den Angehörigen der „meistbegünstigten Nationen".[478] Auf Seiten Persiens bestand ein starkes Interesse, sich mit der neuen europäischen Großmacht zu verbünden. Aufgrund des energischen Vordringens der Briten in die Region und der ständigen Bedrohung durch Russland entsandte der persische Regent Naser ad-Din Schah 1883 den Delegierten as-Saltaneh nach Berlin, um zu erkunden, unter welchen Konditionen Persien mit dem Schutz Deutschlands rechnen könne.[479] Der Schah hoffte auf eine deutsche Militärmission zur Modernisierung seiner Armee, doch Bismarck wiegelte aus Sorge vor einer Belastung der Beziehungen zu Großbritannien und dem Zarenreich ab. Lediglich der Verpflichtung zweier deutscher Offiziere stimmte er zu, die die persische Infanterie und Artillerie nach modernen militärischen Gesichtspunkten unterrichten sollten. Die Reise des persischen Gesandten bewirkte immerhin, dass nun endlich, 1884, elf Jahre nach der Unterzeichnung des Freundschaftsvertrages, die erste deutsche Gesandtschaft in Persien durch den kaiserlichen Emissär Ernst von Braunschweig am Hofe Naser ad-Din Schahs in Teheran eingerichtet wurde. Die Forschungsreisenden Franz Stolze und Friedrich Carl Andreas veröffentlichten kurz darauf, 1885, eine ausführliche Beschreibung über *Die Handelsverhältnisse Persiens, mit besonderer Berücksichtigung der deutschen Interessen* und lieferten interessierten Lesern und insbesondere Unternehmern in Deutschland eine genaue Analyse der Situation und wirtschaftlichen Möglichkeiten im

---

476 Nach AXWORTHY (2007).
477 Max von Oppenheim in *Die Revolutionierung ...*, PA-AA R 20937-1, 000118.
478 *Freundschafts-, Handels- und Schiffahrtsvertrag zwischen Deutschland und Persien*, unterzeichnet in St. Petersburg, 11. 06. 1873, zitiert in STOLZE (1885), S. 57 und 59.
479 Vgl. BLÜCHER (1949), S. 10.

Lande.[480] Die erste bedeutende deutsche Handelsniederlassung in Persien eröffnete 1896 der Hamburger Händler Robert Wönckhaus in Lingah. Sein Geschäft mit Perlmutt war bald so erfolgreich, dass er bis 1906 rund um den persischen Golf ein halbes Dutzend weiterer Handelshäuser einrichten konnte, unter anderem in Buschehr, wo sich ab 1897 ein deutsches Vizekonsulat befand.[481] Die Strecke der Bagdadbahn sollte ohnehin an den Persischen Golf führen und entsprechend mehrten sich die deutschen Aktivitäten am Golf, nicht nur im persischen, ebenso im arabischen Raum. Besonders entlang der Bahnstrecke begannen deutsche „Prospektoren" nach Öl und anderen Rohstoffen zu suchen und Konzessionen für die Förderung zu erwerben.[482] Eine Reihe deutscher Banken dehnte ihre Geschäfte auf den viel versprechenden neuen Markt aus. 1906 brach die Hamburg-Amerika Linie das bisherige britische Verkehrsmonopol am Golf und richtete einen regelmäßigen Fracht- und Passagierdienst nach Basra ein.[483]

Trotz zum Teil massiver englischer Behinderung des wirtschaftlichen Vordringens der Deutschen in die Region strömten nun scharenweise „hochmotivierte" deutsche Verkäufer und Händler in die orientalischen Basare. Die Hamburger Firma Robert Wönckhaus & Co. verdrängte vielerorts ihre britische Konkurrenz – ironischerweise dank eines geschickten englischstämmigen Mitarbeiters namens Thomas Brown, der sich wiederholt bitterlich über das selbstherrliche Gebaren seiner Geburtsheimat am Persischen Golf beschwerte.[484] Unabhängig davon war Deutschland um 1910 nach England, Russland und der Türkei der viertgrößte Handelspartner des Landes.[485] Die deutsche Wirtschaft hatte das Land für sich entdeckt und damit die deutsche Regierung in die Pflicht genommen, ihr zu folgen. Neben den Gesandtschaften in Teheran und Buschehr richtete das Deutsche Reich 1908 eine weitere in Isfahan ein. Doch das wilhelminische Deutschland war dabei stets darauf bedacht, eine Einflussnahme in die politischen Innen- wie Außenangelegenheiten Persiens zu vermeiden. Zwar bemühte sich die deutsche Regierung aufgrund der offensichtlichen Germanophilie des durch die konstitutionelle Revolution 1907 an die Macht gekommenen neuen Parlaments, der *Majlis*, die Handelsbeziehungen zwischen den beiden Ländern mit einem eigenen Hafen

---

480 STOLZE (1885). Franz Stolze weilte von 1874 bis 1878 im Auftrag des preußischen Kulturministeriums in Persien.
481 Vgl. SYKES P. (1967), S. 431 ff., und GEHRKE (1960) (I.), S. 4 f.
482 HOPKIRK (1996), S. 50.
483 Vgl. SYKES P. (1967), S. 432 f., und HOPKIRK (1996), S. 51: Die Tarife der Linie waren dabei im Vergleich zu den britischen so günstig, dass diese eine von der deutschen Reichsregierung subventionierte Geheimdienstaktion vermuteten.
484 Vgl. BRODACKI.
485 Vgl. GEHRKE (1960) (I.), S. 4.

am persischen Golf, einer deutschen Bank und einer deutschsprachigen Schule in Teheran zu intensivieren, allerdings sollte auf keinen Fall der Eindruck von Rivalität mit England oder Russland erweckt werden.[486] Dies führte so weit, dass Wilhelm II. am 5. November 1910 Zar Nikolaus II. beim Treffen von Potsdam „grünes Licht" für russische Operationen in Nordpersien gab und damit insgeheim die seit 1907 erfolgte Besetzung des Landes durch England und Russland nachträglich legitimierte.[487] Im Hinblick auf den von Wilhelm II. in Damaskus proklamierten Schutz der Muslime durch den deutschen Kaiser entlarvte er sich damit als Heuchler. Der im Oktober 1910 an ihn gerichtete Appell persischer und osmanischer Politiker, den Russen am Kaspischen Meer Einhalt zu gebieten, blieb unbeantwortet.[488] So nah ihm der mediterrane, osmanische und nordafrikanische Orient zu sein schien, so fern war ihm augenscheinlich der persische. Die diplomatischen Beziehungen zwischen dem Kaiserreich und der Golfnation blieben daher immer nur „überschaubar", wie die Erinnerungen des ab 1913 in der Teheraner Gesandtschaft tätigen Werner von Hentig bezeugen.[489] Verglichen mit den ungemein aktiven Russen und Engländern, die im 19. Jahrhundert ihren Einfluss in Persien kontinuierlich ausbauten, politische Seilschaften knüpfen und in die Innenpolitik eingriffen und zuletzt seit 1907 Teile des Landes besetzt hielten, waren die deutschen „Erfahrungen" nahezu obsolet. Die strategischen Möglichkeiten im einstigen persischen Großreich waren daher von sehr eingeschränkter Natur.

Wahrscheinlich aufgrund der englisch-russischen Okkupation des Landes und des damit verbundenen Eindrucks der politischen und militärischen Schwäche kam Persien in Oppenheims Revolutionierungskonzept nur eine untergeordnete Rolle zu.[490] Im Grunde war es für ihn nur als „Durchgangsland nach Afghanistan und Indien (...) wichtig".[491] Zwar bezeichnete er in seinen Ausführungen die Beteiligung Persiens am Weltkrieg als „von großer Bedeutung" und die Chance dafür aufgrund des verbreiteten Wunsches in Persien, „sich der fremden [britischen und russischen] Eindringlinge im Norden und Süden zu entledigen", als extrem günstig.[492] Allerdings äußerte er ernsthafte Zweifel an der militärischen

---

486 AFARY (1996), S. 139 f.: Gerade die demokratischen Reformer begrüßten das zunehmende Engagement Deutschlands in Persien als Gegengewicht zu Russland und England.
487 Vgl. ebd., S. 308 f.: Das Zugeständnis an England und Russland war vor allem als Ausgleich für die deutsche Konzession über den Bagdadbahnbau gedacht und sollte die Beziehungen zu den anderen europäischen Großmächten entlasten.
488 Vgl. BROWNE (2008) (ND), S. 21 f.
489 Vgl. HENTIG (1962), S. 70–73.
490 Vgl. GEHRKE (1960) (I.), S. 38.
491 Max von Oppenheim in *Die Revolutionierung* ..., PA-AA R 20937-1, 000118.
492 Max von Oppenheim in *Die Revolutionierung* ..., PA-AA R 20937-1, 000120 und 000119.

Relevanz des Landes bzw. dessen Potenzial, nennenswerten Widerstand gegen Engländer und Russen leisten zu können. Die Bevölkerung war für ihn „im Großen und Ganzen (…) verweichlicht [, das Land von] inneren Unruhen durchwühlt [und die Regierung] schwach". „Wagen [würden die Perser] von sich aus nichts."[493] Die negative Einschätzung Oppenheims – so zynisch und latent abfällig sie auch formuliert war – entsprach in vielerlei Hinsicht der bitteren Realität.[494] Das einst mächtige Persische Reich hatte im Verlauf des 19. Jahrhunderts ungemein an

Das deutsche Konsulat in Buschehr. Wilhelm Waßmuß war hier in den Jahren 1909/10 und 1913/14 als Vizekonsul tätig und freundete sich dabei mit regionalen Stammesführern an. Seine „Lehrjahre" am Golf sollten ihm im Krieg noch nützlich werden.

Einfluss verloren. Zwar hatten die herrschenden *Kadscharen* nach ihrer Machtergreifung Ende des 18. Jahrhunderts dem Land nach der afghanischen Invasion eine lange vermisste territoriale wie dynastische Stabilität verliehen, doch versäumten sie, ihre Herrschaft konsequent und landesweit zu festigen. Sie konzentrierten ihre Macht auf die wenigen urbanen Zentren des Landes und betrieben eine Politik des Kompromisses. Dabei arrangierten sie sich mit den einflussreichsten Machtgruppen des Landes – den Stämmen, der Beamtenschar, dem Klerus und der Kaufmannsgilde, den so genannten *bazaris* – und verminderten dabei unbewusst und fortlaufend ihre eigene Macht.[495] Die Situation verschärfte sich, als Anfang des 19. Jahrhunderts erst die Russen und kurz darauf die Engländer nach Persien eindrangen und sich am Spiel um die Macht beteiligten. Die sichtbare technische Überlegenheit der Europäer veranlasste die Regierung zu

---

493 Max von Oppenheim in *Die Revolutionierung* …, PA-AA R 20937-1, 000117 und 000119.
494 Oppenheim war eher als ein besonderer Freund der Araber bekannt und seine Begeisterung für die persische Kultur überschaubar. Wohl daher rührt auch sein tendenziell negatives Bild von Persien.
495 KEDDIE (1999), S. 14 ff.

einem umfassenden Reformprogramm, das jedoch weder die gewünschte Modernisierung mit sich brachte, die Persien den europäischen Mächten wieder ebenbürtig machen sollte, noch die problematischen Gesellschaftsstrukturen behob. Im Gegenteil: Die *Kadscharen* waren – auch aufgrund ihres dekadent aufwendigen Hoflebens – bei den Europäern schnell hoch verschuldet und durch gedankenlose Konzessionsvergaben in Abhängigkeit gebracht. Stämme und Beamte entfremdeten sich zunehmend vom Staat und entzogen sich dessen Kontrolle, um ihre eigene Machtposition zu sichern. So zeichnete sich der *Kadscharen*-Staat am Ende des 19. und zu Beginn des 20. Jahrhunderts durch eine weit grassierende Korruption und Selbstbedienungsmentalität aus. Die persischen Herrscher waren mit einer fast vollständigen Autonomie der Provinzbeamten und tribalen Gebiete konfrontiert, bei gleichzeitiger finanzieller Abhängigkeit vom europäischen Ausland.[496] Die Interaktion mit Europa hatte zudem die politischen Ideen des Westens ins Land gebracht. Forderungen nach liberalen Reformen und einem Ende der despotischen Herrschaft der *Kadscharen* nahmen zu. Im Dezember 1906 musste der Schah Muzaffar ad-Din dem Druck der persischen Bevölkerung nachgeben und der Einrichtung einer konstitutionellen Monarchie und Nationalversammlung zustimmen. Allerdings lagen die Interessen der verschiedenen bürgerlichen Machtgruppen so weit auseinander, dass mit dem Ende der Herrschaft des Schahs das letzte konstituierende Element des Landes verloren ging. Die rivalisierenden Gruppen, uneinig in den Fragen um Macht, Verfassung und Reform, bekämpften sich gegenseitig und suchten dabei Rückhalt bei den europäischen Großmächten. Am Ende erreichten sie nur deren weiter anwachsende Einflussnahme.[497] Die parlamentarische Revolution scheiterte am „Great Game" von Albion und dem Russischen Bären. England und Russland vergaßen ihre alte Rivalität und teilten das geschwächte Land durch die „Konvention von 1907" in eine südliche englische und eine nördliche russische Interessenzone. Lediglich in der Mitte verblieb ein vermeintlich souveräner persischer Staat.[498] In dieser Weise war Persien geprägt von jahrelangen Revolutionswirren, unklaren Machtverhältnissen, einer allgemeinen Unsicherheit im Lande, die in den tribalen Gebieten in anarchische Zustände ausartete, und fortgesetzten englisch-russischen Einmischungen.[499]

---

496 Vgl. GRONKE (2006²), S. 90 ff., und KEDDIE (1999), S. 14–44.
497 Vgl. GEHRKE (1960) (I.), S. 8.
498 Vgl. BROWNE (2008) (ND), S: 5: „Offiziell" verpflichteten sich England und Russland, die Integrität und Unabhängigkeit Persiens zu respektieren. (*The Anglo-Russian Agreement of August 31*, 1907).
499 Vgl. GEHRKE (1960) (I.), S. 7–14, und GRONKE (2006²), S. 85–95 zum gesamten Abschnitt sowie AFARY (1996) zur konstitutionellen Revolution.

Persische Truppen in Paradestellung. Aufnahme der Berliner Illustrations-Gesellschaft, vermutlich aus dem Weltkrieg. So ansehnlich die Aufstellung der Soldaten auch sein mag, der militärische Wert der persischen Armee ging gegen Null. Die schlagkräftigsten „einheimischen" Streitkräfte im Land während des Krieges waren die von schwedischen Offizieren geführte persische Gendarmerie und die russisch geleitete Kosakenbrigade (rechts im Bild).

Womöglich war diese Kombination aus Unruhe, undurchsichtiger Machtverteilung und der bekannten Selbstbedienungsmentalität, die Loyalität einzig von der besten Bezahlung oder der Aussicht auf Einflusszuwachs abhängig machte, der Grund für Oppenheims harsche Kritik.[500] Zudem versäumte er nicht auf die Brisanz einer notwendigen türkisch-persischen Annäherung hinzuweisen, denn die beiden Reiche standen sich die meiste Zeit ihrer Geschichte rivalisierend gegenüber. „Persien müsse daher Garantien seiner Grenzen" erhalten.[501] Aufgrund der Schwäche der „staatlichen Organe" Persiens setzte Oppenheim auf zwei andere Faktoren: die persische Religiosität und die tribalen Kräfte im Land. Er hoffte auf die eigendynamische Wirkung des gemeinsamen, islamischen Glaubenskrieges, die „religiöse Aufreizung der fanatischen Perser", verstärkt durch den Hass auf die Fremdbesatzer.[502] Wie deutsche Kaufleute ihm

---

500 Vgl. GRONKE (2006²), S. 90–92.
501 Max von Oppenheim in *Die Revolutionierung* ..., PA-AA R 20937-1, 000119.
502 Max von Oppenheim in *Die Revolutionierung* ..., PA-AA R 20937-1, 000120.

berichteten, wurde gleich zu Beginn des Krieges „in den Moscheen für die Siege Deutschlands gebetet".[503] Englands und Russlands rücksichtsloses Ausbreiten in Persien hatte unter der einheimischen Bevölkerung eine tief sitzende Antipathie gegen diese beiden Nationen erzeugt. Russland förderte sie durch fortwährende, gewaltsame Manipulation der persischen Innenpolitik und brutale Machtdemonstrationen. Offen hatte es mit konterrevolutionären Kräften während der Revolution sympathisiert und sie unterstützt. Der Versuch einer bürgerlich-demokratischen Machtübernahme in Persien scheiterte am Widerstand der Fremdbesatzer. Die russische Schreckensherrschaft in Täbris, die mit der öffentlichen Erhängung eines der höchsten islamischen Würdenträger der Provinz Aserbeidschan, dem *Tiquat al-Islam*, im Januar 1912 ihren grausamen Höhepunkt erreichte, belastet die iranisch-russischen Beziehungen bis heute ebenso nachhaltig wie die Zerstörung des populären Heiligtums und Pilgerzentrums, des *Imam-Riza*-Schreines in Maschhad.[504] Von England fühlten sich vor allem die reformfreudigen Kräfte verraten, als es mit den verhassten Russen gemeinsame Sache machte. London gab die vorher propagierte, uneigennützige Ausgleichspolitik zugunsten „größerer politischer Überlegungen" auf und stärkte dem russischen Terrorregime in Aserbeidschan damit den Rücken.[505] Obgleich die Briten das harsche Vorgehen des Zarenreiches in Persien mit gemischten Gefühlen betrachteten, am Ende siegte politischer Pragmatismus vor Idealismus. Als 1906 die konstitutionelle Revolution in Persien ausbrach, hatte die britische Regierung den persischen Reformwunsch nach einem Parlament und einer Verfassung anfangs ausdrücklich begrüßt. Die englische Botschaft in Teheran unterstützte die persischen Reformer nach besten Kräften und gewährte Tausenden von ihnen Unterschlupf in den Liegenschaften der britischen Legation als „base of operations", als Basislager.[506] Nachdem sich jedoch die Zusammenarbeit mit dem demokratisch legitimierten Parlament als mühsam und anberaumte Reformen, wie die ab 1911 angestrebte Finanzsanierung durch den amerikanischen Experten Morgan Shuster, als unvereinbar mit britischen Interessen im Land erwiesen hatten, vergaßen die englischen Behörden ihre Sympathie für die demokratische Parlamentsbewegung. Fortan erklärte die Regierung in London, „England und Rußland handelten in Persien gemeinsam und in Freundschaft (...)".[507] Auf gemeinsamen Druck

---

503 Max von Oppenheim in *Die Revolutionierung* ..., PA-AA R 20937-1, 000118. Vgl. dazu BLÜCHER (1949), S. 16.
504 Vgl. BROWNE (2008) (ND), S. 30–45, und GEHRKE (1960) (I.), S. 9 f.
505 GEHRKE (1960) (I.), S. 9.
506 BROWNE (2008) (ND), S. 5.
507 Der russische Botschafter in London Benckendorff in einem Brief an den russischen Außenminister Sasanow über die ihm zugesicherte britische Haltung in Persien, 11. 5. 1912, zitiert in DANESCH (1979), S. 241.

wurden die erfolgreich tätige Finanzkommission unter dem engagiert und uneigennützig tätigen Amerikaner Shuster des Landes verwiesen, weitere Reformbemühungen gewaltsam unterbunden und mit der Unterstützung reaktionärer Kräfte durch russische Truppen mittels eines Staatsstreiches das Parlament zu Weihnachten 1911 entmachtet. Von der Bevölkerung eindringlich geforderte Neuwahlen wurden von Briten ebenso wie von den Russen verhindert und mit der Installation von Ain ad-Douleh als Ministerpräsident die Wahrung britischer und russischer Interessen im Land garantiert.[508] Der Staatsstreich vom 24. Dezember bedeutete für die Perser, auch wenn das Bewusstsein dafür noch jung war, das Ende der Demokratiebewegung und der Souveränität des Landes. Entsprechend groß war der Hass auf England und Russland, insbesondere unter den bürgerlichen und gebildeten Kreisen der Gesellschaft. Verschärft wurde die Aversion gegen die beiden Mächte durch Kampagnen des Klerus, der *ulema*. Er stilisierte sich zum Hüter der Nation und den Islam zur letzten verbliebenen nationalen Identität. Welcher Einfluss dem Klerus zufiel, verdeutlicht der Konflikt um das Tabakmonopol: 1890 hatte ein britisches Konsortium das Monopol für Produktion, Ankauf und Export des gesamten persischen Tabaks erhalten. Nach Bekanntwerden der Konzession kam es vielerorts zu Massenprotesten. Einer der führenden Geistlichen des Landes, Mirza Mohammad Hasan Schirazi, formulierte eine *fatwa*, die Tabakgenuss als nicht vereinbar mit dem Islam deklarierte. Der daraufhin einsetzende, landesweite Tabakboykott bewirkte die Rücknahme der Konzessionen Anfang 1892. Kurz darauf wurde die *fatwa* widerrufen.[509] Die Religion hatte in Persien ein starkes Fundament. Der über die Jahrhunderte gewachsene Einfluss der *ulema* bei der Legitimierung der persischen Herrscher hatte einen außerordentlich selbstbewussten Klerus geschaffen.

Von einem allgemein akzeptierten *Dschihad*-Aufruf, verschärft durch die antienglische und -russische Stimmung im Lande, konnte Oppenheim sich tatsächlich einiges erwarten. Doch war seine Behauptung, „Persien würde die [religiöse] türkische Hegemonie gerne anerkennen" und die daraus resultierende Partnerschaft eine „Achtung gebietende islamitische Macht in Asien zusammenschweißen", von reichlich blindem Optimismus geprägt.[510] Zwar erklärten gleich zu Beginn des Krieges die islamischen Rechtsgelehrten von Kerbela und Nadschaf eine *fatwa*, die auch

---

508 Vgl. DANESCH (1979) insgesamt zur russischen und britischen Politik während der konstitutionellen Revolution und speziell S. 190–243 zum britisch-russischen Ausgleich, der Entlassung Shusters und der Unterstützung der Konterrevolution, die zum Staatsstreich führte.

509 Vgl. GRONKE (2006²), S. 92–95.

510 Max von Oppenheim in *Die Revolutionierung ...*, PA-AA R 20937-1, 000119 und 000120.

Ausdruck des religiösen Fanatismus der Perser, auf den Oppenheim hoffte: blutüberströmte Gläubige nach Selbstgeißelung entsprechend den Aschura-Riten im Rahmen des Muharram-Festes. Aufnahme von Dr. Fritz Niedermayer aus dem Jahre 1913.

die Schiiten zur Teilnahme am Heiligen Krieg gegen die Ententemächte verpflichtete, aber es war fraglich, ob die Religiosität der Perser einen Einmarsch der Türken dulden würde.[511] Insbesondere die an das Osmanische Reich angrenzenden Stammesangehörigen – vor allem die Kurden – waren der Türkei gegenüber äußerst feindselig gesinnt.[512] Die weitgehend unabhängigen Stämme, die „sehr kriegerisch (...) und (...) gut bewaffnet" waren und einen „nicht zu unterschätzenden Kriegswert" darstellten, waren jedoch die zweite große Hoffnung Oppenheims.[513] Wie er in einem

---

511 Vgl. Gehrke (1960) (I.), S. 32, und Mahdawi (2009/10), S. 343 zur Verkündung des schiitischen *Dschihad*. Dem iranischen Historiker Mahdawi zufolge erklärten hohe persische Geistliche, die *Modjtahed*, sofort nach Bekanntwerden des osmanischen *Dschihad*-Aufrufes ihre Unterstützung. Die Neutralitätspolitik der Regierung Al-Mamalik verhinderte den landesweiten religiösen Aufstand.

512 Vgl. Tapper (1983), S. 21 f.: Hierbei sind vor allem die kurdischen Za'faranlu zu nennen. Auf die schwierige Situation mit den Stämmen verweist auch Jäckh an Zimmermann: *Bericht über die Organisation in Konstantinopel zur Revolutionierung feindlicher Gebiete*, 3. 01. 1915, PA-AA R 20937-3, 000223.

513 Max von Oppenheim in *Die Revolutionierung ...*, PA-AA R 20937-1, 000117.

Schreiben Anfang September 1914 deutlich machte, hätten sie die Beeinflussung ihrer Gebiete durch Russland und England bisher nur deshalb hingenommen, weil ihnen „ein Kampf gegen diese Mächte in gewöhnlichen Zeiten unmöglich" erschienen war.[514] Deutsche Unterstützung könnte diesen Umstand ändern. Mit der eigentlichen Regierung wollte er nicht rechnen, sie würde ohnehin „fallen, falls die leitenden Kräfte sich dem [allgemeinen Unabhängigkeitswunsch] widersetzen" würden.[515] Die Stämme waren in der Tat die eigentliche militärische Macht im Land. Ihre unwirtlichen Lebensumstände und ihr kämpferischer Charakter prädestinierten sie für Kriegsaufgaben. Irreguläre tribale Verbände bildeten die Basis des Militärs und selbst die eigentlichen Regierungstruppen wurden von Stammesangehörigen wie den *Afsharen* dominiert.[516] Die *Kadscharen* förderten das Stammeswesen, indem sie der *safawidischen* Tradition der indirekten Herrschaft folgend, den Stämmen bei Tributpflicht weitgehende Autonomie einräumten. Oftmals, insbesondere gegen Ende ihrer Herrschaft, mussten sie sich mit der Selbstständigkeit der Stämme schlicht und einfach abfinden. Die reichte so weit, dass die Engländer, die das durch die Stämme erzeugte Machtvakuum schnell erkannt hatten, 1905 die Baugenehmigung für eine Straße zwischen Isfahan und Ahvaz mit dem mächtigen Stamm der *Bakhtiyaren* verhandelten und nicht mit der nominellen persischen Regierung.[517] Das tribale Element spielt in der islamisch-orientalischen generell und speziell in der persischen und afghanischen Geschichte eine elementare Rolle. Stämme waren militärische und religiöse Stützen der Herrscher, lokale Autoritäten und Transmitter staatlicher Ordnung.[518] Ihr moralisches Rechtsempfinden war bestimmt von einem Zusammengehörigkeitsgefühl des Stammes, das auf gemeinsamer Deszendenz und Identität beruhte. Das Ergebnis war ein ausgeprägter Stellenwert von Autonomie, Ehre der Person und Loyalität der eigenen tribalen Gemeinschaft gegenüber.[519] Diese tribalen Charaktereigenschaften und das militärische Potenzial der Stämme pries Oppenheim zu Recht. Die Stämme, deren politische Interessen strikt auf das eigene unmittelbare Lebensumfeld begrenzt waren, konnten allein durch die gemeinsame Feindschaft mit England und Russland gewonnen werden. Dennoch erwecken die Ausführungen Oppenheims zu Persien den Eindruck, dass er in seiner Beurteilung der kriegsbedingten Nutzbarmachung des Landes eher vorsichtig war. Anders als in Afghanistan mit Emir Ha-

---

514 Max von Oppenheim an Bethmann Hollweg, 7. 09. 1914, PA-AA R 21029-1, 000005.
515 Max von Oppenheim in *Die Revolutionierung* ..., PA-AA R 20937-1, 000120.
516 Vgl. TAPPER (1983), S. 21, und ERHARD (1981), S. 138.
517 Vgl. ERHARD (1981), S. 91 f.
518 Vgl. SALZMAN (1974), S. 203–210.
519 Vgl. EICKELMAN (1981), S. 127–138.

bibullah, nannte er in seiner Schrift keinen direkten Ansprechpartner in Persien, sondern allgemein die Bevölkerung als Adressaten der anberaumten Maßnahme. Er hoffte, seine antiimperialistische Botschaft würde in der Religion und dem tribalen Geist aufgehen und sich der positive Effekt für Deutschland gewissermaßen von selbst einstellen. Bezeichnenderweise intensivierten die Deutschen ihr Engagement in Persien erst mit dem Fortschreiten der Afghanistan-Mission und nachdem der deutsche Geschäftsträger in Teheran, von Kardorff, wiederholt von persischen Initiativen, die das Land mit den Mittelmächten zusammenführen sollten, nach Berlin berichtet hatte.[520]

Oppenheims Denkschrift wird von einem ausgeprägten Optimismus getragen und neigt dazu, die Umstände in Persien ebenso wie in Afghanistan grob vereinfacht darzustellen. Der Tenor erklärt sich jedoch aus der Intention Oppenheims: Er musste die Reichsleitung von den gewagten Plänen überzeugen und ihnen die Landessituation möglichst einfach und günstig schildern. Inhaltlich war seine Denkschrift in ihrer Kernaussage zutreffend. In beiden Ländern war ein deutlicher Hass auf Russland und England zu spüren und allein daraus resultierte bereits eine latente Sympathie für das Deutsche Reich. Dass dieser Hass in offene Gewalt gegen Briten oder Russen umschlagen würde, war eine begründete Hoffnung – zumal es mit den unterschiedlichen antikolonialen Aufständen in Indien oder im Orient eindrucksvolle Vorbilder gegeben hatte. Beide Länder verfügten gerade aufgrund des tribalen Elements über beachtliche militärische Ressourcen, die eine erhebliche Bedrohung für die englischen und russischen Truppen bedeuten konnten. Diese beiden Punkte bildeten sozusagen die Eckpfeiler von Oppenheims Kriegsstrategie: gemeinsame Feinde und prinzipielle Wehrfähigkeit. Über Persien äußert er sich deswegen so kritisch, weil die undurchsichtigen Loyalitäten im Lande das gemeinsame Feindbild trübten. Sicherlich betrachtete Oppenheim die Bereitschaft des Emirs, gegen Indien zu ziehen, zu euphorisch. Er vertraute dabei den Einschätzungen anderer. Gerade weil er vielfach auf Fremdinformationen angewiesen war, konnten sich Fehleinschätzungen einschleichen. Angesichts der wichtigen und zutreffenden Kernaussage waren seine Überlegungen allerdings weder „unqualifizierte Vorstellungen" noch „extrem hochtrabend", sondern „eine ebenso kühne wie abenteuerliche" Taktik, die sich aus berechtigten Hoffnungen nährte.[521]

---

520 Vgl. Gehrke (1960) (I.), S. 38 f.
521 Gehrke (1960) (I.), S. 6, McKale (1998), S. x: „Grandiose in the extreme." Übersetzung durch den Autor. Hopkirk (1996), S. 18.

Krieg der Amateure? – Anspruch und Wirklichkeit der Revolutionierung Afghanistans und Persiens

Persien und Afghanistan boten also trotz einiger nachweislicher Mängel der Lageeinschätzungen insgesamt, zumindest tendenziell günstige Anfangsbedingungen für Oppenheims Revolutionierungspläne. Voraussetzung für ihren Erfolg war jedoch, dass zuerst einmal die beschriebene Divergenz in der deutschen Nahostpolitik behoben würde. Alle beteiligten Dienststellen mussten von der kriegsentscheidenden Bedeutung überzeugt sein und sich entsprechend engagiert der gemeinsamen Aufgabe anschließen. Oppenheims größte Sorge war offensichtlich, dass nicht jeder in der militärischen und politischen Führung von der Ernsthaftigkeit seiner Strategie überzeugt war und mangelndes Engagement die Maßnahmen sabotieren würde. Er warnte davor, nur „halbbeteiligter Zuschauer" zu sein: „Halbe Maßnahmen würden zwecklos sein." Nur durch „(…) intensive Mitarbeit (…), unter Nutzbarmachung aller gegebenen Möglichkeiten (…)" und „mit großen Mitteln" gemahnte er auffallend häufig, könnten die riskanten Pläne realisiert werden.[522] Offensichtlich war diese Sorge Oppenheims nicht unbegründet. Bereits in der Denkschrift kritisierte er fehlenden Einsatzwillen: „Ich hatte gehofft, dass der ganze Plan (…) mit größter Energie durch das Auswärtige Amt und die Militärverwaltung in das Werk gesetzt werden würde. Leider hat es die letztere (…) nicht für opportun gehalten (…)."[523] Dieser Kritik schloss sich auch Ernst Jäckh an, als er im Januar 1915 die bis dato erfolgte Umsetzung des Konzepts Oppenheims beurteilte und sie „verspätet und improvisiert" schimpfte.[524] Eine „zielgerichtete Organisation" und die konzentrierte Beteiligung aller relevanten Stellen waren der Schlüssel zum Erfolg, und das schloss naturgemäß die „intensive Mitwirkung der Türkei" mit ein.[525] Allerdings forderte Oppenheim, die Maßnahmen „deutscherseits zu leiten" und dabei sogar in einer Weise, dass die Türken „sich nach wie vor als die eigentlichen Macher betrachten (…) können".[526] Martin Kröger schlussfolgerte daraus, dass Oppenheim keineswegs an eine gleichberechtigte Partnerschaft gedacht hatte und die Türkei lediglich instrumentalisieren wollte.[527] Dass ein Großteil der Ideen aus Oppenheims Maßnahmenkatalog

---

522 Max von Oppenheim in *Die Revolutionierung* …, PA-AA R 20937-2, 000187 und PA-AA R 20937-1, 000060, 000061 und 000072.

523 Max von Oppenheim in *Die Revolutionierung* …, PA-AA R 20937-2, 000131.

524 Jäckh an Zimmermann: *Bericht über die Organisation in Konstantinopel zur Revolutionierung feindlicher Gebiete*, 3. 01. 1915, PA-AA R 20937-3, 000228.

525 Max von Oppenheim in *Die Revolutionierung* …, PA-AA R 20937-1, 000060.

526 Max von Oppenheim in *Die Revolutionierung* …, PA-AA R 20937-1, 000106 und 000067.

527 Vgl. KRÖGER (1994), S. 368.

von der osmanischen Führung selbst stammte, so wie auch die Idee für die Afghanistan-Mission, macht diesen Vorwurf jedoch hinfällig.[528] Die Ausführungen lassen eine ganz andere Schlussfolgerung zu: Oppenheim kannte die türkischen Verhältnisse und wusste, dass das jungtürkische Regime von einem starken Faktionalismus geprägt war, der eine erfolgreiche Zusammenarbeit erschwerte.[529] Die Zentralisierung der Maßnahmen unter deutscher Führung würde nachweisliche organisatorische Schwächen der Türken kompensieren helfen. Zudem bezahlten die Deutschen die Kosten des Unternehmens. Dass die deutsche Führung „möglichst wenig hervortretend" sein sollte, um die „Psyche des Orients" nicht zu kränken, unterstützt die Vermutung, ihm ging es nicht um Ausnutzung, geschweige denn Ausbeutung, sondern schlicht um eine möglichst effiziente Organisation und vor allem erfolgreiche Durchführung.[530]

„Dazu bedurfte es allerdings eines Instrumentariums, das durch Aufbau, Ausstattung an Mitteln und nicht zuletzt durch die Auswahl entsprechender Mitarbeiter der Aufgabe gerecht werden sollte."[531] Doch das Kompetenzgerangel, das Oppenheim zu verhindern gehofft hatte, konnte er nicht einmal auf deutscher Seite verhindern. Denn so wenig er der Aufgabe gewachsen war, seiner eigenen, neu geschaffenen und für Propaganda zuständigen NfO eine Ordnung zu geben, so wenig konnte er dem Revolutionierungsprogramm für den Orient allgemein eine zielgerichtete, hierarchische Struktur verleihen.[532] So scheiterte das Programm neben materiellen und personellen Problemen an dem Fehlen eines insgesamt „in sich geschlossenen Gesamtkonzeptes der Orientpolitik", das allgemein akzeptiert wurde.[533] Ein politisches Gesamtkonzept für den Krieg hatte Oppenheim mit seiner Denkschrift zwar geliefert. Dem Konzept fehlte allerdings die hierarchische Ordnung, die eine zielgerichtete Durchsetzung ermöglicht hätte, und Oppenheim die Fähigkeit, seine Vorstellungen auch bei widerstrebender Mitarbeit durchzusetzen. Seine Vorstellung von einer „kollektiven Führung" erwies sich sowohl für die Expeditionen als auch generell für die Zusammenarbeit der beteiligten Stellen als illusorisch.[534] NfO, Auswärtiges Amt, die Sektion Politik im stellvertretenden Generalstab, überhaupt führende Militärs sowie die türkischen Alliierten

---

528 Vgl. MÜLLER (1991), S. 196 f., und GEHRKE (1960) (I.), S. 21–26.
529 Vgl. McKALE (1998), S. 87.
530 Max von Oppenheim in *Die Revolutionierung ...*, PA-AA R 20937-1, 000106 und PA-AA R 20937-2, 000187.
531 MÜLLER (1991), S. 204.
532 Vgl. MÜLLER (1991), S. 204–213, und KRÖGER (1994), S. 373–376. Die als Kollegialbehörde organisierte NfO krankte vor allem an der mangelnden Disziplin der Mitarbeiter, die sich weniger mit dem Sinn der Behörde identifizierten als in ihr eine Möglichkeit sahen, dem Frontdienst zu entgehen.
533 KRÖGER (1994), S. 385.
534 SEIDT (2002), S. 53.

bewerteten die geplanten Unternehmungen unterschiedlich. Sie zeigten mal mehr, mal weniger Bereitschaft, sie zu unterstützen, oder waren aufgrund fehlender Erfahrung und Information schlicht überfordert. Zuständigkeit ging oft in der Bürokratie verloren, anstatt sie kompetenten Spezialisten zu übertragen. Berlin und Konstantinopel warfen sich gegenseitig die Behinderung der Insurrektionsmaßnahmen vor. Der Erfolg der Revolutionierung war von der nahtlosen und effektiven Zusammenarbeit der beteiligten Personen und Stellen abhängig. Dies gelang nicht einmal auf der untersten Ebene und unklare Entscheidungsbefugnisse sorgten für gehässigen Streit unter den Teilnehmern der Afghanistan-Mission. Die Berichte von Niedermayer, Hentig und Waßmuß vermitteln unisono den Eindruck, dass es einigen der ausgewählten Expeditionsteilnehmer vornehmlich um persönliche Profilierung ging und nicht um eine ernsthafte und erfolgreiche Durchführung der Oppenheimschen Revolutionierungspläne.[535] Ein besonders eindrückliches Beispiel für diese von persönlichen Eitelkeiten geprägten Streitigkeiten bietet der Bericht von Hermann Consten. Darin verlangt er, ein für den Emir von Afghanistan bestimmtes Geschenk, ein Schwert, ihm persönlich überreichen zu dürfen und klagt über „die Intrigen von Konsul Wassmuss [sic]".[536] Botschafter Wangenheim verlangte parallel vom Auswärtigen Amt, den erfahrenen Waßmuß zum „verantwortlichen Leiter (...) [zu bestellen, um die] (...) vorgekommenen Unstimmigkeiten" zu beheben.[537] Waßmuß entzog sich schließlich der Auseinandersetzung und brach eigenmächtig Richtung Südpersien auf, in das Gebiet, in dem er vor dem Krieg tätig war.[538] Wie sich später herausstellen sollte, hätte er keine bessere Entscheidung treffen können. Hentig und Niedermayer, die sich ebenfalls schwer taten, den jeweils anderen als Führer zu akzeptieren, konnten sich zumindest im Laufe der Expedition nach Afghanistan – nicht ohne weitere Konfliktsituationen – arrangieren. Dabei lag die Leitung der primär diplomatischen Mission nach Afghanistan im Grunde unbestreitbar in den Händen des Legationsrates Hentig, der als einziger der Teilnehmer offiziell von Reichskanzler Bethmann Hollweg und Wilhelm II. autorisiert war, Verhandlungen mit dem Emir zu führen. Trotz der militärstrategischen Zielsetzung war es ein Unternehmen des Auswärtigen Amtes und nicht der OHL.[539]

---

535 Vgl. HENTIG (1962), S. 108, MIKUSCH (1937), S. 61 und 66, FRIESE (2002), S. 26 und S. 30, sowie HUGHES (2004), S. 36 f.
536 Notizen von Consten, 1914, PA-AA R 21031-1, 000021.
537 Wangenheim an AA, 20. 09. 1914, PA-AA R 21030-1, 000030.
538 Vgl. MIKUSCH (1937), S. 65 f.
539 Vgl. HENTIG (1962), S. 130 f., und 154; Hentig hatte zudem noch das Problem, dass der mitreisende indische „Adlige", der Kumar Mahenda Pratap, gewisse Führungsprivilegien verlangte. Vgl. HENTIG (2009²), S. 48 f. das Beglaubigungsschreiben Bethmann-Hollwegs.

Diese Befugnisstreitigkeiten im Kleinen stehen gewissermaßen symptomatisch für alle Aktionen der Mittelmächte im Orient. Sie dominierten auch das deutsch-türkische Verhältnis. Aufgrund der vorangegangenen unklaren deutschen Nahostpolitik misstraute man in der türkischen Führung den deutschen Ambitionen und hatte noch „das unheilvolle Vorkriegsschlagwort vom deutschen ‚Drang nach Osten' in den Ohren".[540] Als islamische Nation reklamierte die Türkei in den orientalischen Angelegenheiten die Führungsrolle. Die Deutschen andererseits vermuteten, die Türken wollten in Persien die im Kaukasus verlorengegangenen Provinzen kompensieren und würden dadurch die Sympathie der persischen Bevölkerung aufs Spiel setzen.[541] Damit lagen sie im Grunde nicht falsch.[542] Vor allem aber wollten die Deutschen, da sie die Kosten der Unternehmungen trugen, nicht zu schlichten Werkzeugen einer türkischen Expansionspoli-

Teilnehmer der Expedition nach Afghanistan im Mai 1915 vor der deutschen Botschaft in Isfahan mit einheimischen Helfern. Sitzend von links nach rechts: Dr. Fritz Niedermayer, Griesinger, Zugmayer, Oskar v. Niedermayer, Wagner.

---

540 MIKUSCH (1937), S. 107.
541 Vgl. ADAMEC (1967) S. 84 f., MIKUSCH (1937), S. 107 f., GEHRKE (1960) (I.), S. 54–56 und S. 109 f. generell zu deutsch-türkischen „Missverständnissen".
542 Vgl. GEHRKE (1960) (I.), S. 43 ff. und besonders S. 135 ff.: „Er [Kanitz] beschwor Wangenheim, Konstantinopel müsse diesen Fehler [den Einmarsch Rauf Beys] verhindern, sollte nicht ganz Persien sich gegen die Türkei wenden und alle Arbeit vernichtet werden." (ebd., S. 135). Vgl. auch BLÜCHER (1949), S. 103.

Teilnehmer der Afghanistan-Mission während einer Wegesrast, 1915.
In der Mitte mit Pelzmütze Oskar von Niedermayer.

tik degradiert werden.[543] Dies sorgte insbesondere zu Irritationen, als die deutschen Expeditionsteilnehmer nach Afghanistan in das ursprünglich türkische Projekt integriert werden sollten. Besorgt meldete Wangenheim die „drohende Verstimmung [der] Türkische[n] Regierung" nach Berlin.[544] Die Türken entschlossen sich schließlich, die Afghanistan-Mission den Deutschen zu überlassen, um sich dafür stärker Persien und Arabien widmen zu können; allerdings nicht ohne deren Bemühungen zu verzögern oder gar zu sabotieren.[545] So scheuten osmanische Stellen nicht davor zurück, den deutschen Alliierten kriegswichtiges Material, Geld und Maschinengewehre zu entwenden, um sich selbst damit auszustatten.[546] Die Beschwerden darüber konterte man mit dem Hinweis auf die Willkür niederer Dienststellen, auch wenn erkennbar war, wer wirklich die Verantwortung trug.[547] Das eindrucksvollste Beispiel für den Charakter der deutsch-türkischen Divergenzen und die für beide Seiten nachteiligen

---

543 Vgl. ADAMEC (1967), S. 84, und GEHRKE (1960) (I.), S. 54–56 und S. 66–69.
544 Wangenheim an AA, 20. 04. 1915, PA-AA R 20937-1, 000276.
545 Vgl. FRIESE (2002), S. 32–49 „Von Türken festgehalten".
546 Vgl. HENTIG (1962), S. 111.
547 Vgl. FRIESE (2002), S. 39–42.

Folgen getrennten Vorgehens liefert der Zusammenprall der Unternehmungen des türkischen Militärs Rauf Bey und des deutschen Gesandten Schünemann. Die erfolgreiche Revolutionierung des persischen Stammes der *Sandjabi* gegen die Engländer durch Schünemann konkurrierte mit dem Versuch der Türken, militärisch in deren Stammesgebiet vorzudringen, und mündete am Ende in einem sinnlosen Kleinkrieg zwischen vermeintlich Alliierten.[548]

Eine derartige Eskalation hätte ein Machtwort aus hohen deutschen Militärkreisen sicherlich verhindern können. Immerhin war der deutsche General und türkische Marschall Liman von Sanders seit 1913 damit beauftragt, die osmanische Armee zu reformieren.[549] Dadurch stand er in unmittelbarem Kontakt zu Enver Pascha und hätte mittels seines Einflusses und hohen türkischen Militärranges die deutschen Revolutionierungsmaßnahmen durchaus protegieren können. Vielleicht waren die persönlichen Differenzen zwischen ihm und Botschafter Wangenheim der Grund, warum er nicht intervenierte.[550] Schließlich ging das Programm Oppenheims vom Auswärtigen Amt aus, und das musste für den strikten Militär bereits wie ein rotes Tuch wirken. Niedermayer gibt einen Hinweis, wie er die Expeditionen sich selbst überließ: Auf dessen Klage über den türkischen Raub deutschen Kriegsmaterials entgegnete er, er solle sich doch an den diplomatischen Gesandten für Persien, Prinz Reuß, wenden.[551] Er selbst wollte nicht aktiv werden. Wangenheim versuchte daher auch zu Anfang des Krieges von Sanders durch den seiner Meinung nach umgänglicheren von der Goltz ersetzen zu lassen.[552] Generell aber entsteht der Eindruck, dass es nicht nur persönliche Animositäten waren, sondern dass die Militärs den unkonventionellen Kriegsstrategien des Auswärtigen Amtes insgesamt eher skeptisch gegenüberstanden und wenn überhaupt nur widerwillig kooperierten. War der Kriegsschauplatz Orient in seiner Gesamtheit dem Generalstab in Deutschland schon schwer zu vermitteln, so fanden die mit traditionellen militärischen Manövern konkurrierenden Aktionen Oppenheims noch weniger Anklang.[553] Denn „unter den Offizieren der Heeresleitung gab es durchaus Zweifel an der Effizienz muslimischer Aufstände", vermochten sie die militärischen Fähigkeiten „dieser Beduinenhorden" schlecht bis gar nicht einzuschätzen.[554] Der preußische Generalstab lehnte deswegen anfangs „die Herausgabe auch

---

548 Vgl. GEHRKE (1960) (I.), S. 121 f.
549 Vgl. MCKALE (1998), S. 34.
550 Vgl. ebd., S. 55 zur Rivalität Liman von Sanders und Wangenheims.
551 Vgl. FRIESE (2002), S. 42 f.
552 Vgl. POMIANKOWSKI (1928), S. 100 f.
553 Vgl. KAMPEN (1968), S. 65 f. und S. 77.
554 KRÖGER (1994), S. 372, und Kronprinz Rupprecht von Bayern zitiert in KAMPEN (1960) (II.), S. 201, Anmerkung 40.

nur eines einzigen aktiven Offiziers für die Expedition" nach Afghanistan ab.[555] Das Auswärtige Amt und damit alle von dort ausgehenden Unternehmungen hatten einen schweren Stand im Generalstab, wie Rudolf Nadolny, als Leiter der Politischen Sektion im stellvertretenden Generalstab sozusagen dessen Verbindungsglied zu den Diplomaten, in seinen Erinnerungen festhielt. Er solle „das Auswärtige Amt (...) endlich in Ordnung bringen", blafften Ludendorff und Hindenburg ihn bei einer persönlichen Unterredung an und zeigten im Gespräch unmissverständlich, dass das Militär den Vorrang vor Aktionen des Amtes genoss.[556] Zumindest hinsichtlich der Hinterbliebenenfürsorge waren die Mitglieder der Orientunternehmungen den Angehörigen des Feldheeres gleichgestellt. „Für Kriegsauszeichnungen [aber musste] selbstverständlich eine individuelle Behandlung vorbehalten bleiben."[557] Diese scheinbare Nebensächlichkeit zeigt, wie abschätzig alte Militärs und die OHL die Revolutionierung gegenüber der klassischen Kriegsführung einschätzten. Es war der typisch konservative Kleinmut vor einer neuen, unkonventionellen Methode. Anders ist auch die provokant ablehnende Haltung General von Falkenhayns gegenüber Oppenheim nicht zu erklären, als ihm dieser 1916 in Palästina als Verbindungsmann zu den Beduinen zugeteilt wurde.[558]

Aber nicht nur im Militär existierten althergebrachte Bedenken. Dass seitens der Politik Widerstände gegen Oppenheims Programm zu erwarten waren, hat bereits die vorangegangene Schilderung der Diversität der politischen Ansichten zum Orient gezeigt. Eine Mitteilung des Staatssekretärs Gottlieb von Jagow an seinen späteren Nachfolger Arthur Zimmermann liefert jedoch ein zusätzliches und eindringliches Beispiel dafür, dass selbst Befürworter der Revolutionierungsmaßnahmen von Zweifeln geplagt waren. In dem Schreiben äußert Jagow „erhebliche Bedenken" gegen die Mitnahme von Briefen und Geschenken nach Afghanistan, die auf deutschen Ursprung hinweisen könnten.[559] Die Expedition selbst, und indirekt damit die gesamten Aktionen im Orient, bezeichnet er als „ein Liebeswerben um die Hilfe eines Faktors von zweifelhaftem Werte (...) [, das] als ein Zeichen von Schwäche für uns gedeutet werden"[560] könnte. So äußert sich niemand, der von einer erfolgreichen Realisierung der revolutionären Maßnahmen überzeugt ist, gegenüber einem direkt damit beauftragten Untergebenen. Ein Ansporn war die Aussage sicherlich

---

555 MIKUSCH (1937), S. 61.
556 NADOLNY (1985), S. 108.
557 AA, *Bedingungen*, 3. 09. 1914, PA-AA R 21030-1, 000062.
558 Vgl. TEICHMANN (2001), S. 73.
559 Jagow an Zimmermann, 10. 10. 1914, PA-AA R 21031-1, 000048. Vgl. HENTIG (1967), S. 97. Bei den Geschenken handelte es sich um Uhren, Waffen, Schmuck und mehr als 100 aufwendige Schreiben an indische und afghanische Notabeln.
560 Jagow an Zimmermann, 10. 10. 1914, PA-AA R 21031-1, 000048

nicht. Der höchste Repräsentant des Auswärtigen Amtes zweifelte offen am Sinngehalt der geplanten Maßnahmen. Vor eben diesem halbherzigen Engagement hatte Oppenheim eindringlich gewarnt. Selbst die „dynamische Persönlichkeit des Unterstaatsekretärs Zimmermann", für Fritz Fischer *die* treibende Kraft im Auswärtigen Amt hinter der Revolutionierung, hegte Bedenken an der erfolgreichen Durchführung der Afghanistan-Mission.[561] Werner Otto von Hentig berichtet: „Erst nach meiner Rückkehr erfuhr ich, dass nüchterne Beurteiler der Sachlage die Chancen eines Durchkommens mit einem freundlichen Bedauern für mein Schicksal gering bewerteten, aber trotzdem glaubten, auch eine solche Unternehmung nicht unversucht lassen zu dürfen."[562] So abgedroschen es klingen mag, besonders in seinen Insurrektionsbemühungen im Orient zeigte sich Deutschland als „nervöse Großmacht", die weit stärker von Klein- als von Großmut geprägt war.[563] Selbst zu einem Zeitpunkt, an dem man sich augenscheinlich für eine Strategie entschieden hatte, dominierte in der politischen Führung ein panisches Moment, das sich in einem ständigen Hin und Her, bestimmt durch Unentschlossenheit und mangelnde Erfahrung, äußerte. Dies machte letztlich eine zielgerichtete Durchführung von Oppenheims engagiertem Programm unmöglich. Ein bezeichnendes Beispiel dafür bietet die fehlgeschlagene Karun-Mission, der auf die besondere Initiative Niedermayers zurückgehende Plan, das britische Pipelinesystem Südpersiens zu zerstören und dauerhaft die Zufahrt für britische Schiffe zu verhindern. Nach langwierigen Diskussionen zwischen deutscher und türkischer Regierung und sich hinziehenden internen Besprechungen ob der besten Vorgehensweise boten sich nicht mehr die anfangs extrem günstigen Bedingungen für einen Angriff. Die Aktion schlug weitgehend fehl und eine von vielen einmaligen Chancen ging so durch Entscheidungsschwäche ungenutzt verloren.[564]

Aus Gründen der Unschlüssigkeit und des Kompetenzwirrwarrs und letztlich des fehlenden Vermögens Oppenheims, sein Programm im Wortlaut durchzusetzen, missglückten die deutschen Unternehmungen im Orient. Aus ihnen resultierten die anfangs genannten materiellen und personellen Probleme. Zum Scheitern des deutschen Engagements im Orient kann man oft lesen, dass es insgesamt an der benötigten kriegerischen Ausrüstung und an Geld fehlte, aber in der Regel waren die finanziellen Mittel und militärische Spezialisten vorhanden. Die Heeresmasse konnten die osmanischen Alliierten und die prognostizierten Aufständischen

---

561 FISCHER (1977) (ND), S. 110.
562 HENTIG (1962), S. 98.
563 Nach ULLRICH (2007²).
564 Vgl. SEIDT (2002), S. 55, und GEHRKE (1960) (I.), S. 27 f. und S. 91–95.

stellen.[565] „Mit Geld, und das bedeutete Gold, war man bei Beginn des Krieges sehr freigiebig."[566] Diesen Eindruck prägen auch die zahlreichen Zahlungsanweisungen des Auswärtigen Amtes.[567] Allerdings kam das Geld nicht immer dort an, wo es letztlich benötigt wurde. Auffallenderweise findet sich in einem Telegramm Zimmermanns der deutliche Hinweis, dass die bewilligten Finanzmittel „nur für Afghanistanangelegenheiten und sonstige Insurrektionen" zu verwenden seien.[568] Die unorganisierte und unhierarchische Struktur des Revolutionierungsprogramms lud gewissermaßen zu Missbrauch ein. Während mancher Expeditionsteilnehmer während der Vorbereitung in Luxushotels logierte oder auf andere kostspielige Annehmlichkeiten nicht verzichten wollte, fehlten dringend benötigte Geldmittel an anderer Stelle.[569] Im Angesicht der anfänglich großzügigen Zahlungsmoral des Auswärtigen Amtes ließ sich manch einer der Akteure im Orient gar zu Veruntreuung und Selbstbedienung hinreißen.[570] Dass man in Deutschland derartigem Fehlverhalten entgegenzusteuern versuchte und Beträge wieder annullierte, traf am Ende die Falschen und konnte für die Expeditionen einen „nicht mehr zu ersetzenden Ausfall bedeuten".[571] Sowohl Niedermayer als auch Waßmuß berichten von „herzlich geringen Summen", die ihnen zur Verfügung standen.[572] Zimmermann bemühte sich fortwährend, hohe Summen vom Reichsschatzamt bewilligt zu bekommen, um „die erheblichen Ausgaben für die Beschaffung von Waffen" decken zu können.[573] Eine gerechte und geordnete Verteilung des Geldes schien aber während des gesamten Krieges nicht zu gelingen. Geradezu absurd niedrig wirkt das Budget von Oppenheims NfO: Der Nachrichtenstelle standen im Monat gerade einmal 5.000 Mark zu Verfügung, sodass Oppenheim fehlende Beträge seinem Privatvermögen entnahm.[574] Noch bedenklicher erwies sich der Mangel

---

565 Vgl. KRÖGER (1994), S. 385, und SEIDT (2002), S. 53.
566 HENTIG (1962), S. 97. Vgl. dazu auch BLÜCHER (1949), S. 129.
567 Vgl. Zimmermann an von Rosenberg, 10. 12. 1914, PA-AA R 20937-1, 000010: „2 Millionen Mark" für das Suezkanalunternehmen, „rund 900 000 Mark" für weitere Aktionen (Zimmermann zit. in ebd.).
568 Zimmermann an von Langwerth, 12. 09. 1914, PA-AA R 21029-1, 000027.
569 Vgl. HENTIG (1962) S. 98: Exemplarisch dafür sind die indischen Reisebegleiter Hentigs, insbesondere der Kumar Mahenda Pratap. Er bestand auf standesgemäßer Unterbringung und „nötige Annehmlichkeiten". (S. 155)
570 Vgl. Wangenheim an AA, 26. 10. 1914, PA-AA R 21031-2, 000191 zu Constens Veruntreuung und Wangenheim an Bethmann Hollweg, 3. 10. 1914, PA-AA R 21030-3, 000095 zu Hochwärters eigenmächtigem Versuch, sich Geld von der Deutschen Bank zu besorgen.
571 Wangenheim an AA, 9. 10. 1914, PA-AA R 21030-3, 000212.
572 FRIESE (2002), S. 27. Vgl. Niedermayer an Wesendonk, 18. 10. 1914, PA-AA R 21031-2, 000163. Niedermayer fordert, „die finanzielle Notlage" zu beheben.
573 Zimmermann an Reichsschatzamt, März 1916, PA-AA 20937-3, 000272.
574 Vgl. MÜLLER (1991), S. 206 ff.

an Kriegsmaterial. Die feindliche Blockade der Balkanroute, der Wegfall des traditionellen Weges über Russland sowie die abweisende Haltung der zunächst neutralen Länder Bulgarien und Rumänien resultierten in erheblichen Verkehrs- und Nachschubproblemen. Waffen und Munition nach Afghanistan oder Persien zu transportieren, wurde damit fast unmöglich, auch weil österreichisch-ungarische Truppen darin scheiterten, den direkten Weg nach Konstantinopel freizukämpfen und Serbien aus dem Krieg zu werfen.[575] Die Deutschen und die Stämme alternativ aus türkischen Beständen auszustatten, gestaltete sich aufgrund des Waffen- und Materialmangels im Osmanischen Reich als aussichtslos. Nachdem Niedermayers Ausrüstung zuerst in Rumänien beschlagnahmt und eine zweite Lieferung von den Osmanen geplündert worden war, bestritt er, ebenso wie andere deutsche Missionen in Persien wie Waßmuß, Zugmayer oder Schünemann die Expedition nach Afghanistan mit einer der Kriegssituation nicht angemessenen „unzeitgemäßen" Ausstattung.[576] So verfügte er weder über dringend benötigte Maschinengewehre noch über Mörser oder leichte Artillerie und kaum Sprengstoff. Wirkungsvolle Attacken gegen Russen oder Engländer fielen von vornherein aus. Am Persischen Golf lagen weithin sichtbar die Schiffe der britischen Marine mit ihren mächtigen Geschützen. Das Bild, das das Deutsche Reich dadurch bei Persern oder Afghanen erzeugte, war nicht vorteilhaft. Beutewaffen und -munition waren das dominierende Rüstzeug für den Aufstand bereitwilliger einheimischer Unterstützer der Deutschen. Der ständige Mangel an Munition und Waffen und die daraus resultierende fehlende Fähigkeit, die Stämme ausreichend auszurüsten, war eines der wesentlichsten Probleme im Orient und verhinderte am Ende eine flächenweit erfolgreiche Revolutionierung der Bevölkerung.[577]

Zu den materiellen Problemen gesellten sich personelle. Geeignete und willige Kandidaten für solch neuartige Unternehmungen zu gewinnen, gestaltete sich aufgrund der fehlenden Erfahrung außerordentlich schwierig, insbesondere, da der geheime Charakter eine öffentliche Bewerbung verhinderte. Das Militär zeigte bekanntlich kaum Interesse, fähige Offiziere aus dem Kriegseinsatz abzugeben. Die Auswahl erfolgte auf Empfehlung Oppenheims und anderer bekannter Orientspezialisten sowie der Handelsmarine und von „nicht amtlichen Kommissionen".[578] Zum Teil hatten sich die geplanten Aktionen in Regierungskreisen herumgesprochen oder wurden von den Bezirkskommandos bekannt gegeben, sodass

575 Vgl. GEHRKE (1960) (I.), S. 64. Vgl. ebd. S. 64 ff.
576 Vgl. SEIDT (2002), S. 55 und S. 66.
577 Vgl. BLÜCHER (1949), S. 23, und GEHRKE (1960) (I.), S. 124–131.
578 Max von Oppenheim in *Die Revolutionierung ...*, PA-AA R 20937-2, 000131.

Deutsche 100-Mark-Banknote mit persischem Überdruck (25 Tuman) als Militärausgabe für die persischen Gebiete. Die deutschen Revolutionäre im Orient klagten ständig über Geldmangel. Viel anfangen konnten sie mit solchen Scheinen nicht. Die einheimischen Alliierten nahmen lieber Gold.

interessierte Bewerber direkt beim Auswärtigen Amt vorstellig wurden.[579] Manch ein ziviler technischer Spezialist wurde mangels Alternativen geradezu zwangsverpflichtet.[580] So entstand „eine bunt zusammengewürfelte (…) Gruppe von Offizieren der Handelsmarine und Reserveoffizieren [weitgehend] ohne Sprach- und Landeskunde", die Oppenheim abfällig als „abenteuerlustige Forschungsreisende [und] Tropenpflanzer" bezeichnete.[581] Der Freiherr durfte sich allerdings selbst keine Kritik leisten, bescheinigte ihm doch sein späterer Nachfolger als Leiter der NfO Emil Schabinger von Schowingen selbst eine gewisse Naivität in der Wahl seiner Mitarbeiter. Viele von ihnen erhofften durch eine Mitarbeit in der NfO schlicht und einfach dem aktiven Kriegsdienst und den Menschenmühlen an der Westfront zu entgehen.[582] So fand sich im Umfeld der geplanten Expeditionen eine auffallend große Anzahl von Drückebergern und Aufschneidern wieder, die gerade zu Beginn des Krieges die anvisierten Aktionen schwer belasteten und schließlich abberufen werden mussten.[583] Deren unangebrachtes Verhalten nötigte gar Zimmermann zu

579 Vgl. Dr. Langenegger an AA, 22. 12. 1914, PA-AA R 20937-1, 000023-24 die letztlich erfolglose Bewerbung des sächsischen Bauamtmanns Dr. Langenegger oder Bewerbung Friedrichs, 17. 09. 1914, PA-AA R 21124-3, 000262, in der sich Friedrich aufgrund einer „Bekanntmachung des Kgl. Bezirkskommandos" beim AA vorstellt.
580 Vgl. Arbeitsvertrag Fasting/AA, 7. 11. 1914, PA-AA R 21031-2, 000257-260 die Verpflichtung des „Telegraphisten Ernst Fasting".
581 SEIDT (2002), S. 50, und Max von Oppenheim in *Die Revolutionierung ...*, PA-AA R 20937-2, 000131
582 Vgl. TEICHMANN (2001), S. 71.
583 Vgl. SEIDT (2002), S. 53, FRIESE (2002) S. 25, MIKUSCH (1937), S. 58 f., und Wangenheim an AA, 3. 10. 1914, PA-AA R 21030-3, 000195 f.

intervenieren.[584] Das Ausmaß dieses Problems verdeutlicht exemplarisch der Fall Friedrich von Kalkreuth.[585] Dieser war ursprünglich ausgewählt worden, an den Insurrektionsmaßnahmen in Persien und Afghanistan teilzunehmen. Doch er brüstete sich in Gaststätten und Wirthäusern öffentlich mit seinem Geheimauftrag in den Orient, bis ihn schließlich seine Vermieterin bei der Polizei anzeigte: „K. bringe es fertig, sein eigenes Vaterland für 50 Pfennige zu verraten."[586] Kalkreuth wurde daraufhin von seinen Aufgaben entbunden.

Die Wahl von Waßmuß, Niedermayer und Hentig erwies sich dagegen als ungemeiner Glücksgriff. Keine anderen Teilnehmer der Expeditionen außer Waßmuß und Niedermayer erwähnte Oppenheim in seiner Denkschrift namentlich oder zeigte derartige Begeisterung ob ihrer Rekrutierung.[587] Das überrascht kaum, denn sie entsprachen in geradezu auffälliger Weise seinen Erwartungen an die Akteure im Orient. Waßmuß und Niedermayer waren als ausgesprochene Orientspezialisten sprach- und landeskundig und hatten bereits vor dem Krieg reichliche Erfahrungen im Nahen und Mittleren Osten sammeln können.[588] Sie teilten Oppenheims Abneigung gegenüber der britischen Weltmachtpolitik und waren ebenso wie er vom Revolutionierungspotenzial der muslimischen und tribalen Gesellschaften des Orients überzeugt.[589] Am wichtigsten jedoch war, dass sie beide, wie Oppenheim, gegenüber den Menschen und der Kultur des Orients eine egalitäre, un-imperialistische Haltung einnahmen und da-

---

584 Vgl. Zimmermann an Wangenheim, 2. 05. 1915, PA-AA R 20937-3, 000284. Zimmermann beklagt sich über „Indiskretion" der Teilnehmer und deren Kontakt zu „zweifelhaften Frauenpersonen".

585 Stv. GG an AA, 10. 10. 1914, PA-AA R 21031-1, 000024-28.

586 Stv. GG an AA, PA-AA R 21031-1, 000026.

587 Vgl. *Die Revolutionierung ...*, PA-AA R 20937-2, 000131 bezüglich Waßmuß und Niedermayer und IfZ ED 113/7, Akz. 3460/64, lfd. Nr. 351076-351122, *Korrespondenz Hentig–Oppenheim*. Das offensichtlich sehr vertraute Verhältnis der beiden indiziert den guten Eindruck, den Oppenheim von Hentig hatte.

588 Vgl. MIKUSCH (1937), S. 7–30, speziell S. 25, und GEHRKE (1960) (I.), S. 124: Waßmuß war als stellvertretender Konsul in Buschehr tätig. Vgl. SEIDT (2002), S. 29–38: Niedermayer, der u. a. Iranistik studiert hatte, absolvierte ab 1912 eine eineinhalb Jahre währende Forschungsreise durch Persien und durchquerte dabei nach Sven Hedin als zweiter Europäer die Kawir-Wüste.

589 Vgl. MIKUSCH (1937), S. 18–27: Waßmuß glaubte zwar an eine natürliche deutschenglische Freundschaft, empfand aber Abneigung gegenüber der imperialistischen britischen Weltherrschaftspolitik. Heftige antienglische Äußerungen seiner Stammesfreunde bewiesen ihm das Aufstandspotenzial persischer Bevölkerungsteile. Vgl. SEIDT (2002), S. 36–61: Niedermayer war ob der Erfolgsaussichten der Revolutionierungsmaßnahmen durchaus skeptisch und spekulierte später als Universitätsprofessor gar über die Vermeidbarkeit des Krieges. Seine Orientreise hatte ihn jedoch eng mit der „liberalen und internationalistischen" (S. 33) Glaubensgemeinschaft der Bahai in Verbindung gebracht, die sich gegen die britische Herrschaft aussprach, die „mit subtilen Methoden die unterworfenen Völker des Orients, die sie ausbeuteten und unterdrückten", (S. 37) beherrschten. Die Aufwiegelung der Bevölkerung war für ihn daher gerechtfertigt und seiner Ansicht nach Erfolg versprechend.

durch ihre Sympathie gewinnen konnten. Waßmuß war bekannt dafür, dass er „nie, auch nicht durch eine unwillkürliche Geste oder ein unbewusstes Wort, (...) sich diesen Halbnomaden überlegen fühlte".[590] Im Gegenteil: Selbst die Briten schilderten ihn nach dem Krieg als „shielder of the oppressed", als Beschützer der Unterdrückten.[591] Waßmuß schien sich geradezu verpflichtet gefühlt zu haben, die Perser bei ihrer Emanzipation von der britisch-russischen Fremdherrschaft zu unterstützen.[592]

Oskar von Niedermayer (Mitte) – hier mit seinen Begleitern Wagner und Voigt in Kabul – entsprach genau den Oppenheimschen Vorstellungen von „Morgenlandrevolutionären": Verständnis für die „Psyche des Orients" und voll von selbstständigem Tatendrang.

Niedermayer beherrschten ähnliche Gedanken. Seine Sympathie für die Glaubensgemeinschaft Sayyid Ali Muhammads, die unter anderem soziale Gerechtigkeit und eine verbesserte Rechtsstellung für Frauen und Kinder forderte und Gleichberechtigung wie Unabhängigkeit zu ihren Grundprinzipien zählte, zeugten von seinem freiheitlichen Geist.[593] Diese Haltung spiegelte sich während des Krieges in seinem Eintreten für die

---

590 MIKUSCH (1937), S. 13
591 SYKES, CH. (1937), S. 30. Waßmuß' Forderung nach Gleichberechtigung und Hilfe Unterdrückter bestätigt auch seine englische Lebensschilderung.
592 Vgl. MIKUSCH (1937), S. 12 f. und 18 f.
593 Vgl. SEIDT (2002), S. 33.

demokratische Bewegung in Persien und seiner Forderung am „Festhalten an Parlament und Freiheit" wieder.[594] Fritz Fischer mag Recht haben, wenn er Deutschlands „Einsatz im Bereich des Islam (…) völlig unzureichend" bezeichnet, oder Kröger, der die motivierten politischen und

militärischen Pläne auf „die persönlichen Abenteuer der beteiligten Offiziere und Diplomaten" reduziert.[595] Der Krieg entschied sich in Europa und das Programm Oppenheims entfaltete nicht die erwünschte Wirkung. Die Gründe dafür wurden genannt. Doch die individuellen Erfolge von Niedermayer und Hentig sowie Waßmuß stehen gewissermaßen exemplarisch für eine möglich gewesene Realisierbarkeit der Denkschrift.

Das weitgehend einsame und eigenmächtige Wirken von Wilhelm Waßmuß in Südpersien, im Raum um die Städte Buschehr und Schiraz, entfachte antibritische Aufstände der *Tangistani*, der

Wilhelm Waßmuß auf einer Aufnahme von Dr. Fritz Niedermayer kurz vor seiner Trennung von der Afghanistan-Mission. Waßmuß hatte Niedermayer Oppenheim empfohlen.

Qashqa'i, von denen am Ende 20.000 auf Seiten der Deutschen kämpften, sowie anderer Stämme und bewies, dass „die Bevölkerung zur Erhebung gegen die Fremdherrschaft bereit war".[596] Waßmuß' „Kleinkrieg" zwang die Engländer zu erheblichen Truppenkonzentrationen in der Provinz Fars und für die Besetzung von Buschehr, ohne dass sie zu entscheidenden Gegenmaßnahmen in der Lage waren, um die allgemeine Ordnung wiederherzustellen.[597] Zudem trug die Bindung britischer Kräfte in Persien erheblich zu den herben Rückschlägen der Briten in Mesopotamien bei.

---

594 Niedermayer zitiert in Gehrke (1960) (I.), S. 115.
595 Fischer (1977) (ND), S. 116, und Kröger (1994), S. 383.
596 Mikusch (1937), S. 70 ff. Andere Stämme waren z. B. die *Luren* und die *Bakhtiyaren*. Vgl. Erhard (1981), S. 129 f. bezüglich der *Qashqa'i* und Gehrke (1960) (I.), S. 156 ff. bezüglich der *Tangistani*. Vgl. auch Mahdawi (2009/10), S. 346 zur erfolgreichen Revolutionierung Südpersiens durch Waßmuß.
597 Vgl. Gehrke (1960) (I.), S. 221–223, Blücher (1949), S. 22 und besonders S. 130, sowie Mikusch (1937), S. 131 zur britischen Truppenverstärkung.

Waßmuß' Insurrektion nahm indirekt Anteil an der aufsehenerregenden Kapitulation der Briten bei Kut, einer der umstrittensten Niederlagen in der militärischen Kriegsgeschichte.[598] An die 13.000 britisch-indische Soldaten gingen in osmanische Gefangenschaft. Waßmuß hatte in Fars derweil leichtes Spiel. So sehr die Engländer im Verlaufe ihres Engagements in Persien selbst die unsicheren Machtverhältnisse zwischen Zentralregierung, Provinzgouverneuren und Stämmen für sich zu nutzen gewusst hatten, wurden sie nun zu deren Opfern. Kam es zu Verhaftungen räuberischer Stammesmitglieder, übernahmen nicht persische Regierungsstellen die Verantwortung – auch wenn sie die Maßnahme initiiert hatten –, sondern verwiesen auf die Willkür der Engländer und schürten damit den indigenen Hass auf sie.[599] Die Provinz Fars, in der Waßmuß gegen die Briten aktiv wurde, gehörte dem britisch-russischen Abkommen von 1907 nach ohnehin nicht zu ihrem Einflussgebiet, sondern unterstand nominell der persischen Regierung. Doch selbst hier intervenierten die Engländer bei Unruhen, um den Handel und den wichtigen Überlandtelegrafen nach Indien zu schützen oder ihre politischen Interessen durchzusetzen.[600] Zudem trugen sie aufgrund der finanziellen Notlage der Provinz die Kosten der Regionalregierung, machten jedoch selbst kleinste Maßnahmen von ihrer Zustimmung abhängig. Verständlicherweise zogen sie sich damit den Groll des Provinzgouverneurs wie auch der tribalen Gemeinschaften zu. Und das obgleich die Briten für die Sicherheitslage in der Provinz durch Finanzierung der persischen Gendarmerie und eigene Präsenz sichtbar beitrugen. Waßmuß musste nur den Funken entfachen, den bereits Oppenheim in seiner Denkschrift erwähnt hatte.[601] Teilweise reichte es aus, die Briten zu einer Machtdemonstration zu provozieren, um im Gegenzug einen Aufstand der Bevölkerung auszulösen.[602] Selbst Stämme, die von der britischen Herrschaft profitierten, hegten ein geheimes Wohlwollen für Waßmuß. England konnte sich in Südpersien im gesamten Verlauf des Krieges nie gänzlich ob der Loyalität seiner einheimischen Mitkämpfer

---

598 Vgl. BLÜCHER (1949), S. 130, und WILSON (1930), S. 91–128 zur Niederlage bei Kut.

599 Vgl. MIKUSCH (1937), S. 23.

600 Vgl. HOPKIRK (1994), S. 130 ff.: Die Briten übernahmen im nominell neutralen Persien unter der Berufung auf vorgeblich illegale Aktivitäten von Waßmuß und ihre Verantwortung für die Sicherheit des Landes polizeiliche Aufgaben und verhängen Haftbefehle gegen ihn.

601 Vgl. ebd., S. 68: Neben dem persönlichen Werben vor persischen Stammesführern standen Waßmuß dafür „einige Kisten Propagandamaterial, Flugschriften in allerlei Sprachen und Dialekten, die zum Kampf oder Aufstand gegen den britischen Feind und Unterdrücker aufriefen (...)" zur Verfügung.

602 Vgl. MIKUSCH (1937), S. 93. Das Wirken von Waßmuß hatte die Briten zur Besetzung Buschehrs veranlasst. Daraufhin kam es zu einem bewaffneten Aufstand der Bevölkerung, dem der britische Hauptmann Noel und seine Truppen nur mit knapper Not entkommen konnten.

sicher sein.[603] Denn gerade die Nachricht des erfolgreichen Überfalls eines anderen Stammes auf die Briten kratzte am tribalen Ehrgefühl und konnte zu Nachahmung anstacheln.[604] Mikusch erwähnt in seiner Biografie von Waßmuß poetisch, aber scheinbar zu Recht, die Freude der Stämme an „Kampf und streitbarer Bewährung".[605] Waßmuß gelang es letztlich aufgrund seines Verständnisses des tribalen Charakters, die allgemeine Feindschaft gegen die Engländer, das tribale Ehr- und Selbstständigkeitsgefühl und letztlich die kriegerische Natur der Stämme als Argumente für Angriffe und Überfälle zu nutzen.[606] Sein aufgeschlossener Charakter, die Fähigkeit tribale Gepflogenheiten zu adaptieren und den Freiheitskampf der Perser zu seinem eigenen Motiv zu machen, kamen ihm dabei zugute.[607] Wie Oppenheim prophezeit hatte, genügte die zielgerichtete Ausnutzung der Entente feindlichen Stimmung und ein gegenüber der Unabhängigkeit der Stämme aufgeschlossener Provokateur mit Gespür für die „Psyche des Orients", um die Briten bis zum Ende des Krieges in Fars zu beschäftigen.[608] Waßmuß steht daher nicht für ein ausnahmsweise erfolgreich umgesetztes Revolutionierungsprogramm, sondern als Prototyp dessen funktionierender Realisierbarkeit.

Ähnlich muss Oskar von Niedermayer bewertet werden: Wie Waßmuß, den er zu seinen eigenmächtigen Aktionen in Fars ermuntert und angespornt hatte, entfaltete er gleich nach seiner Ankunft in Persien entsprechend Oppenheims Programm eine rege Insurrektionstätigkeit.[609] Niedermayer führte seinen ganz eigenen Kleinkrieg. Ebenfalls auf eigene Faust; und er hatte Erfolg dabei. Angeregt vom Eintreffen der Deut-

---

603   Ebd., S.121. Vgl. S.72–80, und Blücher (1949), S.22 f. In Fars fruchtete der *Dschihad*-Aufruf.

604   Vgl. Gehrke (1960) (I.), S.125.

605   Mikusch (1937), S.119.

606   Vgl. Mikusch (1937), S.18: Zugute kam Waßmuß zudem, dass ihm zu Beginn des Krieges eine britische Geheimdienstakte in die Hände fiel, die alle wichtigen politischen Größen Südpersiens nannte und selbst genealogische Angaben zu ihnen enthielt.

607   Vgl. ebd., S.10 ff. und S.99 f.: „Die ungewöhnliche Wirkung seiner Persönlichkeit auf jene [Stammesangehörige] (...) ist vielleicht, (...), aus gewissen verwandten Zügen in seinem Wesen (...) zu erklären." (S. 12). Die enge Freundschaft mit Nasir ad-Diwan macht Waßmuß gleichsam zum „Vorkämpfer der Freiheit". Vgl. Gehrke (1960) (I.), S.128 f. Das einzige „Handicap" Waßmuß' blieb der Mangel an Waffen und Munition.

608   Max von Oppenheim in *Die Revolutionierung ...*, PA-AA R 20937-2, 000187 und vgl. Mikusch (1937), S.125–127, und S.296–304: Wie günstig die Situation war, beweist die gewaltlose Vertreibung der Briten und Russen aus Kermanschah durch Schünemann. Obgleich die Briten Waßmuß wiederholt gefangen setzen konnten, gelang es ihm immer wieder zu entkommen und den Kampf fortzusetzen. Erst seine Kapitulation aus persönlichen Gründen beendete seinen Einsatz am Golf. Vgl. Hopkirk (1996), S.130: Selbst Hopkirk anerkennt die „Ein-Mann-Guerilla-Kampagne" von Waßmuß und erwähnt dessen „ehrenvolle Bezeichnung ‚deutscher Lawrence'". Allerdings sieht Hopkirk dessen Erfolg in Waßmuß' Fähigkeit, die „leicht zu beeindruckenden Menschen" mittels inszenierten Funkgesprächen mit dem Kaiser zu begeistern.

609   Vgl. Gehrke (160) (I.), S.123 und S.143.

Das berühmteste Bild des deutschen Konsuls und gleichzeitig Versinnbildlichung seiner Zuneigung für Persien: Wilhelm Waßmuß in landestypischer Bekleidung der Tangistani während des Weltkrieges.

schen veranstalteten „Stammesführer, Geistlichkeit und Parteien (...) Protestkundgebungen gegen unsere Feinde [die Engländer und Russen] und sandten an die Teheraner Regierung Telegramme, die zum bewaffneten Vorgehen aufforderten".[610] Mit Siegesnachrichten aus Europa und zielgerichteter Aufwiegelung gelang es Niedermayer und seinem Kollegen Seiler vielerorts Volkserhebungen zu initiieren. In Isfahan mündeten sie in dem Attentat auf den britischen Generalkonsul.[611] Selbst der Diplomat Hentig entfaltete konspirative Fähigkeiten. Einer „Teheraner Depesche" zufolge ließ er in der Nähe der Hauptstadt aufstandswilligen persischen Nationalisten, „etwa 3000 Mann Schiessunterricht [sic] [geben]".[612] Die Erfolge Niedermayers und seiner Co-Konspiratoren wurden derweil in der deutschen Gesandtschaft mit Missfallen betrachtet. Gemeinsam mit Hentig musste er schließlich Persien verlassen. Angesichts der Lageentwicklung wäre Niedermayer gerne im Land geblieben. Hier kannte er sich aus, ähnlich wie Waßmuß am Golf. Zudem sah er seine Hauptaufgabe in der Störung der laufenden britischen und russischen Operationen und am Ergreifen von Chancen.[613] Der Gesandte Prinz Reuß mahnte jedoch Zurückhaltung an, trotz der eindeutigen Aussagen von Oppenheims Programm. Reuß verfolgte eine eigene, „konservative" Linie und bemühte sich den Schah, den nominellen, aber machtlosen Herrscher Persiens, und dessen weitgehend korrupte Regierung zur Kriegserklärung

---

610 Niedermayer zitiert in FRIESE (2002), S. 61, und vgl. SEIDT (2002), S. 71.
611 Vgl. GEHRKE (160) (I.), S. 155.
612 NfO an Philipp H. von Hentig, 22. 06. 1915, IfZ ED 113/5, Akz. 3460/64. Die Menge von 3000 Mann war mit Sicherheit übertrieben.
613 Vgl. SEIDT (2002), S. 72.

gegen die Entente zu bewegen. Volksaufstände vertrugen sich nicht mit seinem Plan. Letztlich waren sich die leitenden deutschen Gesandten in Persien, neben Prinz Reuß, von Kardorff und Rudolf Nadolny noch nicht einmal einig, mit wem man auf einheimischer Seite zusammenarbeiten sollte: dem Schah, der „offiziellen" Regierung unter al-Mamalik, „persischen Abenteuerprinzen wie Salar ad-Daula" oder nationalistisch-parlamentarischen Kräften wie Nisam as-Saltaneh.[614] Niedermayer vertraute entsprechend der Oppenheimschen Strategie auf „die revolutionäre Bewegung von unten, die schließlich die Regierung mitreißen sollte".[615] Seine und Waßmuß' wirksame Revolutionierung der „einfachen" Bevölkerung sprechen für die Richtigkeit und die Erfolgsaussichten seiner Annahme. Auf Veranlassung von Prinz Reuß wurde Niedermayer von Zimmermann an seinen eigentlichen Auftrag in Afghanistan erinnert und musste die Aufwiegelung einstellen.[616] Die für militärische Geheimoperationen zuständige Abteilung III b der Sektion Politik des stellvertretenden Generalstabes hatte Niedermayer paradoxerweise zuvor ermuntert, seine Maßnahmen fortzusetzen. Die Episode verdeutlicht, wie die erfolgreiche Umsetzung von Oppenheims Programm durch eine fortbestehende Divergenz in der deutschen Nahostpolitik und unklare Kompetenzabgrenzungen sabotiert wurde. Denn, wie Oppenheims Bekannter, der Orientspezialist Prof. Friedrich Sarre bestätigte, Niedermayer hatte „außerordentlich erfolgreich in Persien gearbeitet (…) und durch Bearbeitung der Stämme, Einrichtung von Aktions- und Etappenzentren unsere Interessen (…) gestärkt (…)".[617]

Niedermayer und Hentig zogen unter enormen Strapazen nach Afghanistan weiter.[618] Obgleich es ihnen dort nicht gelang, den Emir zu einem Einfall in Indien zu bewegen, bezeichnen die amerikanischen Nahostforscher Ludwig W. Adamec und Thomas L. Hughes die Expedition gleichermaßen als Erfolg.[619] Der Ausbruch des dritten Anglo-Afghanischen Krieges kam für die Deutschen nur zu spät. Im Mai 1919, kurz nach dem Tod Habibullahs, rief der neue Emir Amanullah einen *Dschihad* gegen die Briten aus. Afghanische Streitkräfte drangen knapp 100 Kilometer tief in Indien ein, erkämpften die Unabhängigkeit ihres Landes von Großbritannien und bewiesen nachträglich die Umsetzbarkeit und Seriosität des Af-

---

614 Gehrke (160) (I.), S. 39 f.
615 Ebd., S. 144.
616 Vgl. Seidt (2002), S. 71 ff., und Gehrke (160) (I.), S. 143 ff.
617 Sarre zitiert in Seidt (2002), S. 75. Wie Oppenheim „nahm [Niedermayer] keine Rücksicht auf die Hierarchie des Auswärtigen Amtes". Er wollte schlicht das Revolutionierungsprogramm entsprechend seinen Erfahrungen erfolgreich umsetzen.
618 Vgl. Kröger (1994), S. 380 f. für einen schnellen Überblick des Verlaufes der Expedition.
619 Vgl. Hughes (2004), S. 61, und Adamec (1967), S. 94 und S. 182.

Niedermayer als „Hadschi Mirsa Hussein": Verkleidet als Perser und mit der Unterstützung ihm loyaler Einheimischer wurde der bayerische Offizier in Teheran durch seine konspirative Tätigkeit zu einem Pionier klandestiner Kriegsführung.

ghanistan-Plans Oppenheims.[620] Entsprechend hatten Niedermayer und Hentig in Kabul auch genau die antibritische Stimmung vorgefunden, die in Oppenheims Denkschrift festgehalten war. Der Bruder des Emirs Nasrullah und dessen Sohn, der spätere Regent Amanullah, präsentierten sich von Anfang an als starke Befürworter einer afghanisch-deutschen Allianz gegen England.[621] Die politische Leitlinie seines Vaters und die damit verbundene prinzipielle Skepsis hinderten Habibullah allerdings, allzu vorschnell ein Bündnis einzugehen. Bezeichnenderweise nannte er die deutschen Besucher Kaufleute, die ihre Waren bzw. ihre Position vor ihm ausbreiten müssten.[622] Während sich die Deutschen um ihn bemühten, wurde er parallel von den Briten durch angebliche deutsche Mordpläne verunsichert und verharrte in abwägender Haltung.[623] Dennoch gelang es Niedermayer und Hentig, zwischen Afghanistan und Deutschland einen

---

620 Vgl. SEIDT (2002), S. 89, und BRECHNA (2005), S. 190 ff.
621 Vgl. HENTIG (1967), S. 139, ADAMEC (1967), S. 90 f., SEIDT (2002), S. 87 f., und Vortrag Hentigs, *Deutsche Beziehungen zum Herzen Asiens*, 1. 02. 1919, IfZ ED 113/23, S. 9.
622 Vgl. SEIDT (2002), S. 83, und HENTIG (1967), S. 141.
623 Vgl. HENTIG (1967), S. 153 ff. Der Emir ist von den Nachrichten über Mordpläne der Deutschen derart verunsichert, dass er während eines Gespräches panisch auf einen klingelnden Wecker reagiert und ihn für eine Bombe hält. Vgl. dazu auch SEIDT (2002), S. 87 f.

Vertrag zum Abschluss zu bringen, der die Freundschaft zwischen den beiden Nationen bestätigte und in dem Deutschland die Unabhängigkeit Afghanistans offiziell anerkannte.[624] Der Emir erklärte darin, dass er bereit sei, auf deutscher Seite in den Krieg einzutreten, sobald zwischen 20.000 und 100.000 Mann deutsche oder türkische Truppen in Afghanistan eingetroffen seien.[625] Niedermayer und Hentig hatten durch engagierte Entwicklungshilfe und tatkräftige Reformvorschläge mehr und mehr das Vertrauen des Emirs und afghanischer Führungszirkel gewinnen können. Einige Anregungen bewirkten unmittelbar spürbare Verbesserungen des „gesellschaftlichen, staatlichen und wirtschaftlichen Lebens".[626] „Eine Schulreform wurde in Angriff genommen (...) [und] die recht einfache Wirtschaft auf eigene Füße gestellt, um das Land von den englischen Zahlungen unabhängig zu machen", wie von Hentig berichtet.[627] Der deutsche Modernisierungseifer war später ein nicht unerheblicher Impetus für den leidenschaftlichen Reformdrang des Emirs Amanullah in den 1920er Jahren.[628] Vor allem aber das militärische Training durch die Deutschen sollte sich für die Afghanen als außerordentlich hilfreich erweisen. Schulungen über den militärisch sachgemäßen Einsatz von Maschinengewehren, artilleristische Übungen im vorher dort unbekannten indirekten Schießen, Niedermayers strategische Generalstabskurse oder eine von den Deutschen formulierte afghanische Felddienstlehre steigerten das militärische Potenzial des Landes und hatten einen wichtigen Anteil am Sieg der Afghanen gegen die Briten im anschließenden Unabhängigkeitskrieg.[629] Die Lebensbeschreibung Hentigs verweist demgemäß auf den Grund, warum Hughes und Adamec folgerichtig die Mission insgeheim als Erfolg bezeichnen: „Eines musste dem Emir einleuchten und sein Mißtrauen allmählich besiegen: daß wir mit allem, was wir taten, lediglich sein Land stärken und es keinesfalls in seiner augenblicklichen Schwäche und Besiegbarkeit in einen Krieg treiben oder auch nur hineingleiten lassen wollten."[630] Für Hughes waren die Deutschen in Afghanistan in

---

624 Vgl. HENTIG (2009²), S. 263, und ADAMEC (1967), S. 94.

625 Vgl. ADAMEC (1967), S. 94: Der Emir wollte zuschlagen, wusste aber, dass er ohne militärische Unterstützung nicht viel auszurichten vermochte. Die Expedition war demnach erfolgreich, nur fehlte es im Anschluss an militärischer Unterstützung aus Deutschland.

626 HENTIG (2009²), S. 76. Vgl. auch S. 82, und HENTIG (1967), S. 147 f., und S. 152. Siehe auch Vortrag Hentigs, *Als deutscher Diplomat beim Emir von Afghanistan*, IfZ ED 113/23, S. 12 f.: „Machten wir Vorschläge bezüglich der Reorganisation der Armee, der inneren Verwaltung, der Steuereinziehung oder sonstiger Verwaltungszweige, so wurden sie ohne weiteres bewilligt."

627 Vortrag Hentigs, *Afghanistan – seit 130 Jahren „neutralistisch"*, 10. 12. 1959, IfZ ED 113/23, S. 2.

628 Vgl. NICOSIA (1997), S. 248 zum deutschen Einfluss auf das Reformprogramm Amanullahs und BRECHNA (2005), S. 189–199 zu seinen Reformen.

629 Vgl. HENTIG (2009²), S. 279–281.

630 HENTIG (1967), S. 148.

Oskar von Niedermayer auf dem Weg nach Afghanistan. Den beschwerlichen Weg in das Emirat, durch unbarmherzige Wüstenlandschaften und in ständiger Sorge vor Räubern oder den Häschern der Ententemächte, beschrieb er nach dem Krieg in mehreren Buchveröffentlichungen, u.a. mit dem vielsagenden Titel Unter der Glutsonne Irans.

vielerlei Hinsicht auf der „Seite der Zukunft". Sie vertraten gegenüber dem Emir antikoloniale Werte und das Ideal der Selbstbestimmung.[631] Die Expedition war mit nicht mehr als einer Botschaft des Kaisers nach Kabul gekommen und vermochte den Emir beinahe in den Krieg zu zie-

---

631 HUGHES (2004), S. 61: „In many ways, the Germans were on the side of the future – on the side of anti-colonialism and self-determination." Übersetzung aus dem Englischen durch den Autor.

Die Afghanistan-Mission auf dem Weg zum Emir im Nirgendwo zwischen Isfahan und Yazd. Zu den größten Leistungen Niedermayers und Hentigs gehörte die logistische Bewältigung ihrer Expedition. Engländer und Russen zeigten sich überrascht, als sie vom erfolgreichen Vordringen der Deutschen nach Kabul erfuhren – und begannen sofort gegen sie zu intrigieren.

hen. Engländer und Russen waren im Orient derart in Unruhe versetzt, dass sie enorme Mengen an Truppen an den afghanischen Grenzen konzentrierten, die ihnen an anderen Kriegsschauplätzen fehlten.[632] Aber vor allem über mangelnde Beliebtheit konnten sich die Deutschen am Ende nicht beklagen, als sie Mitte 1916 aus Afghanistan abreisten. Die unimperialistische Haltung, erwachsen aus dem Programms Oppenheims, verdeutlicht durch das augenscheinlich „uneigennützige" Agieren der deutschen Teilnehmer, gewann die Sympathie der Afghanen.[633] Aufgrund des Sinngehalts der von Niedermayer und Hentig anberaumten Reformen und des von ihnen immerfort geforderten Eintretens für die Unabhängigkeit und Selbstbestimmung des Landes schlossen der Emir, sein Bruder, der Kanzler Nasrullah und besonders Amanullah letztlich auf tendenziell uneigennützige Motive der Deutschen. Der Emir zögerte, deswegen einen Krieg mit England zu riskieren, aber die Mehrheit an seinem Hof war „von der zwingenden Richtigkeit der deutscherseits vorgeschlagenen

---

632 Vgl. SEIDT (2002), S. 85. Bis zu 180.000 Mann sollen an der afghanisch-indischen Grenze allein von den Briten zusammengezogen worden sein.
633 HENTIG (2009²), S. 82. Vgl. HENTIG (1967), S. 166.

Der Emir ließ sich Zeit mit einer Audienz für die „Kaufleute" aus Deutschland. Die Verhandlungen in Pagema verliefen am Ende erfolgreich, der Aufstand gegen England kam für das Deutsche Reich jedoch zu spät. Auf der Aufnahme sind alle Verhandlungsführer der Afghanistanexpedition zu sehen: von links Niedermayer, Hentig, Mahendra Pratap (mit Mappe), dahinter Voigt, der Inder Barakatullah, Wagner und der türkische Abgesandte Kasim Bey.

Maßnahmen überzeugt".[634] Bezeichnenderweise bemühte sich Amanullah nach der Erlangung der Unabhängigkeit Afghanistans sogleich um engen Kontakt mit Deutschland und scharte Politiker wie Außenminister Mahmud Tarzi um sich, die sich bereits gegenüber Hentig und Niedermayer für ein afghanisch-deutsches Bündnis ausgesprochen hatten.[635] Die Einladung Hentigs nach Kabul zum Unabhängigkeitsfest im Jahre 1961 durch den afghanischen Ministerpräsidenten Daud und die von ihm bei dem Besuch beobachtete Dankbarkeit über die „erste Begegnung mit Deutschen [und den] Anstoß zu manchen Entwicklungen[, den] sie gegeben hatten", beweist den nachhaltig positiven Eindruck, den er und Niedermayer hin-

---

634 Hentig, *Afghanistan – 22. August 1915*, 1955, IfZ ED 113/ 23, S. 486. Vgl. SCHINASI (1979), S. 35 f. zur überwiegend pro-deutschen Einstellung am Hof Habibullahs.
635 Vgl. NICOSIA (1977), S. 239–248 zum Wunsch Amanullahs nach einer engen afghanisch-deutschen Beziehung und Hentig, *Afghanistan – 22. August 1915*, 1955, IfZ ED 113/ 23, S. 486 zu Mahmud Tarzi. Vgl. BRECHNA (2005), S. 186, und IfZ ED 113/5, Akz. 3460/64: Mahmud Tarzi war neben seinem Außenministeramt Herausgeber und Redakteur der einzigen regelmäßigen Zeitung des Landes *Saraj-ul-Akhbar*, die sich vor und während des Aufenthaltes der Expedition in Kabul betont deutschfreundlich äußerte. Vgl. auch SCHINASI (1979) und ADAMEC (1975), S. 185 f. zu Tarzi.

terlassen hatten.[636] Die von Habibullah gewünschten 20.000 bis 100.000 Soldaten, die der deutsche Generalstab für ein derartiges Unternehmen nicht abstellen wollte, hätten das Versprechen des Emirs auf die Probe stellen können.

Das Revolutionierungsprogramm Oppenheims war kein „Krieg der Amateure".[637] Niedermayer und Hentig in Afghanistan sowie Waßmuß in Persien beweisen, dass eine professionelle Umsetzung der Denkschrift, getreu ihrem Wortlaut, den gewünschten Gesamterfolg hätte bringen können. Oppenheim als theoretischem Vordenker und Waßmuß oder Niedermayer als ausführenden Organen ist kein Vorwurf zu machen. Die leitenden deutschen und türkischen Stellen verirrten sich dagegen in Unschlüssigkeit, unterschiedlichen Zielen und unklaren Kompetenzen. Personelle und materielle Probleme verschärften die Situation. All dies verlieh dem Programm in der Tat amateurhafte Züge. Die Chance, durch Oppenheims Strategie den Krieg im Orient zu gewinnen, verspielten die Deutschen nicht durch „Überschätzung der eigenen Fähigkeiten", sondern wegen der fehlenden Fähigkeit, sich dem visionären, un-imperialistischen Revolutionierungskonzept Oppenheims unterzuordnen.[638]

---

636 Hentig, *Wiedersehen mit Afghanistan nach 45 Jahren*, 1961, IfZ ED 113/ 23, S. 7.
637 Seidt (2002), S. 50.
638 Kröger (1994), S. 386.

Resümee

In der Außenpolitik des Kaiserreiches antiimperialistische Wesenszüge zu erkennen, ist mit Sicherheit ein ungewöhnlicher Gedankengang. Im Zeitalter des Imperialismus beteiligte sich auch das Deutsche Reich tatkräftig am Wettstreit der europäischen Großmächte um globalen Einfluss, wenn nicht gar um Hegemonie. Deutschland war eine imperialistische Macht, das steht zweifelsfrei fest. Besonders die von Fritz Frischer nachgewiesene Annexionsversessenheit der deutschen Reichsregierung in West- und Osteuropa, die einen Verständigungsfrieden im Ersten Weltkrieg unmöglich machte, oder die noch im späten 19. Jahrhundert angeeigneten afrikanischen Kolonien wie Togo, Kamerun oder Deutsch-Südwest sind Belege imperialistischer Charakteristika der Außenpolitik des wilhelminischen Deutschland. Aber lapidar ausgedrückt: der Orient war nicht Schwarzafrika. Die außenpolitischen Bemühungen des Kaiserreichs im Nahen und Mittleren Osten unterschieden sich wesentlich von der sonst an den Tag gelegten imperialistischen Haltung. Die Herrschaft der Ententemächte England, Frankreich und Russland über die Länder des Orients und die Hoffnung der einheimischen Bevölkerung auf ein Ende der Knechtschaft boten dem Kaiserreich die Gelegenheit, als Gegengewicht aufzutreten und sich als Schutzmacht der unterdrückten Orientalen anzubieten. Das Kaiserreich trat im Orient überraschend un-imperialistisch auf und förderte den einheimischen Wunsch nach Selbstbestimmung und Unabhängigkeit von Europas Großmächten. Besonders Wilhelm II. gefiel sich in der Rolle des Beschützers der Muslime. Wie er hegte auch die deutsche Öffentlichkeit eine starke Sympathie für die gegängelten Orientalen und begann sich euphorisch für die „neuen" Freunde zu begeistern. Die deutsche Außenpolitik, die anfangs, dem Bismarckschen System treu vor allem von starker Zurückhaltung geprägt war, ließ sich Schritt für Schritt von der Begeisterung vereinnahmen. „Diplomaten des neuen Kurses" konnten langsam das Verständnis einer deutsch-türkischen, respektive deutsch-orientalischen, Interessensgemeinschaft etablieren. Alldeutsche Phantasien von Siedlungsraum und einem deutschen Großreich von der Nordsee bis zum Persischen Golf waren im Verhältnis zu mehrheitlich egalitären Vorstellungen der Beziehung zum Orient radikale Einzelmeinungen und nicht die Regel. Im Gegenteil: Die bedeutendsten politischen

Publizisten der Kaiserzeit wie Paul Rohrbach, Hans Delbrück, Friedrich Naumann oder Ernst Jäckh traten der Idee einer deutschen Eroberung des Orients vehement entgegen und propagierten eine gleichberechtigte Partnerschaft. Sie forderten die Unabhängigkeit der orientalischen Länder von europäischer Fremdbeherrschung. So formulierten sie im Widerspruch zum Standpunkt der englischen, französischen und russischen Regierungen eine, wenn nicht antiimperialistische, dann doch zumindest un-imperialistische Position Deutschlands im Orient und verkündeten, dass das Kaiserreich in der Region keine Macht beanspruchte.

Ihre Ansichten sollten nicht nur die Theorie dominieren: das Deutsche Reich strebte im Orient tatsächlich keine Herrschaft an. Es war vor allem Verdienst des autodidaktischen Orientexperten Max von Oppenheim, die Termini Egalität und Souveränität in die Sprache der wilhelminischen Orientpolitik zu integrieren und damit einen deutschen Gegensatz zur Politik der Ententemächte zu definieren. Wilhelm II. fand Gefallen an den Überlegungen Oppenheims und machte sich dessen Ansichten zu eigen. Den Kaiser trieb wohl primär seine latente Feindschaft gegen Großbritannien, doch die begeisterten Reaktionen der orientalischen Bevölkerung, die seine offen zelebrierte Abweichung vom Kurs des europäischen Imperialismus im Nahen und Mittleren Osten hervorrief, überzeugten den Monarchen von der Richtigkeit der Oppenheimschen Gedanken. Nie zuvor war ein europäischer Herrscher derart euphorisch von der einfachen Bevölkerung begrüßt worden wie Wilhelm II. während seiner zweiten Orientreise. Er dankte es mit seiner aufsehenerregenden Damaskusrede, in der er proklamierte, der osmanische Kalif und die Muslime weltweit könnten sich des Schutzes durch das Deutsche Reich sicher sein. Deutschland war damit die einzige europäische Großmacht, die sich – insbesondere derart öffentlichkeitswirksam – für den Islam, seine Anhänger und seine Verbreitungsgebiete aussprach und Partei ergriff für die muslimischen Untertanen imperialistischer Mächte. Der indische Revolutionär und Reformer Har Dayal definierte den Stellenwert Deutschlands im Orient daher wie folgt: „Die unterdrückten Völker des Orients schauen nun auf Deutschland als ihren Champion und Anführer im Kampf gegen den englischen und französischen Imperialismus."[639] Inwiefern Wilhelm II. und die deutsche Führung aus rein strategischem Kalkül handelten, muss sicherlich berücksichtigt werden, ist an dieser Stelle aber letztlich unerheblich. Denn mit dem Eingeständnis der Selbstbestimmung und Gleichberechtigung des Orients durch eine europäische Großmacht entfaltete dieser Gedanke eine eigendynamische Wirkung und trug nicht unerheb-

---

639 Har Dayal zitiert in BROWN E. (1975), S.216: „The oppressed people of the Orient now look up to Germany as their champion and their leader in the conflict against English and French imperialism." Übersetzung aus dem Englischen durch den Autor.

lich zur Emanzipation der Länder der Region im 20. Jahrhundert bei. Das bedeutet, selbst wenn die Freiheit der orientalischen Nationen nicht das Motiv des von Oppenheim initiierten und von Wilhelm II. geförderten deutschen Engagements im Orient gewesen war, entfaltete es eindeutig eine antiimperialistische Wirkung. Die Unabhängigkeit Afghanistans im Jahre 1919 ist das beste Beispiel dafür.

Max von Oppenheim hatte während seiner Aufenthalte im Orient aufgrund seiner Auseinandersetzung mit dem Panislamismus und dessen antiimperialistischen Zielen erkannt, dass Deutschland im Nahen Osten eine einmalige Chance zukam, nämlich gegenüber den islamischen Nationen als helfender Freund aufzutreten. Die Mehrheit der Muslime stand unter europäischer Fremdherrschaft. Lebhaft wurde von islamischen Reformern die Notwendigkeit diskutiert, sich dieser zu entledigen und dadurch in der Folge eine Demokratisierung und Modernisierung der muslimischen Gesellschaften zu bewirken, die die bisherige Unterlegenheit gegenüber dem christlichen Europa kompensieren sollte. Beeindruckt tauchte Oppenheim in die Debatte ein. Seine Zuneigung für die Bevölkerung und Kultur des Orients deuten darauf hin, dass es ihm in der deutschen Parteinahme für die Unabhängigkeit der orientalischen Nationen um mehr ging als um eine rein propagandistische Position. Oppenheim war davon überzeugt, dass Deutschland am Ende durch eine gleichberechtigte Partnerschaft mit den orientalischen Nationen am ehesten profitieren und diese in einer privilegierten deutsch-orientalischen Beziehung resultieren würde. Er wollte die Freiheit des Orients von europäischer Vorherrschaft und hatte Verständnis für den Drang nach Selbstbestimmung. Am meisten müssen das seine orientalischen Freunde gespürt haben. Die Krimi-Autorin Agatha Christie wurde Zeuge des sagenhaften und vor allem positiven Rufs Oppenheims, als sie in den dreißiger Jahren durch den Orient reiste und von den Einheimischen zahlreiche, begeisterte Geschichten über „El Baron" hören konnte.[640]

Im Verlauf des 19. Jahrhunderts hatte sich in der politischen und militärischen Führung in Deutschland schrittweise ein Bewusstsein für Revolutionierung als Kriegsstrategie etabliert. So genannte „Freiheitskriege", wie der serbische oder griechische Aufstand, hatten auf der einen Seite den schwer zu bändigenden Drang nationaler Minderheiten nach Unabhängigkeit erkennen lassen, auf der anderen das militärische Potenzial derartiger Bewegungen. Die Akzeptanz ihrer kriegerischen Verwendung, die nicht unerheblich der militärischen Zwangslage des Deutschen Reiches im Weltkrieg geschuldet war, ermöglichte Oppenheim, seine unkonventionelle Strategie inklusive ihrer un-imperialistischen Inhalte als Ma-

---

640 Christie Mallowan (1983) (ND), S. 51 f.

xime der deutschen Orientpolitik im Krieg durchzusetzen. Die Erklärung eines Heiligen Krieges, eines *Dschihad,* gegen die Ententemächte sollte den Muslimen ihr gemeinsames Schicksal der Unterdrückung verdeutlichen und dem Befreiungskampf von der englischen, französischen oder russischen Fremdherrschaft einen Namen geben. Die Formulierungen der *Dschihad*-Verkündungen sprechen eindeutig für die vordergründig anti-imperialistische Zielsetzung des von den Deutschen unterstützten Heiligen Krieges und gegen den Vorwurf einer bewussten Instrumentalisierung als Religionskrieg gegen die christlichen Gegner Deutschlands. Oppenheim wollte keinen fanatischen Glaubenskrieg entfachen, sondern mit dem Islam letztlich das einzig konstituierende Element des Orients ansprechen, um einen regionsweiten Freiheitskampf zu entfachen. Selbstverständlich politisierte er damit die Religion, allerdings in ähnlicher Weise wie in den 1970er Jahren christliche Priester der Befreiungstheologie in Südamerika zum religiös legitimierten, bewaffneten Kampf gegen Unterdrückung aufriefen.[641] Die Kritik am deutschen *Dschihad*-Engagement, gerade aus Frankreich und England, nährte sich maßgeblich aus der Sorge um den Verlust der europäischen Weltherrschaft und nicht aus der Furcht vor einer vermeintlich religiös-kulturellen Auseinandersetzung zwischen Islam und Christentum. Die Verurteilung der deutschen Haltung bedeutete im Grunde die Rechtfertigung der eigenen Herrschaft über fremde Völker und Religionen und die Dämonisierung jeglicher Gegenposition. Das Deutsche Reich stand als Neuzugang im Konzert der Mächte ohnehin unter strenger Beobachtung. Das auffallend starke Wirtschaftswachstum und der nervöse Drang Deutschlands nach außenpolitischer Geltung sorgten dafür, dass besonders die englische Öffentlichkeit das Kaiserreich als unangenehmen Konkurrenten, als Unruhestifter, gar als Bedrohung wahrnahm. In dem 1904 erschienenen Roman *The Riddle of the Sands* von Robert Erskine Childers, der allein im ersten Jahr hunderttausend mal verkauft wurde, waren die Deutschen ebenso die „Bösen" wie in dem zwei Jahre später erschienenen Fortsetzungsroman *The Invasion of 1910* von William LeQueux in der *Daily Mail.*[642] Natürlich wurde Oppenheims zeitgleiche Auseinandersetzung mit der als Gefahr empfundenen panislamischen Bewegung als Beweis für die bedrohliche Natur deutscher Politik verstanden. Sie fand gemeinsam mit der Figur Oppenheims auch ihren Weg in die britische Belletristik. John Buchans äußerst populärer, noch während des Krieges veröffentlichter Roman *Greenmantle* nimmt direkten Bezug auf dessen Engagement im Orient. Verständlicherweise

---

641 Vgl. HACKENSBERGER (2008), S. 69.
642 Vgl. HOPKIRK (1996), S. 52 f. Childers *The Riddle of the Sands* wurde 1984 von der ARD verfilmt und als zehnteilige Serie unter dem Titel *Das Rätsel von der Sandbank* ausgestrahlt.

zeichnete der ehemalige Kriegsberichterstatter der *Times* ein äußerst negatives und klischeehaftes Bild des deutschen Kriegsgegners.[643] Unglücklicherweise scheint dieses Bild bis in die zeitgenössische angelsächsische Historiografie nachgewirkt und Autoren wie Peter Hopkirk oder Donald M. McKale zu der gewagten Behauptung einer deutschen Verantwortung für den fanatischen Islamismus unserer Zeit provoziert zu haben. Der Fanatismus Bin Ladenscher Prägung hat sicherlich vielfältige Ursachen. Cemil Aydin bezeichnet die als Verrat empfundene Enttäuschung der kolonisierten Welt in Versailles durch die siegreichen Ententemächte als eine von ihnen. Oppenheim und Deutschland werden in seiner Analyse der Ursprünge antiwestlicher Sentiments in Asien nicht genannt.[644]

Zweifellos war Oppenheims Revolutionierungskonzept vorrangig eine Kriegsstrategie und erklärtes Ziel der Insurrektionsmaßnahmen die Schwächung der Kriegsgegner. Doch Oppenheim machte die Souveränität des Orients und dessen Nationen zu einem wesentlichen Bestandteil seiner Strategie. Zwar brachten die Bemühungen der Deutschen im Orient nicht die ersehnte Wende im Krieg und das Gros der hoffnungsvollen Pläne in Oppenheims Denkschrift scheiterte. Die deutsche Orientpolitik, wie sie Oppenheim vorschwebte, blieb „weitgehend im Konzeptionellen stecken".[645] Doch sie war insgesamt nicht undurchführbar und noch weniger illusorisch. Waßmuß oder Niedermayer bewiesen eindrucksvoll, dass die praktische Ausführung von Oppenheims Denkschrift den gewünschten Erfolg hätte bringen können. Den Krieg im Orient konnten sie allein nicht gewinnen, aber das Ansehen Deutschlands im Nahen und Mittleren Osten nachhaltig prägen. Der deutsche Diplomat Wipert von Blücher schreibt in seinen Erinnerungen zum Engagement im Orient, „nach unserer damaligen Überzeugung wurde [durch die deutsche Parteinahme für die kolonisierten Perser] eine (...) geschichtliche Cäsur [sic] vorgenommen. Sie mußte die Abkehr von der Epoche des Imperialismus bedeuten (...)."[646] Waßmuß gilt denn auch unter Zeithistorikern im Iran als Ursache einer bis heute auffälligen und verbreiteten Germanophilie in der iranischen Bevölkerung, ebenso wie der Generalkonsul der Islamischen Republik Iran in München, Bahaeddin Bazargani Gilani, seine Liebe für Deutschland mit dem gemeinsam ausgefochtenen, antikolonialen Kampf gegen die Briten während des Ersten Weltkrieges begründet.[647] Als Kind hatte er begeistert die Abenteuer seiner iranischen und deut-

---

643 Vgl. BUCHAN (2008) (ND) und DANIELL (1975), S. 120–133.
644 Vgl. AYDIN (2007), S. 93–160.
645 KRÖGER (2001), S. 132.
646 BLÜCHER (1949), S. 124.
647 Aussage der Leitung des Iranian Institute for Contemporary Historical Studies, Juni 2009, Teheran und Generalkonsul Bahaeddin Bazargani Gilani im persönlichen Gespräch mit dem Autor, Generalkonsulat der Islamischen Republik Iran, November 2009, München.

schen *Helden von Tangestan* in der gleichnamigen, populären persischen TV-Produktion vor dem Fernseher verfolgt. Auch in Afghanistan wirkte das Erscheinen der Deutschen nach. Dem afghanischen Regierungschef Hamid Karzai zufolge war das „Aufkreuzen der Niedermayer-Mission in Kabul" der Beginn der afghanisch-deutschen Freundschaft.[648]

---

648 FRIESE (2002), S. 7.

Abkürzungsverzeichnis

AA	Auswärtiges Amt
GfDK	Gesellschaft für Deutsche Kolonisation
HBO	Hausarchiv des Bankhauses Sal. Oppenheim jr. & Cie., Köln
IfZ	Institut für Zeitgeschichte, München
NfO	Nachrichtenstelle für den Orient
NL MvO	Nachlass Max von Oppenheim
OHL	Oberste Heeresleitung
PA-AA	Politisches Archiv des Auswärtigen Amtes

Literatur- und Quellenverzeichnis

Literatur

ADAMEC, Ludwig W.: *Afghanistan 1900–1923*, Los Angeles u. London 1967

ADAMEC, Ludwig W.: *Historical and Political Who's Who of Afghanistan*, Graz 1975

ADAMEC, Ludwig W.: *Historical Dictionary of Afghanistan*, Metuchen, N. J., u. London 1991

AFARY, Janet: *The Iranian Constitutional Revolution, 1906–1911 – Grassroots Democracy, Social Democracy & the Origins of Feminism*, New York 1996

ALKAN, Necmettin: *Die deutsche Weltpolitik und die Konkurrenz der Mächte um das osmanische Erbe – Die deutsch-osmanischen Beziehungen in der deutschen Presse 1890–1909*, Münster 2003

AKSAKAL, Mustafa: *The Ottoman Road to War in 1914 – The Ottoman Empire and the First World War*, Cambridge 2008

ARBAB, Masoumeh: *Rawabet-e Iran va Alman dar djang-e djahani-ye awwal – 1332–1336 [Die iranisch-deutschen Beziehungen im Ersten Weltkrieg – 1914–1918]*, Teheran 2004/05 (1383)

AYDIN, Cemil: *The Politics of Anti-Westernism in Asia – Visions of World Order in Pan-Islamic and Pan-Asian Thought*, New York 2007

AXWORTHY, Michael: *Iran – Empire of the Mind*, London 2007

BABEROWSKI, Jörg: „England und Russland: Afghanistan als Objekt der Fremdherrschaft im 19. Jahrhundert", in: CHIARI, Bernhard (Hrsg.): *Afghanistan – Wegweiser zur Geschichte*, Paderborn u. a. 2006, S. 22–31

BECK, Lois: „Tribes and the State in Nineteenth- and Twentieth-Century Iran", in: KHOURY, Philip S. und KOSTINER, Joseph (Hrsg.): *Tribes and state formation in the Middle East*, Los Angeles/Oxford 1990, S. 185–225

BECKER, Carl-Heinrich: *Islamstudien – Vom Werden und Wesen der islamischen Welt*, Bd. II, Hildesheim 1967

BIEWER, Ludwig und BLASIUS, Rainer: *In den Akten, in der Welt – Ein Streifzug durch das Politische Archiv des Auswärtigen Amts*, Göttingen 2007

BLÜCHER, Wipert von: *Zeitenwende in Iran – Erlebnisse und Beobachtungen*, Biberach 1949

BOECKH, Katrin: „Der Erste und der Zweite Serbische Aufstand (1804–1815)", in: BEYRAU, Dietrich, u. a. (Hrsg.): *Formen des Krieges – Von der Antike bis zur Gegenwart*, München u. a. 2007, S. 223–242

BRECHNA, Habibo: *Die Geschichte Afghanistans – Das historische Umfeld Afghanistans über 1500 Jahre*, Zürich 2005

BRECHT, Werner: *Selbstbestimmung und imperiale Herrschaft – Zur Haltung Woodrow Wilsons gegenüber der außereuropäischen Welt*, Münster 1992

BRODACKI, Olaf: „Hamburg und der Persische Golf – Ein Kapitel wilhelminisch-deutscher Wirtschaftsgeschichte", in: *Zeitschrift des Vereins für Hamburgische Geschichte, Bd. 77*, Hamburg 1991, S. 37–76

BROWN, Emily C.: *Har Dayal: Indian Revolutionary and Rationalist*, Tucson 1975

BROWN, Malcolm (Hrsg.): *T. E. Lawrence in war and peace – an anthology of the military writings of Lawrence of Arabia*, London 2005

BROWNE, Edward G.: *Letters from Tabriz – The Russian Suppression of the Iranian Constitutional Movement*, Washington 2008 (ND)

BUCHAN, John: *Greenmantle*, London 2008 (ND)

CLARK, Christopher: *Wilhelm II. – Die Herrschaft des letzten deutschen Kaisers*, München 2008

CLAUSEWITZ, Carl von: *Vom Kriege*, Hamburg 2006 (ND)

CHIARI, Bernhard: *Afghanistan – Wegweiser zur Geschichte*, Paderborn u. a. 2006

CHRISTIE MALLOWAN, Agatha: *Come Tell Me How You Live*, London 1983 (ND)

CUST, Lionel u. COLVIN, Sidney: *The History of the Society of Dilettanti*, London 1898

DANESCH, Mostafa: *Die Politik Großbritanniens und Russlands in der iranischen bürgerlichen Revolution 1905–1911*, Inaugural-Dissertation, Köln 1979

DANIELL, David: *The Interpreter's House – A Critical Assessment of the Work of John Buchan*, London 1975

DEMM, Eberhard: „Anschluß, Autonomie oder Unabhängigkeit? Die deutsche Litauenpolitik im Ersten Weltkrieg und das Selbstbestimmungsrecht der Völker", in: DEMM, Eberhard: *Ostpolitik und Propaganda im Ersten Weltkrieg*, Frankfurt a. M. 2002, S. 133–138

EARLE, Edward M.: *Turkey, The Great Powers and The Bagdad Railway – A Study in Imperialism*, New York 1966

EICKELMAN, Dale F.: *The Middle East – An Anthropological Approach*, New York 1981

ELEY, Geoff: „Liberalismus 1860–1914 – Deutschland und Großbritannien im Vergleich", in: LANGEWIESCHE, Dieter (Hrsg.): *Liberalismus im 19. Jahrhundert – Deutschland im europäischen Vergleich*, Göttingen 1997, S. 260–276

ENDE, Werner: „Wer ist Glaubensheld, wer ist Ketzer? Konkurrierende Geschichtsbilder in der modernen islamischen Literatur", in: *Die Welt des Islam, New Series*, Bd. 23, Nr. 1/4 (1984), S. 70–94

ERHARD, Franz: *Minderheiten in Iran – Dokumentation zur Ethnographie und Politik*, Hamburg 1981

EVERS, Marco, STEINGART, Gabor, u. a.: „Pakt mit dem Teufel", In: *Der Spiegel*, Nr. 4/2010 (25. 01. 2010), S. 78–88

FALK, Richard: „Self-Determination Under International Law: The Coherence of Doctrine Versus the Incoherence of Experience", in: DANSPECKGRUBER, Wolfgang (Hrsgb.): *The Self Determination of Peoples – Community, Nation and State in an Interdependent World*, Boulder und London 2002

FERGUSON, Niall: *Empire – How Britain Made the Modern World*, London 2004

FISCHER, Fritz: *Griff nach der Weltmacht – Die Kriegszielpolitik des kaiserlichen Deutschlands 1914 – 1918*, Düsseldorf 1977 (ND)

FITZPATRICK, Matthew P.: *Liberal Imperialism in Germany – Expansionism and Nationalism 1848–1884*, New York u. Oxford 2008

FRIEDRICH, Bernd-Ingo: *Leopold Schefer. Dichter, Komponist, 1784–1862*, Görlitz 2005

FRIESE, Matthias und GEILEN, Steffen (Hrsg.): *Deutsche in Afghanistan. Die Abenteuer des Oskar von Niedermayer am Hindukusch*, Köln 2002

GALL, Lothar: *Bismarck. Der weiße Revolutionär*, Frankfurt a. M., Berlin, Wien 1983

GEFFCKEN, F. Heinrich: *Zur Geschichte des Orientalischen Krieges – 1853–1856*, Berlin 1881

GEHRKE, Ulrich: *Persien in der Deutschen Orientpolitik während des Ersten Weltkrieges, Band I*, Stuttgart 1960

GEHRKE, Ulrich: *Persien in der Deutschen Orientpolitik während des Ersten Weltkrieges, Band II – Anmerkungen und Dokumente*, Stuttgart 1960

GENCER, Mustafa: *Imperialismus und die orientalische Frage – Deutsch-Türkische Beziehungen (1871–1908)*, Ankara 2006

GÖRTEMAKER, Manfred: *Deutschland im 19. Jahrhundert – Entwicklungslinien*, Bonn 1994[4]

GOLTZ, Friedrich Colmar Freiherr von der, FOERSTER, Wolfgang (Hrsg.): *Generalfeldmarschall Colmar von der Goltz – Denkwürdigkeiten*, Berlin 1929

GORKA-REIMUS, Gudrun (Hrsg.): *Der Traum vom Orient – Kaiser Wilhelm II. im Osmanischen Reich*, Potsdam 2005

GRONKE, Monika: *Geschichte Irans – Von der Islamisierung bis zur Gegenwart*, München 2006[2]

GRÜNDER, Horst: *Geschichte der deutschen Kolonien*, Paderborn, u. a. 2004[5]

HACKENSBERGER, Alfred: *Lexikon der Islam-Irrtümer – Vorurteile, Halbwahrheiten und Missverständnisse von Al-Quaida bis Zeitehe*, Frankfurt a. M. 2008

HADDAD, Mahmoud: „Arab Religious Nationalism in the Colonial Era: Rereading Rashid Rida's Ideas on the Caliphate", in: *Journal of the American Oriental Society*, Vol. 117, No. 2 (Apr.–Jun. 1997), S. 253–277

HAFFNER, Sebastian: *Von Bismarck zu Hitler – Ein Rückblick*, München 1987

HAGEN, Gottfried: *Die Türkei im Ersten Weltkrieg – Flugblätter und Flugschriften in arabischer, persischer und osmanisch-türkischer Sprache aus einer Sammlung der Universitätsbibliothek eingeleitet, übersetzt und kommentiert*, Frankfurt a. M. 1990

HALE, William: *Turkish Politics and the Military*, London u. New York 1994

HANF, Theodor: „Arabismus und Islamismus – Der säkularistische arabische Nationalismus im Vorderen Orient vor der Herausforderung des islamischen politischen Revivalismus", in: *Geschichte und Gesellschaft. Sonderheft. Vol. 8, Nationalismus in der Welt von heute* (1982), S. 157–176

HASLIP, Joan: *Der Sultan. Das Leben Abd ul-Hamids II.*, München 1968

HATFIELD, James Taft: „Newly-Discovered Political Poems of Wilhelm Müller", in: *The Modern Language Review*, Vol. 1, No. 3 (Apr. 1906), S. 212–221

HAUSER, Stefan R.: „German Research on the Ancient Near East and Its Relation to Political and Economic Interests from Kaiserreich to World War II", in: SCHWANITZ,

Wolfgang G. (Hrsg.): *Germany and the Middle East – 1871–1945*, Princeton 2004, S. 155–180

HEINE, Peter: *Terror in Allahs Namen – Extremistische Kräfte im Islam*, Bonn 2004

HENDERSON, W. O.: *The German Colonial Empire 1884–1919*, London 1993

HENTIG, Werner Otto von: *Mein Leben eine Dienstreise*, Göttingen 1962

HENTIG, Werner Otto von: *Von Kabul nach Shanghai – Bericht über die Afghanistan-Mission 1915/16 und die Rückkehr über das Dach der Welt und durch die Wüsten Chinas*, Lengwil 2009[2]

HERTZ-EICHENRODE, Dieter: *Deutsche Geschichte 1871–1890. Das Kaiserreich in der Ära Bismarck*, Stuttgart u. a. 1992

HESS, Robert L.: „The ‚Mad Mullah‘ and Northern Somalia“, in: *The Journal of African History*, Vol. 5, No. 3 (1964), S. 415–433

HILDEBRAND, Klaus: *Das vergangene Reich – Deutsche Außenpolitik von Bismarck bis Hitler 1871–1945*, Stuttgart 1995

HOBSBAWM, Eric J.: *Das imperiale Zeitalter – 1875–1914*, Frankfurt 2004 (ND)

HOPKIRK, Peter: *Like Hidden Fire*, New York 1994

HOPKIRK, Peter: *On Secret Service East of Constantinople – The Plot to Bring Down the British Empire*, London 1994

HOPKIRK, Peter: *Östlich von Konstantinopel – Kaiser Wilhelms heiliger Krieg um die Macht im Orient*, Hamburg 1996

HUGHES, Thomas L.: „The German Mission to Afghanistan – 1915–1916“, in: SCHWANITZ, Wolfgang G. (Hrsg.): *Germany and the Middle East – 1871–1945*, Princeton 2004, S. 25–64

HULL, Isabel von: *Absolute Destruction – Military Culture and the Practices of War in Imperial Germany*, Ithaca u. London 2005

HUNTINGTON, Samuel P.: *Kampf der Kulturen*, Hamburg 2007 (ND)

HURGRONJE, Christian Snouk: „Deutschland und der Heilige Krieg“, in: HURGRONJE, Christian Snouk (Hrsg.): *Verspreide Geschriften*, Bonn u. Leipzig 1923

HURGRONJE, Christian Snouk: *The Holy War ‚Made In Germany‘*, Charleston 2009 (ND)

JÄCKH, Ernst: *Der aufsteigende Halbmond*, Berlin 1909

JÄCKH, Ernst: *Die Türkei und Deutschland*, Berlin 1916

JÄSCHKE, Gotthard: „Der Turanismus der Jungtürken. Zur osmanischen Außenpolitik im Weltkriege“, in: *Die Welt des Islam*, Bd. 23, H. 1/2 (1941), S. 1–54

KAMPEN, Wilhelm van: *Studien zur deutschen Türkeipolitik in der Zeit Wilhelms II.*, Kiel 1968

KAPPELER, Andreas: „Historische Voraussetzungen des Nationalitätenproblems im russischen Vielvölkerreich“, in: *Geschichte und Gesellschaft*, 8. Jahrgang, Heft 2, *Nationalitätenprobleme in Osteuropa*, 1982, S. 159–183

KARSH, Efraim und KARSH, Inari: „Myth in the Desert, or Not the Great Arab Revolt“, in: *Middle Eastern Studies*, Vol. 33, No. 2 (Apr., 1997), S. 267–312

KARSH, Efraim und KARSH, Inari: *Empires of the Sand – The Struggle for Mastery in the Middle East*, Cambridge u. a. 1999

KARSH, Efraim: *Imperialismus im Namen Allahs – Von Muhammad bis Osama Bin Laden*, München 2007

KEDDIE, Nikki R.: *An Islamic Response to Imperialism – Political and Religious Writings of Sayyid Jamal ad-Din „al-Afghani"*, Berkeley and Los Angeles 1968

KEDDIE, Nikki R.: „The Revolt of Islam, 1700 to 1993: Comparative Considerations and Relations to Imperialism", in: *Comparative Studies in Society and History*, Vol. 36, No. 3 (Jul. 1994), S. 463–487

KEDDIE, Nikki R.: *Qajar Iran and The Rise of Reza Khan 1796–1925*, Costa Mesa 1999

KEDOURIE, Ellie: „Further Light on Afghani", in: *Middle Eastern Studies*, Vol. 1, No. 2 (Jan. 1965), S. 187–202

KEDOURIE, Ellie: *Afghani and 'Abduh. An Essay on Religious Unbelief and Political Activism in Modern Islam*, London 1997[2]

KEPPLER, Paul Wilhelm: *Wanderfahrten und Wallfahrten im Orient*, Freiburg i. B. 1894

KESTLER, Stefan: *Die deutsche Auslandsaufklärung und das Bild der Ententemächte im Spiegel zeitgenössischer Propagandaveröffentlichungen während des Ersten Weltkrieges*, Frankfurt a. M. 1994

KHAN, Iqtidar Alam: „The Gwalior Contingent in 1857–58: A Study of the Organisation and Ideology of the Sepoy Rebels", in: *Social Scientist*, Vol. 26, No. 1 (Jan.–Apr. 1998), S. 53–75

KOCH-HILLEBRECHT, Manfred: *Die Deutschen sind schrecklich – Geschichte eines europäischen Feindbildes*, Berlin 2008

KREUTZER, Stefan: *Die Anfänge des Osmanischen Reiches – Die Thesen von Paul Wittek und Rudi Paul Lindner*, Proseminararbeit der Geschichte und Kultur des Nahen Orients sowie Turkologie, München 2006

KRÖGER, Martin: „Revolution als Programm", in: *Der Erste Weltkrieg. Wirkung, Wahrnehmung, Analyse*, MICHALKA, Wolfgang (Hrsg.), München u. Zürich 1994, S. 366–391

KRÖGER, Martin: „Mit Eifer ein Fremder – im Auswärtigen Dienst", in: TEICHMANN, Gabriele und VÖLGER, Gisela (Hrsg.): *Faszination Orient – Max von Oppenheim: Forscher, Sammler, Diplomat*, Köln 2001, S. 106–139

KUDSI-ZADEH, A. Albert: „Afghani and Freemasonry in Egypt", in: *Journal of the American Oriental Society*, Vol. 92, No. 1 (Jan.–Mar. 1972), S. 25–35

KÜNG, Hans: *Der Islam – Geschichte, Gegenwart, Zukunft*, München und Zürich 2007[3]

KÜNTZEL, Matthias: *Die Deutschen und der Iran – Geschichte und Gegenwart einer verhängnisvollen Freundschaft*, Berlin 2009

LAMBTON, Ann K. S.: „A Nineteenth Century View of Jihad", in: *Studia Islamica*, No. 32 (1970), S. 181–192

LANDAU, Jacob M.: *The Politics of Pan-Islam. Ideology and Organization*, Oxford 1992

LÄNGIN, Bernd G.: *Die deutschen Kolonien, Schauplätze und Schicksale 1884–1918*, Hamburg, Berlin, Bonn 2005

LAWRENCE, Thomas E.: *Die Sieben Säulen der Weisheit – Lawrence von Arabien*, München 1994[4]

LENIN, Vladimir I.: *The Right of Nations to Self-Determination*, New York 1951

LEWIS, Bernhard: „Licence to Kill: Usama Bin Ladin's Declaration of Jihad", in: *Foreign Affairs*, Vol. 77, No. 6 (Nov.–Dec. 1998), S. 14–19

LEWIS, B., PELLAT, Ch. u. SCHACHT J.: *The Encyclopaedia of Islam – New Edition*, Vol. II, Leiden 1983

LÜDKE, Tilman: *Jihad made in Germany – Ottoman and German Propaganda and Intelligence Operations in the First World War*, Münster 2005

MAHDAWI, Abdal-Reza Hoschang: *Tarich-e rawabet-e charedjii Iran – Az ebteda'-ye dawaran-e safawije ta pajan-e djang-e dowwom-e djahani [Die Geschichte der Außenbeziehungen Irans – Vom Anfang der safawidischen Epoche bis zum Ende des Zweiten Weltkriegs]*, Teheran 2009/10 (1388)

MAKOWSKI, Krzystof: „Das Großherzogtum Posen im Revolutionsjahr 1848", in: JAWORSKI, Rudolf u. LUFT, Robert (Hrsg.): *1848/49 - Revolutionen in Ostmitteleuropa*, München 1996, S. 149–172

MATUZ, Josef: *Das Osmanische Reich – Grundlinien seiner Geschichte*, Darmstadt 2008[5]

MCKALE, Donald M.: „„The Kaiser's Spy': Max von Oppenheim and the Anglo-German Rivalry Before and During the First World War", in: *European History Quarterly*, 27 (1997), S. 199–220

MCKALE, Donald M.: *War by Revolution, Germany and Great Britain in the Middle East in the Era of World War I*, Kent/Ohio 1998

MEIER-WELCKER, Hans (Hrsg.): *Handbuch zur deutschen Militärgeschichte – 1648–1939*, München u. a. 1979

MEISSNER, Boris: „Die marxistisch-leninistische Auffassung vom Selbstbestimmungsrecht", in: BLUMENWITZ, Dieter und MEISSNER, Boris (Hrsg.): *Das Selbstbestimmungsrecht der Völker und die deutsche Frage*, Bonn 1984, S. 89–106

MICHAL, Wolfgang: „Der Spion des Kaisers", in: *National Geographic Deutschland*, Feb. 2008, URL: http://www.nationalgeographic.de/magazin/reportagen/topthemen/2008/der-spion-des-kaisers, Stand: 17. 11. 2009

MIKUSCH, Dagobert von: *Waßmuß, der deutsche Lawrence – Auf Grund d. Tagebücher u. Aufzeichnungen d. verstorbenen Konsuls, dt. u. engl. Quellen u. des unter gleichem T. ersch. Buches von Christopher Sykes*, Leipzig 1937

MILLER UNTERBERGER, Betty: „The United States and National Self-Determination: A Wilsonian Perspective", in: *Presidential Studies Quarterly*, Vol. 26, No. 4, *Intricacies of U.S. Foreign Policy* (Fall 1996), S. 926–941

MOGK, Walter: *Paul Rohrbach und das „Größere Deutschland" – Ethischer Imperialismus im Wilhelminischen Zeitalter. Ein Beitrag zur Geschichte des Kulturprotestantismus*, München 1972

MOMMSEN, Wolfgang J.: *Der Erste Weltkrieg – Anfang vom Ende des bürgerlichen Zeitalters*, Frankfurt a. M. 2004

MONROE, Elizabeth: *Britain's Moment In The Middle East*, Baltimore 1981[2]

MONTADA, Josep Puig: „Al-Afghani, a case of religious unbelief?", in: *Studia Islamica*, No. 100/101 (2005), S. 203–220

MÜHLEN, Hermynia zur: *Ende und Anfang – Lebensbericht von Hermynia zur Mühlen*, Berlin 1929

MÜLLER, Wilhelm: *Lieder der Griechen*, 5 Bände, Leipzig 1822

MÜLLER, Herbert Landolin: *Islam, gihād („Heiliger Krieg") und das Deutsche Reich – Ein Nachspiel zur wilhelminischen Weltpolitik im Maghreb 1914–1918*, Frankfurt a. M. u. a. 1991

MÜNKLER, Herfried: *Über den Krieg – Stationen der Kriegsgeschichte im Spiegel ihrer theoretischen Reflexion*, Weilerswist 2002

MURTAZA, Muhammad Sameer: *Die Salafiya – Die Reformer des Islam*, Norderstedt 2005

NADOLNY, Rudolf: *Mein Beitrag – Erinnerungen eines Botschafters des Deutschen Reiches*, Köln 1985

NASH, Geoffrey P.: *From Empire to Orient – Travellers to the Middle East 1830–1926*, London und New York 2005

NAUMANN, Friedrich: *„Asia"* – *Athen, Konstantinopel, Baalbek, Damaskus, Nazaret, Jerusalem, Kairo, Neapel*, Berlin 1899²

NAUMANN, Katja: „Review of MANELA, Erez: *The Wilsonian Moment: Self-Determination and the International origins of Anticolonial Nationalism*", in: *H-Soz-u-Kult, H-Net Reviews*, März 2009, URL: http://www.h-net.org/reviews/showrev. php?id=24445, Stand: 8. 02. 2010

NEUMANN, Carl Friedrich: „Das Trauerspiel in Afghanistan", in: RAUMER, Friedrich von (Hrsg.): *Historisches Taschenbuch Neue Folge, Neunter Jahrgang*, Leipzig 1848, S. 449–570

NICOSIA, Francis R.: „‚Drang nach Osten' Continued? Germany and Afghanistan during the Weimar Republic", in: *Journal of Contemporary History*, Vol. 32, No. 2 (1997), S. 235–257

NIEDERMAYER, Oskar von: *Im Weltkrieg vor Indiens Toren – Der Wüstenzug der deutschen Expedition nach Persien und Afghanistan*, Hamburg 1925

NIPPA, Annegret: „Tugendreiche Männer – Beduinenforschung", in: TEICHMANN, Gabriele und VÖLGER, Gisela (Hrsg.): *Faszination Orient – Max von Oppenheim: Forscher, Sammler, Diplomat*, Köln 2001, S. 140–175

NOOR, Mohammad: „The Doctrine of Jihad: An Introduction", in: *Journal of Law and Religion*, Vol. 3, No. 2 (1985), S. 381–397

OBERHAUS, Salvador: *„Zum wilden Aufstande entflammen"* – *Die deutsche Ägyptenpolitik 1914–1918 – Ein Beitrag zur Propagandageschichte des Ersten Weltkrieges*, Inaugural-Dissertation, Düsseldorf 2006

OEHME, Walter: „Die Bilanz der deutschen Orientpolitik, Ein Ergebnis der deutschen Allgemeinpolitik", in: *Sozialistische Monatshefte*, Heft 2 (10. 02. 1919), S. 85–90

OPPENHEIM, Max von: *Zur Entwicklung des Bagdadbahngebietes und insbesondere Syriens und Mesopotamiens unter Nutzanwendung amerikanischer Erfahrungen*, Berlin 1904

OPPENHEIM, Max von: „Reisen zum Tell Halaf", in: TEICHMANN, Gabriele und VÖLGER, Gisela (Hrsg.): *Faszination Orient – Max von Oppenheim: Forscher, Sammler, Diplomat*, Köln 2001, S. 176–203

ORTHMANN, Winfried: „Die Ausgrabungen am Tell Halaf – Architektur und Bildwerke", in: TEICHMANN, Gabriele und VÖLGER, Gisela (Hrsg.): *Faszination Orient – Max von Oppenheim: Forscher, Sammler, Diplomat*, Köln 2001, S. 204–247

OSTERHAMMEL, Jürgen: *Die Verwandlung der Welt – Eine Geschichte des 19. Jahrhunderts*, München 2009

PARKER, Geoffrey (Hrsg.): *The Cambridge History of Warfare*, Cambridge 2005

PARSONS, Timothy: *The British Imperial Century, 1815–1914 – A World History Perspective*, Lanham u. a. 1999

PLANERT, Ute: *Der Mythos vom Befreiungskrieg. Frankreichs Kriege und der deutsche Süden. Alltag – Wahrnehmung – Deutung 1792–1841*, Paderborn 2007

PLESSNER, Helmuth: *Die verspätete Nation*, Frankfurt a. M. 1974

POMERANCE, Michla: „The United States and Self-Determination: Perspectives on the Wilsonian Conception", in: *The American Journal of International Law*, Vol. 70., No. 1 (Jan. 1976), S. 1–27

POMIANKOWSKI, Joseph: *Der Zusammenbruch des Ottomanischen Reiches – Erinnerungen an die Türkei aus der Zeit des Weltkrieges*, Wien 1928.

RADKAU, Joachim: *Das Zeitalter der Nervosität – Deutschland zwischen Bismarck und Hitler*, München 2002

RANKE, Leopold: *Die serbische Revolution. Aus serbischen Papieren und Mittheilungen*, Hamburg 1829

RASOULZADEH, Ali: *Der Weg Irans vom Absolutismus zum Konstitutionalismus – Die persische Revolution 1905/1911*, Inaugural Dissertation, Würzburg 1976

RIBHEGGE, Wilhelm: *Frieden für Europa – Die Politik der deutschen Reichstagsmehrheit 1917–18*, Berlin 1988

RICHTER, Jan Stefan: *Die Orientreise Kaiser Wilhelms II. 1898 – Eine Studie zur deutschen Außenpolitik an der Wende zum 20. Jahrhundert*, Hamburg 1997

ROBINSON, Julian Perry: *The Problem of Chemical and Biological Warfare. A study of the historical, technical, military, legal and political aspects of CBW, and possible disarmament measures, Vol. 1: The Rise of CB Weapons*, Stockholm u. New York 1971

RÖHL, John C. G.: *Wilhelm II. – Die Jugend des Kaisers 1859–1888*, München 2009[3]

RÖHL, John C. G.: *Wilhelm II. – Der Aufbau der Persönlichen Monarchie 1888–1900*, München 2001

RÖHL, John C. G.: *Wilhelm II. – Der Weg in den Abgrund 1900–1941*, München 2008

RZEHAK, Lutz: „Mündliche Tradierung von Geschichte", in: CHIARI, Bernhard (Hrsgb.): *Afghanistan – Wegweiser zur Geschichte*, Paderborn u. a. 2006, S. 101–109

SALZMAN, Philip Carl: „Tribal Chiefs as Middlemen: The Politics of Encapsulation in the Middle East", in: *Anthropological Quarterly*, Vol. 47, No. 2 (Apr. 1974), S. 203–210

SCHETTER, Conrad: „Die Anfänge Afghanistans", in: CHIARI, Bernhard (Hrsg.): *Afghanistan – Wegweiser zur Geschichte*, Paderborn u. a. 2006, S. 15–21

SCHINASI, May: *Afghanistan at the beginning of the twentieth century – Nationalism and journalism in Afghanistan. A study of* Seraj ul-akhbar *(1911–1918)*, Neapel 1979

SCHÖLCH, Alexander: „Der arabische Osten im neunzehnten Jahrhundert, 1800–1914", in: HAARMANN, Ulrich (Hrsg.): *Die Geschichte der arabischen Welt*, München 2004[5]

SCHÖLLGEN, Gregor: „„Dann müssen wir uns eben Mesopotamien sichern!' – Motive deutscher Türkeipolitik zur Zeit Wilhelms II. in zeitgenössischen Darstellungen", in: *Saeculum* 32/1981, S. 130–145

SCHÖLLGEN, Gregor: „Die Großmacht als Weltmacht – Idee, Wirklichkeit und Perzeption deutscher ‚Weltpolitik' im Zeitalter des Imperialismus", in: *Historische Zeitschrift*, Bd. 248, H. 1 (Feb. 1989), S. 79–100

SCHRÖTER, Harm G.: „The German Question, the Unification of Europe, and the European Market Strategies of Germany's Chemical and Electrical Industries, 1900–1992", in: *The Business History Review*, Vol. 67, No. 3, *German Business History* (Autumn 1993), S. 369–405

SCHUKER, Stephen A.: „The 1919 Peace Settlement: A Subaltern View", in: *Reviews in American History*, No. 36 (2008), S. 575–585

SCHWANITZ, Wolfgang G.: „Djihad ‚Made in Germany'. Der Streit um den Heiligen Krieg 1914–1915", in: *Sozial. Geschichte 18*, 2003, S. 7–34

SCHWANITZ, Wolfgang G.: „Max von Oppenheim und der heilige Krieg. Zwei Denkschriften zur Revolutionierung islamischer Gebiete 1914 und 1940", in: *Sozial. Geschichte 19*, 2004, S. 28–59

SCHWANITZ, Wolfgang G.: „The German Middle Eastern Policy, 1871–1945", in: SCHWANITZ, Wolfgang G. (Hrsg.): *Germany and the Middle East – 1871–1945*, Princeton 2004, S. 1–24

SCHWANITZ, Wolfgang G.: „Paschas, Politiker und Paradigmen: Deutsche Politik im Nahen und Mittleren Orient 1871–1945", in: SCHWANITZ, Wolfgang G. (Hrsg.): *Deutschland und der Mittlere Osten*, Leipzig 2004, S. 22–45

SEIDT, Hans Ulrich: *Berlin, Kabul, Moskau – Oskar Ritter von Niedermayer und Deutschlands Geopolitik*, München 2002

SIVERS v., Peter: „Insurrection and Accommodation: Indigenous Leadership in Eastern Algeria, 1840–1900", in: *International Journal of Middle East Studies*, Vol. 6, No. 3 (Jul. 1975), S. 259–275

SOMBART, Werner: *Händler und Helden – Patriotische Besinnungen*, München und Leipzig 1915

STEUBER, Werner: *„Jildirim" – Deutsche Streiter auf heiligem Boden*, Berlin 1925

STODDARD, P. H.: *The Ottoman Government and the Arabs, 1911 to 1918: A preliminary Study of the Teşkilât –i Mahsusa*, Ann Arbor/Michigan 1963

STOLZE, Franz und ANDREAS, Friedrich Carl: *Die Handelsverhältnisse Persiens, mit besonderer Berücksichtigung der deutschen Interessen*, Gotha 1885

STÜRMER, Michael, TEICHMANN, Gabrielle u. TREUE, Wilhelm: *Wägen und Wagen – Sal. Oppenheim jr. & Cie. – Geschichte einer Bank und einer Familie*, München u. Zürich 1989

SYKES, Christopher: *Wassmuss – The German Lawrence*, London 1937

SYKES, Percy Molesworth: *A history of Afghanistan, Vol. 2*, Neu Delhi 1940

SYKES, Percy Molesworth: *A history of Persia, Vol. 2*, London 1967

TAPPER, Richard (Hrsg.): *The Conflict of Tribe and State in Iran and Afghanistan*, New York 1983

TEICHMANN, Gabriele: „Grenzgänger zwischen Orient und Okzident – Max von Oppenheim 1860–1946", in: TEICHMANN, Gabriele und VÖLGER, Gisela (Hrsg.): *Faszination Orient – Max von Oppenheim: Forscher, Sammler, Diplomat*, Köln 2001, S. 10–139

TESKE, Hermann: *Colmar von der Goltz – Ein Kämpfer für den militärischen Fortschritt*, Berlin und Frankfurt 1957

THEINER, Peter: „‚Mitteleuropa'-Pläne im Wilhelminischen Deutschland", in: *Geschichte und Gesellschaft. Sonderheft*, Vol. 10, *Wirtschaftliche und politische Integration in Europa im 19. und 20. Jahrhundert*, 1984, S. 128–148

TORMA, Franziska: *Turkestan-Expeditionen. Zur Kulturgeschichte deutscher Forschungsreisen nach Mittelasien (1890–1930)*, München 2010

TREUE, Wilhelm: „Max Freiherr von Oppenheim – Der Archäologe und die Politik", in: *Historische Zeitschrift*, Bd. 209, H. 1 (Aug. 1969), S. 37–74

TRUMPENER, Ulrich: *Germany and the Ottoman Empire 1914–1918*, Princeton 1968

ULLRICH, Volker: *Die nervöse Großmacht 1871–1918 – Aufstieg und Untergang des deutschen Kaiserreichs*, Frankfurt a. M. 2007[2]

VATIKIOTIS, P. J.: „Muhammad 'Abduh and the Quest for a Muslim Humanism", in: *Arabica*, T. 4, Fasc. 1 (Jan. 1957), S. 55–72

VEITER, Theodor: „Die Entwicklung des Selbstbestimmungsrechts", in: BLUMENWITZ, Dieter und MEISSNER, Boris (Hrsg.): *Das Selbstbestimmungsrecht der Völker und die deutsche Frage*, Bonn 1984, S. 9–36

VOGEL, Renate: *Die Persien- und Afghanistanexpedition Oskar Ritter v. Niedermayers, 1915/16*, Osnabrück 1976

WALLACH, Jehuda L.: *Anatomie einer Militärhilfe. Die preußisch-deutschen Militärmissionen 1835–1919*, München 1976

WASTI, S. Tanvir: „Mushir Hosain Kidwai and the Ottoman Cause", in: *Middle Eastern Studies*, Vol. 30, No. 2 (Apr. 1994), S. 252–261

WIENAND, Paul: *Orientalische Reisebilder*, Leipzig 1907

WILSON, Arnold T.: *Loyalities – Mesopotamia 1914–1917. A Personal and Historical Record*, London 1930

WITTEK, Paul: *The Rise of the Ottoman Empire*, London 1938

ZECHLIN, Egmont: „Friedensbewegungen und Revolutionierungsversuche", in: *Aus Politik und Zeitgeschichte – Beilage zur Wochenzeitung „Das Parlament"*, 1961, B20/61, S. 269–288, B24/61, S. 325–337, B25/61, S. 342–367

ZECHLIN, Egmont: *Die Reichsgründung*, Frankfurt a. M. u. Berlin 1967

Quellen

Quelleneditionen

BROCKELMANN, C.: „Kriegsurkunden – Eine Kriegsurkunde aus Mekka", in: *Die Welt des Islams*, Bd. 6, H. 2 (Nov. 1918), S. 33–39

CONZE, Werner und MATTHIAS, Erich (Hrsg.): *Der Frieden von Brest-Litowsk. Ein unveröffentlichter Band aus dem Werk des Untersuchungsausschusses der Deutschen Verfassungsgebenden Nationalversammlung und des Deutschen Reichstages*, bearb. v. Werner Hahlweg, Düsseldorf 1971

FĀRISI, Muhammad und RITTER, Helmut: „Kriegsurkunden – Fetwa des Scheichs Scheich es-Saijid Hibet ed-Din esch-Schahrastani en-Nedschefi über die Freundschaft der Muslime mit den Deutschen", in: *Die Welt des Islam*, Bd. 4, H. 3/4 (März 1917), S. 217–225

GRUMBACH, S. (Hrsg.): *Das annexionistische Deutschland – Eine Sammlung von Dokumenten, die seit dem 4. August 1914 in Deutschland öffentlich und geheim verbreitet wurden*, Lausanne 1917

JOHANN, Ernst (Hrsg.): *Reden des Kaisers – Ansprachen, Predigten und Trinksprüche Wilhelms II.*, München 1966

Lexika

Brockhaus' Konversations-Lexikon, 14. Auflage, Band 9, Leipzig, Berlin, Wien, 1894[14],
Stichwort: „*Islam*", S. 711–714

Meyers (Neues) Konversations-Lexikon, 2. Auflage, Band 2, Bibliographisches Institut,
Hildburghausen, 1872[2], Stichwort: „*Muhammedanische Religion*", S. 651–654

Politisches Archiv des Auswärtigen Amtes, Berlin

JÄCKH, Ernst: *Bericht über die Organisation in Konstantinopel zur Revolutionierung
feindlicher Gebiete*, Berlin 1915 – in: PA-AA R 20937 – 3

OPPENHEIM, Max v.: *Denkschrift betreffend die Revolutionierung der islamischen Gebiete unserer Feinde*, Berlin 1914 – in: PA-AA R 20937 – 1 und 2

    PA-AA R 14556
    PA-AA R 20937 – 1–3
    PA-AA R 21029 – 1
    PA-AA R 21030 – 1 und 3, Wk Nr. 11e
    PA-AA R 21031 – 1 und 2, Wk Nr. 11e
    PA-AA R 21124 – 3

Institut für Zeitgeschichte, München

HENTIG, Werner Otto von/Bestand ED 113:

    IfZ ED 113/1 – Niedermayer, Grobba; Erinnerungen Hentig
    IfZ ED 113/5 – Korrespondenz Ph. O. Hentig; berufliche Laufbahn W. O. Hen-
      tig
    IfZ ED 113/9 – Korrespondenz Varia; Archivabgaben
    IfZ ED 113/23 – Diplomatischer Dienst; Einsatzorte
    IfZ ED 113/24 – Diplomatischer Dienst; Einsatzorte

Hausarchiv des Bankhauses Sal. Oppenheim jr. & Cie., Köln

OPPENHEIM, Max von/Nachlass

    Lebenserinnerungen:

      HBO, NL MvO, Nr. 1/5 – Dienst in Kairo. Europäisches Leben. 1896–1909
      HBO, NL MvO, Nr. 1/6 – Dienst in Kairo. Eingeborenes Leben. 1896–1909
      HBO, NL MvO, Nr. 1/7 – Dienst in Kairo. Politisches etc. 1896–1909
      HBO, NL MvO, Nr. 1/8 – Reisen und Attachierungen. 1896–1909
      HBO, NL MvO, Nr. 1/12 – Der Erste Weltkrieg. 1914–1918
      HBO, NL MvO, Nr. 1/13 – Bekanntschaften aus dem Auswärtigen Amt.
      1914–1945

    Politisches Wirken:

      HBO, NL MvO/19 – Erster Weltkrieg. 1914–1918
      HBO, NL MvO/21 – Pressesammlung Max von Oppenheim. 1909–1914
      HBO, NL MvO/22 – Berichte an den Reichskanzler. 1905–1909

Filmische Quelle

LEAN, David: *Lawrence of Arabia*, 218 Minuten, USA – Columbia Pictures 1962

Bildquellen

World War One Replica Pack – *a collection of replica ephemera*, The Imperial War Museum, London, produced by Memorabilia Pack Company, Edinburgh 2009

Abbildungsverzeichnis

- Bpk, Bildagentur für Kunst, Kultur und Geschichte der Staatsbibliothek Berlin und Stiftung Preußischer Kulturbesitz, Berlin
  Seite 27, 33, 56, 59, 68, 71, 75, 78, 86, 87, 91, 98 (© VBK, Wien 2012), 105, 109, 125, 126, 127 und 153.
- Zache, Hans (Hrsg.): *Das Deutsche Kolonialbuch,* Berlin und Leipzig 1925
  Seite 29.
- Hausarchiv des Bankhauses Sal. Oppenheim jr. & Cie., Köln
  Fotosammlung des Max von Oppenheim: Seite 37, 39, 40, 41, 43, 46, 48 und 65.
- Browne, Edward G.: *The Persian Revolution 1905–1909,* New York 1910
  Seite 52.
- Bundesarchiv, Koblenz
  Seite 84 und 137.
- Photoarchiv Gerd M. Schulz, Gröbenzell
  Fotosammlung/Nachlass des Dr. Fritz Niedermayer: Seite 115, 121, 129, 130, 140, 146, 147, 155, 156, 161, 163, 164 und 165.
- Mikusch, Dagobert v.: *Waßmuß – der deutsche Lawrence,* Leipzig 1937
  Seite 135 und 159.

Namenregister

Aus unserem Programm

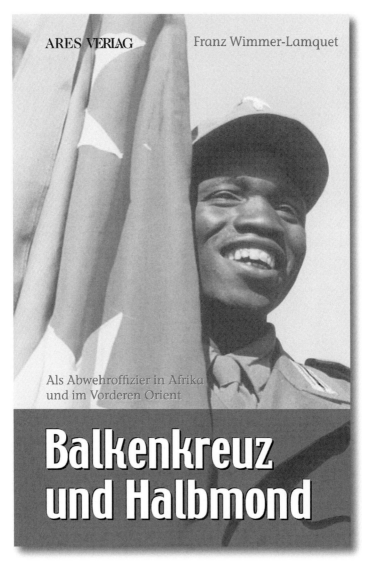

ISBN 978-3-902475-18-3
199 Seiten, 12 Bildseiten, 4 Grafiken im Text, Hardcover

ARES VERLAG